KB234417

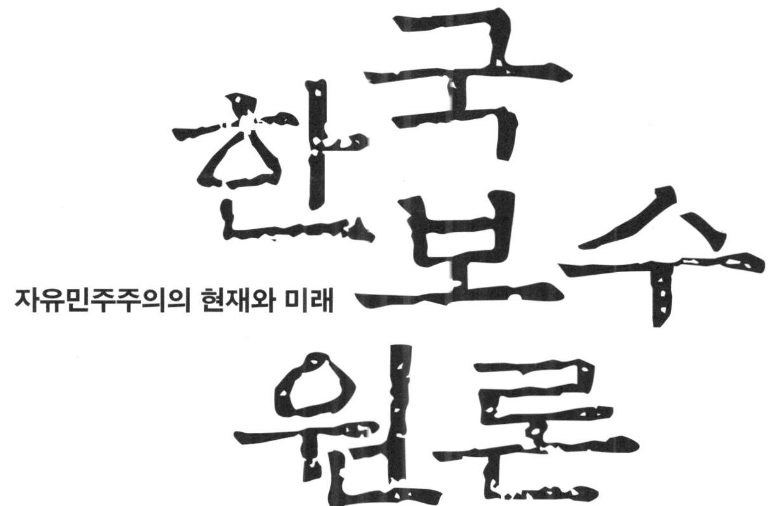

한국 보수 원론

자유민주주의의 현재와 미래

한국보수원론
자유민주주의의 현재와 미래

초판 1판인쇄 2018년 2월 1일
초판 1판발행 2018년 2월 10일

엮 은 이 한국자유총연맹
발 행 인 김경재
편   집 한국자유총연맹 출판부
펴 낸 이 김혜라
펴 낸 곳 도서출판 상상미디어
디 자 인 안상훈 강신애

ISBN 978-89-88738-78-8 13190
값 20,000원

한국보수원론

자유민주주의의 현재와 미래

한국자유총연맹

상상미디어

새로운 보수의 길은 무엇인가?

김경재(제 16대 총재)

나는 개인적으로 어릴 적부터 보수와 진보의 영역을 넘나들었다.

1948년 두메산골에서 초등학교 1학년생으로 남부 한국의 바닷가 여수로 가족을 따라 이사 왔던 나는 때마침 제주도 출동을 대기하던 국군 14연대에 군내반란이 일어나 내가 다니던 '서국민학교' 운동장과 거기서 해안 쪽으로 멀지 않은 남산동 구릉 사이에 총격전이 벌어져 밤새 붉은 화염다리가 끊어지지 않았던 정경을 생생히 기억하고 있다. 국군과 반란군의 교전이었다. 이불을 둘러쓰고 가족들과 숨어 있던 부엌 밑바

닥을 한사코 몰래 기어 밖으로 나와 밤하늘에 붉은 다리를 만들며 콩 볶듯이 쏟아지는 총성들을 보고 들으며 어리둥절한 어린 소년이었던 나는 가늠할 수 없는 의문을 가졌다.

왜 우리는 해방을 했다면서 이제 동족끼리 싸워야 하는가?

이 의문은 2년 후 1950년 남북한 사이의 한국전쟁이 벌어지자 더 절실하게 내 가슴을 후벼 팠다. 피난길에 오르며 대부분의 한국인들 특히 나와 같은 어린 소년소녀들은 그들의 앞날에 절망했다. 그러나 어찌어찌하여 이 나라는 유지되었고, 경제적으로 유례없는 산업화로 선진국 수준에 올라섰고 정치적으로도 '자유민주주의'를 헌법정신으로 하는 민주화가 이루어졌고 그때의 소년소녀들은 이제 70대가 되었다.

왜 우리는 산업화, 민주화를 했다면서 아직도 동족끼리 싸우는가? 핵심은 바로 '이데올로기' 때문이다. '이데올로기' 때문에 동족이 싸움질 하는 것은 천하의 웃음꺼리이다. 세계에 부끄러운 일이다.

우선 좌익의 얘기를 하자.

일제 36년간 반제국 민족해방운동을 벌이던 독립운동가들에게 레닌의 '민족주의적 인민민주혁명론'이 한때 '해방의 묘약'처럼 비쳐지던 것은 사실이었다. 일본의 비밀정보보고서에 의하면 그때 독립운동가들의 76% 이상이 '민족주의적' 공산주의자라는 통계가 나온다. 적지 않은 독립운동가들이 만주와 시베리아의 고비사막을 건너 모스코바에 가서 레닌에게 알현하고 독립운동자금도 받아 오는, 지금으로서는 상상할 수도 없는, 일이 벌어지기도 했다.

따라서 좌익세력은 나름대로 조직운동의 '노하우'가 많았고 해방 후에도 강력한 운동역량을 과시했으나 문제는 그들 대부분이 해방 후 그들이 그리던 목가적인 꿈 '공산주의 이상향'을 찾아 월북했으나 모조리 김일성에 의해 숙청되고 처형됐다는 사실이다.

심지어 남로당 당수 박헌영 등을 위시하여 수많은 정치인, 작가, 예술가 등의 지식인들이 모조리 '미국 제국주의 간첩'으로 총살당했다는 것은 이른바 일제시대의 '민족주의적' 공산주의자들의 무덤 위에 소련의 지원을 받은 김일성의 북한독재가 수립됐다는 것을 의미한다.

간혹 학자들은 말한다. 만약 월북 공산주의자들이 북한정치의 주도세력이 되었다면 오늘의 북한공산주의가 서유럽의 온건한 사회민주세력으로 진화했을지도 모른다고들 한다. 어쨌거나 공산주의의 메카인 소련 공산주의는 1991년 스스로 공산주의 자체의 모순 때문에 고르바초프의 '페레스트로이카'에 의해 막을 내렸다. 북한 김일성의 공산주의는 종교적 전체주의와 세습독재에 의해 세계에 유례가 없는 중세기적 전제정치로서 흡사 '핵무기를 가진 유사종교'의 모습으로 한반도뿐만 아니라 세계질서를 위협하고 있다. 그런데 참으로 이해할 수 없는 것은 월북 공산주의자들의 후손과 일부 자생적 좌파들이 그들의 선조들을 무참히 처형한 북한 김일성 체제와 후손인 김정은체제에 대해 아직도 낭만적이고 사뭇 목가적인 환상을 줄기차게 견지하고 있다는 점이다. 기가 막히는 일이다.

자, 이제 우익의 얘기를 하자.

우리에게 엄밀히 말해 해방될 때까지 진정한 우익이 없었다. 일반 국민에게는 우익이 재산 많은 지주나 일본에 붙어먹는 친일파 내지 파락호 정도로 비쳐졌다. 물론 그 시절 미국에서 활동한 이승만, 서재필, 안창호 등등이 우익으로 평가됐지만 국내 항일운동에서 조직과 동원에서 한참 뒤떨어졌다. 특히 이승만은 탁월한 외교실력과 명성 때문에 상징적인 임시정부의 대통령직까지 올랐지만 매양 외로웠고 '원 맨 플레이'에 머물렀다.

우익이 진정 '자유민주주의세력'으로 거듭난 것은 6·25 한국전쟁을 거치면서였다. 넓게 보면 〈북·중·러〉로 상징되는 대륙세력과 〈한·미·일〉로 상징되는 해양세력의 대결이었다. 싸움은 북한의 선전포고 없는 남침으로 한국이 낙동강까지 밀리고, 미국의 참전으로 반격하여 인천상륙까지 곁들여 압록강까지 밀어붙이다가, 중국의 인해전술로 일진일퇴를 거듭하다가, 결국 시발점인 38선 근처에서 휴전한 것이 그 결말이 되어 지금까지 65년간 대치하고 있다.

그 기간 동안, 우리 국민은 미국, 영국, 프랑스, 네덜란드 등 참전 16개국의 젊은이 4만 명이 그들이 듣도 보도 못한 이름의 나라 '코리아'를 위해 목숨을 바쳐 희생하는 것을 보고 놀라고 한편 감사해 하며 민주주의의 실체를 경험했다. 요사이는 '민주주의'란 용어가 혼용 남발되어 어이없게도 전체주의 북한까지 자신들의 국호를 조선 '민주주의' 인민공화국이라 부를 지경이다. 진정한 민주주의는 국민의 천부불가양의 인권과 자유가 보장되고 자유시장경제가 병행되는 '자유민주주의' Liberal Democracy가 정확한 표현이며 이는 인류가 지금까지 발명한 정치체제 중에서 가장 최선의 것이다.

이승만은 국내기반의 미흡 때문에 개인적 카리스마를 이용, 친일파 관료와 지주세력을 중심으로 강력한 반공국가 자유당정권을 구성했으나 나라를 세워 지키고 혼란을 수습하는데 민의 소통이 부족하여 4·19를 불러들였으나 끝내 책임을 통감, 물러나 망명의 길을 택했다. 박정희는 5·16으로 강력한 경제개발과 산업화의 기틀을 마련하였으나 개발독재의 후유증으로 측근에 의해 불행한 최후를 맞았다. 그러나 이 두 대통령에 의해 이 나라의 우익의 토대가 마련되었다.

전두환, 노태우 시대는 여기서 논의할 필요를 느끼지 않는다.

　그러나 80년대 초 7년간의 전두환 군사폭압정치는 이 나라에 계층간 지역간 갈등을 증폭시켰고 동시에 체제반대 세력의 '전투성'을 강화시켰다. 그 시대는 보수의 외연확장에 결정적으로 부정적인 영향을 주는 암흑시대였다. 결과적으로 '1987년 체제' 30년 동안 보수 3명, 진보 3명의 대통령들이 사이좋게(?) 정치를 분담한 것처럼 보이지만 보수세력의 태생적 한계와 업보로 인해 마지막 해인 2017년을 정권재창출은커녕 평화적 정권교체마저 못하고 '촛불탄핵'의 비극을 자초한 것이 아닌가를 뼈저리게 반성해야 한다. 단 한 사람도 정치적, 도덕적 책임을 지고 물러나지 않았다. 노무현 탄핵 때는 소수의 열린우리당이 의사당에서 책상을 엎고 구두를 벗어 던지고 난리를 쳤는데 박근혜 탄핵 때는 새누리당의 아무도 찍소리도 못하고 의사당을 빠져나와 도망치듯 사라졌다. 아무도 책임지지 않는 것이야말로 보수의 이름표가 되었다. 그것이 지금까지의 한국보수의 현주소였다.

　이제 새로운 보수는 이 나라의 자유민주주의를 책임진다는 각오로 다시 일어나야 한다. 보수에 가해지는 일체의 비판과 화살을 모두 받아들여 그것들을 극복해야만 다시 '새로운 보수'가 살아날 수 있다. 그것이 무엇들인가?

　헌법유린, 인권유린, 부정부패, '웰빙' 보수, 배타적 지역감정, 고문, 분열, 패거리정치 등등 수많은 과오가 지금까지의 보수에게 지워진 죄업들이다. 이것들을 뼈저리게 반성하고 말없는 다수의 선량한 보통국민을 이끄는 새로운 보수, 극단에 치우치지 않는 균형 잡힌 보수의 길을 모색해야 한다. 그 시도의 하나로 우리 한국자유총연맹에서 감히 한국보수원론(韓國保守原論)을 간행, 우리 자유민주주의의 현재와 미래를 원점에서부터 다시 검색하고 천착하고 토론하여 앞으로 갈 길을 10명의 보수이론가들을 통해 재확인하는 담론의 마당을 펼치고자 한다.

1. **주섭일 박사**는 인류가 누리는 평화와 번영은 자유민주주의와 시장경제라는 보편적 진리에서 비롯된다는 것을 논증한다. 상호 견제가 가능한 복수 정당 등 자유주의적 제도는 시장경제발전을 위한 필수요소이며, 시장은 다시 경제성장과 번영, 사회 정의, 희소 자원의 효율적 사용으로 이어진다는 것이다. 그 실례로서 구소련의 공산주의, 나치 독일과 이탈리아의 파시즘 그리고 전체주의적 체제가 모두 멸망한 실패사례를 구체적으로 예시하며 소개하고 있다.

2. **김광동 나라정책연구원장**은 정치적 보수가 지향하고 계승해야 할 덕목으로 개선하는 정치, 자유와 공정에 기반을 둔 번영, 성실하게 일하는 사람과 어려운 사람을 선택적으로 돕는 정책을 들었다. 또한 보수주의와 자유주의가 추구하는 정치와 정책의 기조는 번영과 경쟁이라 지적했다. 모범적인 보수의 리더십의 사례로 윈스턴 처칠, 마가렛 대처, 로널드 레이건 그리고 한국의 이승만 박정희를 들며 향후 보수 정치의 방향과 과제를 제시한다.

3. **최승노 자유기업원 원장**은 보수주의 경제관의 개념과 타당성을 설명하기 위해 자유시장경제의 기초적 원리, 그리고 영 · 미 선진국의 성공 사례 정리해주었다. 그 핵심은 작은 정부, 기업과 개인의 창의성을 존중하는 제도에 있으며 왜 사회주의를 경계해야 하는가에 대한 이론적 배경을 설명하였다. 또한 최근 논쟁이 되고 있는 경제민주화, 반기업 정서의 폐단을 극복해야 한다고 역설한다.

4. **권희영 한국학중앙연구원 교수**는 진정한 교육의 목적은 자유민주

적 기본질서를 가르치는 것이어야 하며, 현재 교육계에 만연해 있는 '민중사관'에 의한 좌편향 교과서의 문제점을 구체적으로 짚어주었다. 특히 역사교육에 있어 민중사관을 배제하기 위한 지속적이고 체계적인 투쟁이 필요하며 이것이 보수주의 교육이 추구해야 할 방향이라 지적한다.

5. **한영수 서강대학교 연구교수**는 보수문화의 이론적 토대와 그 가치를 규명, 근대적 문화이론으로서 좌우파의 문화이론을 설명하고 있다. 보수적 문화의 토대를 재확립하는 것이 우리 사회의 이념적 혼란을 수습하는 아젠다(Agenda)라고 강조, 유명 성인영화 한 편을 소개하면서 좌파진영 문화선점의 폐해로서 성윤리 및 가족관의 파괴까지 지적하고 있다.

6. **이춘근 한국해양전략연구소 선임연구위원**은 국제정치가 약육강식의 논리에 의해 돌아갈 수밖에 없는 이유와 실증적 사례를 제시함으로써 현실주의 국제정치 이론의 타당성을 논증하였다. 이를 바탕으로 한반도와 주변국의 안보경쟁의 양상에 대한 자의적이고 주관적인 해석을 경계해야 한다고 주장한다. 마지막으로 남북한 통일 역시 한 · 미 · 일－북 · 중 · 러의 대치 구조라는 틀에서 이해하고 계획해나가야 함을 강조하고 있다.

7. **문순보 한국국가정보학회 이사**는 현재 대한민국에 가해지고 있는 안보위협을 국내적 요인과 대외적 요인으로 구분해 설명함으로써 국가안보와 정치적 안보의 중요성을 설명한다. 특히 월맹, 동독, 중국의 기만과 정치공작 사례를 열거하면서 이러한 맥락의 연장선에서 북한의 대남전략과 전술이 행해지고 있음을 논증해가는 과정이 흥미롭다.

8. **정용석 단국대 정치외교학과 명예교수**는 독일, 오스트리아, 베트

남 등 최근 100여년 사이에 있었던 분단과 통일 사례를 객관적으로 검토함으로써 한반도 통일에 있어 시사점을 찾고자 하였다. 특히 분단과 통일에 예외 없이 인접 강대국이 개입했으며 자유진영의 협력과 지원을 이끌어내지 못한 국가는 예외없이 패망의 길로 접어들었음을 논증하면서 자유민주주의와 시장경제체제로의 통일만이 유일한 대안임을 역설한다.

9. **김용삼 전 월간조선 편집장**은 지금의 자유민주주의와 보수의 위기를 개인의 자유를 지키려는 진영과 집단·민중을 우선하는 진영 사이의 대결 국면에서 수세에 몰린 것으로 설명하고 있다. 따라서 이른바 보수진영은 그 가치가 왜 개인과 국가를 위해 필요한 것인지를 논리적, 실증적으로 논파해가며 이 수세를 극복해야 한다고 강조한다.

10. **송복 연세대 명예교수**는 보수의 정의, 가치 및 행동지침을 종합적으로 정리해주었다. 보수를 크게 ① 이념적 보수 ② 제도적 보수 ③ 심리적 보수 ④ 수범적 보수로 구분해 각각의 의미와 개념을 설명했다. 마지막으로 새로운 보수가 나아가야 할 길로써 '국가 권력을 최대한 제한하는 입법'을 뜻하는 〈순법체계로의 규제혁신〉과 '중국 패권주의를 경계하자'는 내용의 〈가치공유의 국제관계 지향〉을 제시해준다.

나는 이 서문의 첫 자락에서 보수와 진보가 격렬히 부닥치는 환경에서 소년시절을 보냈음을 술회한 바 있다. 4·19 이후 대학시절에도 캠퍼스에는 좌우가 격렬히 대결하였다. 그 시절 나는 좌우를 가리지 않고 수많은 이념서적들을 독파하였다. 독서목록은 다양하고도 광범위하였다. 정치학과 직계선배인 이문규가 통일혁명당 당수로 사형당하고, 신진회의 유근일이 필화사건으로 옥고를 치르다 이념적으로 변신하고, 자유주의자 이수정이 4·19 선언문을 휘갈기던 그 혁명적 격동기에 나는 격렬한 이념적 고뇌와 사색 끝에 종내 자유민주주의자가 가장 올바른 길이라고 믿게 되었다. 나의 신념은 40여 년간의 민주화투쟁 특히 그 중 16년간의 미국 망명생활을 통해 더욱 확고해 졌다.

나는 오늘의 북한을 중세기적 전제정치 또는 '핵무기를 가진 유사종교' 그것도 '중독성'이 있는 종말론적 심판론으로 무장한 유사종교 같다는 느낌을 가진다. 거기에 인권이고 자유고 민주주의가 끼어들 틈이 없다. 아니면 우리 역사의 삼국시대 말엽, 강력한 무력 군사력을 자랑하던 고구려의 연개소문이 끝난 후 그의 아들 삼 형제 남생, 남산, 남건이 왕조를 파탄으로 몰아가던 자멸적 통치의 '데자뷰'를 보는 것도 같다.

이러한 민족사의 파행에 남한의 이른바 목가적 공산주의자와 환상적 종북주의자들의 책임을 엄하게 묻고자 한다. 만일 남한의 이른바 진보적 인권단체, 환경단체, 사회단체들이 한 마음으로 북한의 인권문제를 내놓고 비판한다면 김정은은 가슴이 떨려서 감히 장성택 숙청, 김정남 암살, 반대자 공개처형 등을 저지르지 못했을 것이다. 유엔에서는 열 번도 넘게 채택한 대북한 인권결의안을 우리 국회에서 깔아뭉개고 있었던 것이 얼마동안이며 지금껏 구체적인 대책도 못 세우고 있는 것에 북한 권부는 얼마나 가가대소하며 우리를 비웃겠는가?

그러나 이러한 역사적 파행에 보수의 책임 또한 피할 수 없다고 본다. 지난 20년간 이 나라 보수는 타락한 보수정치가 보여줄 수 있는 오만과 독선과 부패와 음모와 분열과 보복 등 최악의 정치행태를 반복해 왔다.

처음 10년은 이회창이 박찬종과 이인제를 포용하지 못해 실패했다. 다음 10년은 이명박과 박근혜의 도를 넘는 정쟁으로 서로 함께 실패했다. 새로운 보수는 이 모든 것을 극복해야 한다.

이 나라에 새로운 보수의 텃밭은 충분히 마련돼 있다. 6·25 전쟁을 통해 총 들고 나라를 지킨 우리의 아버지들, 산업현장과 월남 전선에서 나라를 일으킨 용사들, 각종 데모에서 자유와 민주를 체득한 대다수의 학생들, 그리고 무엇보다 지지부진하고 고르지 못하지만 그래도 매일 매일 조금씩 발전하여 오늘의 대한민국을 이룩하는데 중심이 된 말없는 다수의 농민과 노동자와 서민으로 꾸려지는 '보통사람'들이야말로 이 나라 보수의 보증된 텃밭이다. 이제껏 그들을 이용하여 치부를 하고, 학대하고, 고문하고, 오만방자했던 껍데기뿐인 '웰빙보수'는 가라!

이제 새로운 보수의 지평(地平)이 떠오른다.

이제 자유와 인권과 정의와 평화와 시장(장마당) 주축으로 속을 알차게 채우는 새로운 보수로 이 나라를 지키고 발전시키고 통합하는 새로운 역사, 도덕적이고 겸손하고 공정하고 화해하는 새로운 자유민주주의의 통일시대를 열어야 한다. 이 책이 그러한 시대를 여는 겸손한 길라잡이가 되면 얼마나 좋을까.

그런 꿈을 가지면서 글을 마친다.

2018년 2월 1일

여의도에서 김 경 재 쓰다

차
례

한국보수원론

자유민주주의의 현재와 미래

주 섭 일

· 전) 중앙일보 파리 특파원
· 사회와연대 회장
· 파리13대학 대학원 정치학 박사

우리가 세계 유일의 보편적 진리인 자유민주주의-시장경제를 수호해야 하는 이유
-한반도 19세기적 역사의 퇴행·역주행 현상을 방치할 수 없다-

나는 반문한다. 28년 전 동독과 동구 사람들의 탄식을 할지도 모를 운명의 순간을 우리가 살고 있지 않은가. 왜 한반도가 이 지경이 되었는가? 우리 국민은 우리 정치인들에게 질문하고 다그쳐야 한다. 기제 우리는 민족의 대재앙을 막아내는데 총력전을 펼쳐야 자유와 번영을 수호할 수 있을 것이다. 이 글은 자유민주주의를 수호하고, 25년 전 동독 같은 공산당지배의 압제와 공포사회를 거부하는 절규이다

우리가 세계 유일의 보편적 진리인 자유민주주의 시장경제를 수호해야 하는 이유

-한반도 19세기적 역사의 퇴행 · 역주행 현상을 방치할 수 없다-

서구민주주의는 20세기 말 모스크바의 세계공산주의 진영을 멸망시켰다. 그리고 21세기 세계에 시장경제, 자유민주, 평화, 평등, 정의의 세상을 만들었다. 오늘 대서양에서 캄차카반도까지 북반부 세계는 민주-시장경제의 평화와 번영의 세상으로 정착되고 있다. 그런데 동북아 끝의 한반도는 북한 김정은의 공산주의-3대 세습체제 유지로 3차 세계대전 핵전쟁 위기에 휘말리고 있다. 한국은 20세기 시장경제의 압축 성장으로 일본과 선진권으로 진입하는데 일단 성공했으나, 김정은의 핵미사일 불바다 공격 위협으로 전쟁 일보 전 백척간두에 서게 되었다.

지금까지 자유와 시장경제, 인권과 평화, 정의와 행복을 모든 국민이 공유하는 자유민주주의체제만이 전쟁 없는 평화를 영속시켰다. 20세기에 히틀러와 스탈린의 전체주의를 물리치고 호혜평등, 반전반핵의 평화시대를 연 것은 자유민주주의였다. 1950년 6월 25일 김일성의 남침으로 한국전쟁이 터졌을 때 미국, 영국, 프랑스, 캐나다, 이탈리아, 네덜란드 등 16개 자유국가들의 참전으로 북한 공산군을 물리쳐 오늘의 대한민국을 존재시켰다. 그럼에도 지금 한반도는 핵전쟁의 시한폭탄이 되고 있다. 19세기 망국 직전의 전쟁위기를 표출하고 있다.

한말 선각자들은 500여 년 봉건전지군주시대의 임종을 예감하면서 개혁개방을 부르짖으며 개혁을 시도했다. 1884년 갑신정변(甲申政變)은 일단 3일천하의 궁정혁명에 성공했다. 김옥균, 박영효, 유길준 등 개화당이 개혁개방 깃발을 앞세워 수구세력을 처단하면서 권력을 장악했다. 그러나 혁명은 3일천하로 끝났다. 일본군의 협력을 받았던 혁명은 청나라 군의 개입으로 무산되고 말았다. 청나라는 '조선판 명치유신'에 성공하자 서울에 주둔 중인 3,000여 명의 군을 출병해 좌절시켰다. 1894년 전봉준의 동학혁명이 봉기했으나 또 실패했다. 전 장군의 농민군은 '권귀진멸'(權貴盡滅, 권세가 있는 양반들을 모두 없애버린다)의 깃발을 앞세워 서울로 진격을 했으나, 고종의 일본군 청병으로 무산되었다.
개화당과 동학군의 패배는 수구세력의 매극행위로 급기야 일본의 식민지가 되면서 나라가 망했다. 국제정세에 까막눈인 한말 수구세력의 발호가 외세를 끌어들여 망국의 비극을 한민족에게 안긴 것이다. 구미선진국들은 조선국에 문호개방과 무역을 요구했으나 수구세력이 거투함으로써 빚은 망국이었고, 치욕의 일본식민지가 되었던 것이다.

110여 년이 지난 오늘, 소련 세계공산주의 진영의 백기투항으로 자유민주주의와 시장경제가 국제사회를 평정했음에도 북한 김정은 체제는 멸망한 공산주의체제 유지를 위해 핵무장하면서 국제사회와 유엔 안전보장이사회 제재의 징벌을 자청하고 있다. 참으로 무모하고 반역사적이며, 반민족적인 전쟁모험이자 역사퇴행의 극치다. 여기에 남한의 '진보'세력은 김정은에게 한마디 비판도 않고 한국의 민주-시장경제 수호를 위한 한미동맹의 파기, 미군철수, 우리 정부의 유엔 안보리 대북 제재 포기, 고고도미사일방어체제(THAAD) 배치 반대를 주장하며 시위까지 벌이고 있다. 한말 수구세력의 매국행위를 연상시키는 역사적 망동이다.

일부 진보적 시민단체들의 반미시위는 그래서 한말에 개혁개방을 거부하고 봉건제, 전제군주제, 반상의 신분제 등을 지키기 위해 매국한 수구세력을 연상시키는 것이다. 김정은의 민족공산주의, 3대 세습전제군주제, 봉건적 신분제 등은 19세기 조선봉건제로 회귀하는 민족파괴, 해체의 반역이 아닌가. 핵미사일로 남한을 쓸어버리고 지리산과 한라산 정상에 인공기를 게양하겠다는 김정은의 협박 공갈은 히틀러와 스탈린의 전체주의, 크메르루주 폴 포트의 전쟁범죄와 반인도적 범죄를 다시 자행하려는 것과 다름이 없다.

그래서 우리는 공산주의 멸망 이후의 세계인 민주주의와 시장경제의 인류 보편적 진리와 평화와 정의의 가치관을 재정립하기 위해 공산주의 멸망의 역사를 재점검할 필요가 있다. 이를 통해 21세기의 보편적 진리로 확정된 시장경제-민주주의의 철학과 가치관을 재음미하는 것이 시급한 것이다. 먼저 공산주의의 뿌리인 '공산당선언'부터 새로 검토할 필요가 있다.

1. 마르크스-엥겔스 '공산당선언'은 오류였다는 엥겔스의 고백의 의미

마르크스와 엥겔스가 공동저자인 「공산당 선언」이 오류였다는 엥겔스의 고백은 오랫동안 세상에 묻혀 있었다. 현재도 한반도와 동북아에서는 여전히 묻힌 진리이다. "유럽의 하늘에 혁명의 그림자가 떠돌고 있다"는 한마디로 공산주의 혁명을 예고한 이 책은 자본주의의 성숙기에 계급투쟁에 의한 무산계급혁명으로 자본주의가 망하고 착취와 불평등이 사라진 인간해방의 새로운 사회가 온다고 예고했었다.

19세기 산업혁명의 한복판에서 '해 뜨면 일하고 별보고 집에 온다'는 유럽노동자의 비참한 삶을 해방하는 복음서로「공산당 선언」은 최대의 베스트셀러가 되었다. 부르주아 즉 자본가계급의 착취로 인한 불평등사회의 타파를 기본주제로 한 이 책은 인간해방의 복음서로 오랫동안 프롤레타리아혁명을 위한 공산주의자의 교과서가 되었다. 한마디로 자본주의가 망하고 노동계급이 지배하는 새 세상이 프롤레타리아혁명에 의해 온다는 것이다.

1848년 5월 프랑스의 노동자-부르주아 연합혁명이 터졌다. 루이 필립의 복고왕정이 전복되자 시인 라마르틴의 우파와 좌파 지도자 루이 블랑의 연합정부가 수립되었다. 얼마 후 부르주아의 공작으로 연정이 무너졌다.『미국민주주의』의 저자 토크빌이 개탄했으나 부르주아 군대는 노동지도자와 좌파 각료들을 무자비하게 체포했고, 루이 블랑과 레드리 로랭 등 좌파 지도자들은 런던에 망명했다. 실패한 혁명 22년 후 프랑스 시민계급은 1871년 '파리코뮌' 혁명을 성공시켰다. 루이 나폴레옹3세가 프로이센과 프랑스의 전쟁(보불전쟁) 포로가 되고 독일의 비스마르크 군대가 파리를 포의하자 파리 시민들이 도시를 점령해 파리코뮌 정부를 세웠다. 코뮌은 당시 런던에서 '최초의 공산주의사회'로 평가했으나 1년 여 후 실패했다. 베르사유 궁전으로 후퇴했던 부르주아정부는 파리 전역을 포격하고 코뮌의 시민군과 무고한 시민을 무자비하게 학살하면서 파리를 재점령했다. 코뮌 지도자들은 영국으로 망명했으나, 시민군 2만 여 명은 라 셰즈 공동묘지 담벼락에서 총살당했다. 또 부르주아군이 집집을 뒤져 파리 시민을 색출해 무조건 학살했다. 1848~1871 양대 시민-노동자혁명의 승리를 기대했던 마르크스는 후일『프랑스의 계급투쟁』을 출판하면서 최초의 프롤레타리아혁명의 기대를 접었다고 기록했다.「공산당 선언」의 공저자 엥겔스는 1895년 3월, 재판의 서문에서「공산당 선언」의 오류를 고백했다. 엥겔스는 서문에서「공산당 선언」이 "1848년 유럽경제를 혁명의 성숙기로 보았던 것이 오류였다"고 고백했다. 서문을 쓰고 나서 얼마 후 그가 사망해 서문은 그의 유서가 되었다. 그는 이렇게 썼다.

"역사는 우리와 우리처럼 생각했던 사람들 모두가 틀렸음을 입증했다. 역사는 유럽대륙의 경제발전이 자본주의 생산 양식을 제거할 만큼 성숙되지 않았음을 보여주었다. 역사는 1848년 혁명 이래 유럽 전역을 휩쓴 혁명에 의해 이를 증명해 주었다.”

「공산당 선언」은 1789년 7월 14일 프랑스대혁명이 봉건제의 최고성숙기에 부르주아-시민연합으로 절대왕정을 타도하고 자본주의로 이행한 것이라고 해석했다. 그리고 다음 단계로 자본주의의 최고 성숙기에는 프롤레타리아혁명이 필연적으로 일어나 공산주의가 자본주의를 대체할 것이라고 예언했다. 그러나 엥겔스는 공산주의혁명의 시나리오가 적중하지 않았으며, 따라서 「공산당 선언」의 혁명이론이 오류가 되었다는 것이다. 특히 「공산당 선언」은 국가를 부르주아계급의 노동계급 착취도구라며 타도대상으로 규정했으나, 전혀 그렇지 않다고 엥겔스가 밝혔다. 국가는 부르주아의 노동계급 착취도구가 아니라는 것이다.

그래서 엥겔스는 “혁명의 시대는 갔고 선거의 시대가 왔다”고 밝히고 있다. 그는 “선거야 말로 프롤레타리아의 가장 효과적인 해방 수단이며, 노동자 다수가 권력에 진입함으로써 국가를 부르주아로부터 독립시킬 수 있다”고 말하고, 혁명론자들을 다음과 같이 타이르기까지 했다.

“체제 전복을 위한 혁명가이며 음모자들이었던 우리는 합법적 방법으로 더 많이 성장하고 있다. 프랑스의 부르주아 지배정당은 그들이 창조한 (선거라는) 법적 조건에서 오히려 소멸하고 있다. 그들은 합법성이 오히려 그들의 죽음이라고 울부짖고 있는 실정이다.”

결국 1917년 10월 러시아혁명은 사실상 공산당선언이라는 ‘잘못된 유토피아’의 결과이며, 이것이 마르크스의 예상대로 성숙된 자본주의선진국에서 공산혁명이 성공할 수 없었던 이유였다. 그래서 선거를 통한 집권전략을 엥겔스가 추천했음에도 레닌이 민주주의적 선거를 지향하는 사회주의자들을 ‘배신자’로 낙인찍었던 것이다. 그리고 엥겔스의 유언을 허위날조로 조작해 부정함으로써 공산주의의 전체주의적 속성을 드러냈던 것이다. 또한 공산혁명이 유럽의 자본주의가 아니라 러시아의 농업국가에서 발생한 이유도 여기에 있을 것이다.

2. 마르크스의 유언집행인 베른슈타인과
독일사민당의 공산주의 폐기 선언

마르크스의 유언집행인 가운데 한 사람인 베른슈타인은 19세기 후반 독일사회민주당 강령 수정을 위한 작업을 시작했다. 그는 1896년 『자본주의의 제 문제』라는 저서를 발표하고 마르크스주의 수정을 위한 운동에 나섰다. 그는 "자본주의 멸망이라는 마르크스주의의 테제는 오류"라고 밝히고 "엥겔스가 고백한 「공산당 선언」의 오류는 부수적인 것이 아니라 본질적인 것이다"라고 선언했다. 그는 공동 유언집행인인 독일사회민주당의 카우츠키가 수정주의운동을 포기하자 홀로 당과 투쟁했다. 그는 슈투트가르트의 1899년 사민당 전당대회에서 "당 강령에서 자본주의 멸망테제를 삭제하자"고 요구했다. 그는 이렇게 발언했다.

"오늘 「공산당 선언」을 근거로 자본주의 위기론을 많은 사람들이 믿고 있다. 그러나 이는 완전히 잘못된 것이다. 마르크스의 공동저자인 엥겔스의 '프랑스 계급투쟁'의 서문에서 완전히 인정된 사실이다. 자본주의 발전이 긴 시간이 소요되기 때문에 「공산당 선언」의 방식대로 진행되지 않았던 것이다."

특히 베른슈타인은 그의 논문 「사회주의의 전제와 사민당의 과제」에서 이렇게 서술했다. "몇몇 의식화된 소수가 다수의 다중 앞에서 수행하던 혁명의 시기는 지나갔다. 다수 대중의 행렬을 군대와 충돌시키는 것은 사회민주당의 성장을 저지할 것이다. 사민당은 불법적 전복의 방법보다 합법적 방법을 통해서 더 번창할 것이다. 당면과제는 선거에서 득표율을 계속 높여 가는데 있다."

베른슈타인의 수정주의가 퍼지자 러시아의 레닌이 '인민의 배신자' '자본주의 전위대'라며 공격을 퍼부었다. 세계공산주의 두목 레닌의 비난은 국제공산주의자들의 지지를 받았다. 대부분의 공산당들은 레닌의 '날조론'을 그대로 받아 '인민의 공적 1호, 자본가의 주구'라고 수정주의자들을 욕했다.

베른스타인의 사회민주주의는 자본주의의 틀 안에서 자유와 평등을 개혁수

단으로 삼아 조화를 이루는 사회복지사회 구현을 말하는 것이다. 무엇보다도
자유민주주의의 본질인 의회민주주의와 시장경제의 구조 안에서의 정치활동을
주장한 것이다. 이는 자유민주주의의 원칙과 본질과 같은 맥락인 것이다.

독일사민당은 1959년 11월 바트고데스베르크 전당대회에서 베른슈타인의 테
제를 당 강령에 완전히 수용해 마르크스주의를 부정하며 전향했다. 2차 세계대
전 후 사민당은 서독에서 재건되었으나, 마르크스주의의 본질을 그대로 답습한
강령 때문에 선거 때마다 패배했다. 사민당 지도자 빌리 브란트 베를린시장은
자유민주주의-시장경제체제에 편입, 사적 소유권과 시장의 자율성 등을 계속
주창했다. 전당대회는 자유정신, 휴머니즘, 인권을 기초로 하고 생산수단의 공
유화라는 마르크스주의 테제를 포기하며, 소비의 자유, 노동의 자유, 자유경쟁
의 원리, 개인이니셔티브와 사회연대를 기초로 하는 자본주의 옹호의 길을 선
택했다. 자유민주주의와 자본주의의 대열에 서구좌파 독일사민당이 합류한 것
이다. 당 강령은 확실히 공산당을 공적으로 삼아 투쟁할 것을 강조했다. 독일사
민당의 전향은 좌파정당의 시장경제와 자유민주주의체제 전면적 수용을 의미
했다.
 "공산주의자들은 사회주의의 뿌리를 주장할 권리가 없다. 그들은 사회주의
이념을 왜곡시켰다. 사회주의자는 자유와 정의의 실현을 위해 투쟁하고 있으나
공산주의자들은 사회의 갈등을 이용해 자기당의 독재를 확립하려 한다."

3. 프랑스대혁명의 부르주아민주주의와
   자유민주주의의 발전

 1789년 7월 프랑스대혁명이 성공하면서 부르주아민주주의가 세상에 처음
으로 모습을 드러냈다. 프랑스대혁명은 지식인-상인-자본가-시민-민중의
연합연속혁명이었다. 여기서 나온 정치세력이 부르주아중심의 자유주의자들

이었다. 봉건적 절대군주제인 루이왕조와 귀족지배시대를 멸망시킨 혁명 주체세력이 바로 부르주아계급이었다. 로베스피에르의 자코뱅과 당통을 중심으로 한 지롱댕이 프랑스 제1공화국의 집권정당이었다. 자코뱅은 봉건왕정체제를 철저히 청산해 부르주아 중심의 자유주의 국가를 건설하려 했고, 지롱댕은 국왕과 개혁적 귀족들을 연합해 입헌군주제로 가자고 역설했다. 혁명주체세력의 이러한 새로운 체제에 대한 견해 차이는 자유주의와 보수주의의 이념 차이를 노출했다.

혁명의 최고지도자 로베스피에르는 루이왕가, 귀족, 가톨릭성직자 등 구체제 주체세력들을 파리의 혁명광장(오늘의 콩코르드광장) 단두대에서 처형했다. 당통을 필두로 한 온건파는 유혈혁명에 대한 비판이 비등하는 만큼 사형집행을 중지하고 화합과 설득을 위해 구체제에 관용을 베풀자고 제의했다. 당통은 반혁명분자에 대한 혁명재판장으로서 반체제에 대한 피의 숙청을 중단하겠다고 선언했다. 그러나 로베스피에르는 당통과 그의 세력을 반혁명으로 단죄해 직접 단두대 처형을 감행했다. 국민의회가 루이 16세의 사형을 두고 표결한 결과 사형에 반대한 당통파를 지롱댕으로 부르고 사형집행 찬성파를 자코뱅으로 부르면서 분열했다.

자코뱅과 지롱댕은 혁명 후 첫 자유주의정부의 양대 정당인 셈이다. 로베스피에르는 1794년 7월 국민의회 연설 도중 반대파의 저항에 부딪혀 심복 생쥐스트와 함께 사형을 당했다. 이후 프랑스는 자코뱅의 급진적 혁명집행의 공포시대에서 나폴레옹의 제정시대로 전환했다. 그런데 자코뱅과 지롱댕은 로베스피에르의 자유주의적 사회경제정책을 집행했다. 먼저 이들은 제1공화정을 선포하고 국민의회 의원을 자유선거로 선출했으며, 모든 정책을 투표로 결정했다.

프랑스혁명의 정치철학 기초는 물론 1789년 8월 26일 국민의회가 모든 인간이 누려야 할 권리에 대해 발표한 '인간과 시민의 권리선언'에 기초를 둔 것이다. 국민의회가 만장일치로 채택한 '프랑스 인권선언'은 그 후 '유엔인권선언'을 비롯한 인류의 모든 인권선언의 기초가 되었다. 먼저 "인권은 아무도 취소할 수 없는 천부적 권리"로 규정했다. 자유는 인권선언이 규정한 인류의 최고 가치인 천부인권이며 인간이 누릴 수 있는 보편적 진리로 확정되었다. 정치, 언론, 집회결사, 학문, 표현, 신앙의 자유 등 절대왕정 시절 절대로 입에 담을 수 없는 모든 '금지족쇄'가 모두 풀린 것이다. 이것은 특히 어둠의 세계에서 빛의 신세계로 전진하는 역사의 큰 걸음이었다.

특히 예외적 항목이 주목되었다. 혁명 주체세력은 기본권인 자유와 똑같은 천부의 인권으로 '소유권'을 규정한 것이다. 선언문 17조 규정은 다음과 같다.

"소유권은 신성불가침의 권리이므로, 법에 규정한 공공의 필요성에 의해 명백히 요구되는 경우 이외에는 누구도 소유권을 박탈할 수 없다. 또 그러한 경우라도 소유자가 사전에 정당하게 보상을 받는다는 조건을 갖추어야 한다."

이처럼 프랑스혁명은 그 기본정신에 정치, 언론, 사상, 신앙의 자유라는 형이상학적 범주 외에 소유권이라는 사회경제분야의 권리를 천부인권 조항으로 규정함으로써 의회민주주의와 3권 분립 등 정치의 범주 밖의 시민의 재산권을 기본 권리에 포함시켰다. 이는 혁명주체세력인 자본가, 상인, 무역인, 지식인, 중산층 등의 이익을 수호하는 조항을 추가한 것으로 해석할 수 있다.

다시 말하면 당시 맹아단계에서 발전하고 있는 자본주의에 관한 자본가-상인계급의 의사가 반영된 것이라 할 수 있다. 이에 따라 프랑스혁명 이후의 근대세계가 자본주의시대로, 정치적으로는 자유주의시대로 발전한 근거를 발견할 수 있다.

4. 마르크스-레닌주의, '자본주의 멸망 후 공산주의 세상' 설계 잘못되었다

프랑스 루이 필립의 왕정복고를 전복시킨 1848년 2월 2차 프랑스혁명은 마르크스의 「공산당 선언」이 발표된 수개월 후 일어났다. "혁명의 그림자가 유럽 하늘을 떠돈다"는 공산당선언의 예언이 적중한 듯한 혁명의 발발이었다. 시인 라마르틴을 지도자로 한 중도우파와 루이 블탕을 지도자로 하는 중도좌파의 연합혁명으로, 사회주의세력의 승리로 평가되었기 때문이다. 좌우연정으로 임시정부가 수립되었고 보통선거에 의한 총선거가 실시되었다. 여기서 프랑스는 최초로 보통선거를 실시한 자유민주주의 선두주자로 등장했다.

임시정부는 언론보도와 집회의 완전한 자유, 노동의 권리보장, 노동시간의 제한(8시간 노동제의 시발점), 특히 각 시도어 국가예산으로 국립작업장 설치를 결정했다. 선거결과 라마르틴의 우파와 루이 블랑의 좌파는 좌우대연정을 구성했고, 모든 실업자들이 국립작업장에 취직해 생활하게 되었다. 최초로 '노동자를 위한 정부위원회'를 설치해 로베르를 노동자대표로 임명했다. 국가예산으로 거대공장을 설치해 실업자를 고용함으로써 실업문제를 해결한 좌파의 노동정책이었다. 이는 국가예산으로 충당했으나 자본가계급의 지출증대로 연정의 위기를 낳았다.

이 노동개혁은 1790년대 제1공화정 대 자코뱅의 개혁이 기초가 되었다. 자코뱅정치는 1793년 공화국 정령으로 식민지 노예제 폐지, 유산의 균등상속, 무상의무교육 실시, 봉건적 여러 권리의 폐지와 부활 금지, 시민에게 국유재산 분할 매각과 분할 상환, 아동 노인 빈민에게 구제금 지급, 과부와 가족부양 여성에 수당 지급, 미터법실시, 평등병역의무(국민총동원령) 등을 실시했다. 특히 국유재산의 분할 매각은 자본가와 부유층 농민이 대거 경매에 참여했으며, 도농의 자본가와 부르주아지의 재산 증대를 실현했다.

마르크스는 루소의 「인간 불평등 기원론」에서 소유권이 생겨나면서 인간사회의 불평등문제, 물적 갈등구조가 생겼다는 이론을 그대로 받아 공산주의의 기초로 삼았다. 그는 천부인권인 소유권의 신성불가침성을 불평등사회의 뿌리로 파악했다. 프랑스혁명이 소유권을 기본인권으로 삼은 것은 부르주아세력이 주도했기 때문이며, 인간이 불평등세계에서 탈피하려면 부르주아사회의 근원인 자본주의를 폐기하면 되는 것으로 보고, 부르주아혁명을 폐기할 수 있는 프롤레타리아혁명이 나온다는 가설을 세운 것이다. 이로써 자본주의사회를 프롤레타리아 지배의 공산주의사회로 전환할 수 있으며, 이것이 인류의 인간해방의 새 세상, 공산주의사회라고 주장했던 것이다.

마르크스의 「공산당 선언」에서 불멸의 베스트셀러 『자본론』에 이르기까지 모든 저서들은 프랑스혁명의 부르주아와 자본주의 멸망을 위한 이론적 축조물이었다. 그러나 마르크스가 자본주의의 구조적 견고성과 더불어 소유권의 보장이라는 점에서 자본주의를 구체제의 봉건주의와 동일시한 데서 오판을 하는 틈이 생긴 것 같다. 봉건제와 자본주의는 근본부터 다르며 자본주의는 자유주의라는 정치제도가 뒷받침하고 있음을 간과했던 것이다. 마르크스가 폐기를 주장한 소유권은 자본주의와 철학적 사상적 기초인 자유민주주의의 하부구조였다. 자본주의는 인간욕구에 순응하며 소유욕을 만족시키는데 적합한 현대적 경제제도가 된 것이다.

러시아의 공산화도 1차대전 한 가운데서 레닌의 혁명조직 볼셰비키는 전쟁으로 러시아 차르대제의 군대와 경찰조직이 완전히 와해되는 틈바구니를 치고 들어가 집권에 성공할 수 있었던 것이다. 레닌의 승리는 마르크스의 승리도, 공산주의의 승리도 아니었다. 자본주의 선진국들인 서구에서 자본주의가 폐망함으로써 공산주의 사회가 나타날 것이라는 '공산당선언'의 예언이 빗나가 허구가 된 이유다. 1917년 10월 레닌혁명은 마르크스-레닌주의로 이름을 만들고 세계에 대해 자본주의 멸망론을 전파하며 '서구의 종말'을 주장했다. 그러나 이러한 레닌의 꿈은 오직 꿈으로 끝났다. 마르크스의 유토피아는 오히려 프랑스혁명의 부르주아 민주주의가 자본주의 세계화와 함께 21세기 지구촌 세계화에 성공하고 있기 때문이다.

5. 히틀러의 나치독일과 이탈리아 파시즘은 무엇인가

히틀러의 나치독일은 무솔리니의 이탈리아 파시스트와 동맹하여 세계정복 야욕을 발산한 것은 사실이다. 히틀러는 자본주의에서 파생한 별종 전체주의였다. 이탈리아 파시스트는 그 졸개였다. 히틀러는 자본주의를 공산주의로부터 구출하기 위해 세계를 재패한다고 공언하며 공산당을 '공적'으로 지목했다. 그는 갓 태어난 독일의 바이마르공화국을 군대와 경찰의 거대한 감옥으로 만드는 데 성공했다. 그리고 자금은 자본주의의 구세주라는 독일재벌들이 공급했다. 히틀러는 세계 제패를 위해서는 영국과 프랑스의 존재가 방해물임을 처음부터 깊이 고려했다. 그러나 스탈린의 공산주의 소련제국과는 다른 자본주의국임을 이해하고 있었다. 먼저 그는 프랑스·영국을 계압해 유럽통일의 기초로 삼고자 했다.

그는 전술적으로 1936년 프랑스와 영국의 속내를 떠보았다. 영국수상 체임벌린과 프랑스 총리 달라디에에게 체코합병의 명분으로 시비를 걸자 이들은 쉽게 히틀러의 요청을 받아들였다. 히틀러는 1차 세계대전 패전으로 당한 굴욕적 베르사유조약의 원수를 갚으면 되는 것이었다. 영국과 프랑스는 히틀러와의 뮌헨협정을 체결하고 그 이상의 합병이 없다고 장담했다. 유럽은 뮌헨협정 문서를 흔들며 귀국한 체임벌린과 달라디에를 유럽평화의 상징으로 환영했다. 그러나 히틀러는 2년 후 소련의 스탈린과 비밀불가침협정을 맺고 오스트리아를 합병한 데 이어 1939년 3월 폴란드를 침공했다. 2차 세계대전의 발발이었다.

히틀러는 1차대전의 불길한 추억으로 영국과 프랑스에 대한 침공을 꺼린 것은 사실이다. 따라서 영국과 프랑스 양국을 굴복시키는 것이 선결과제였다. 히틀러는 프랑스에 이어 영국도 쉽게 항복하리라고 판단했다. 프랑스는 선전포고 없는 전격전으로 초기에 항복했으나, 영국의 처칠은 섬의 이점을 살려 결사대전을 펼쳤다. 핵심목표인 소련을 쳐야 하는데, 영국에 붙들려 있을 수 없었던 히틀러는 서부전선의 군대를 빼 동부전선으로 전격투입, 소련과의 전쟁을 시작했다. 유럽 제패를 위해서는 소련을 쳐야 한다는 강박관념으로 영국이 끝까지 대항함에도 불구하고 다시 대 소련 전쟁을 시작한 것이다.

히틀러는 스탈린과의 전쟁에서 막대한 인적, 물적 자원을 잃고 서부전선의 안전판이 무너지면서 미국에게 참전 기회를 주어 패배의 길을 열고 말았다. 히틀러의 유럽 제패 계획은 풍비박산 났다. 히틀러는 먼저 미군 참전과 연합군의 노르망디상륙작전을 허용해 패배의 문을 열었다. 다음 스탈린그라드의 패배로 패색이 짙어졌다. 유럽을 나치독일식 전체주의체제로 제패하려는 구상이 붕괴되면서 서구 문명, 자유민주주의-자본주의의 세계는 구사일생했다.

여기서 영국과 프랑스를 끝까지 항전하게 만든 힘은 바로 자유민주주의와 자본주의, 소유권임을 지적할 수 있다. 프랑스는 드골장군의 '자유프랑스'가 런던에 망명정부를 세우고 자유민주주의자, 공산주의자, 사회주의자, 중도주의자들을 모두 반나치 저항운동에 참전시켰으며, 이들 레지스탕스가 미군 진주 전에 폰 콜티스 나치 독일 사령관의 항복을 받아냈다. 반나치 저항운동은 모든 정치 이념을 초월한 단결을 과시한 점에서 자유의 위대함을 증명했다. 그리고 나치즘-파시즘은 전체주의 전쟁 범죄와 반인도적 범죄로 뉴른베르크 국제전범재판소의 준엄한 응징을 받았고, 국제사회는 전체주의를 인류의 공적으로 삼아 재기가 불능할 정도로 싹을 잘랐다.

6. 2차 세계대전 후, 자유민주주의체제 복원과
냉전시대의 개막

1944년 8월 드골장군이 파리의 샹젤리제 대로에 귀환하자 100만 파리시민이 운집해 '영웅의 귀향'을 대대적으로 환영했다. 1940년 7월 히틀러가 독일-프랑스 국경선의 마지노선을 피해 벨기에를 먼저 유린하고 프랑스를 침공하자 국방장관 페탱 원수가 백기를 들었다. 이에 따라 르와르강 북부는 독일군 점령지역, 이남은 자유지역으로 프랑스가 분할되었다. 국방차관 드골이 항복에 불복하고 런던에 망명, 망명정부 '자유프랑스'를 창설해 나치와 싸웠다. 그는 프랑스 망명자들을 결집해 전투기, 탱크 등 무기를 생산하고 동맹군에 참전하면서 프랑스 내에 레지스탕스를 조직해 끝까지 항전했다. 1944년 5월 6일 연합군의 노르망 디상륙작전 성공으로 프랑스군 선발대와 같이 파리에 입성, 귀국한 드골은 거국내각으로 프랑스임시정부를 수립했다.

드골은 레지스탕스를 중심으로 인민공화파(MRP), 공산당, 사회당등 3당 연정을 설립했다. 드골의 최대 난제는 먼저 미국-영국 동맹군과 같이 프랑스군이 독일 본토에 참전하는 것과 시급한 자유민주주의의 복원이었다. 모리스 슈만의 인민공화파와 미테랑의 사회당은 즉각 드골의 소집에 응했으나 공산당은 주저했다. 나치독일의 수배를 피해 모스크바에 망명했던 모리스 토레즈 당수가 귀국하기 전이었기 때문이다. 토레즈는 히틀러의 수배를 받자 모스크바로 도주한 나치독일의 수배자였다. 반나치 레지스탕스의 주력 20여 만의 일부가 동부 프랑스에서 독일군과 전투에 임하고 있었다.

드골의 입장에서 공산당을 그대로 임시정부의 집권세력에 영입하기는 곤란했다. 드골은 먼저 토레즈 당수를 파리에 귀환시키고 공산당 소속 레지스탕스의 무장해제를 요구했다. 토레즈 휘하 레지스탕스들은 곧바로 제2프랑스혁명을 위해 집권하자는 주장이 팽배했다. 드골은 토레즈를 부총리로 임명하고 부총리의 노력으로 공산레지스탕스의 무장해제에 성공했다. 모리스 뒤베르제 교수의 해설에 따르면, "(드골 임정시대) 흔히 급진당으로 불렸던 MRP는 파리해방 때는 좌익, 극좌와 결합했고, 새로운 모습의 인민전선인 3당 연립정부와 결합했다. 모리스 토레즈 공산당수와 손을 잡고 사회보장제도를 확립하고 국유화를 상당히 진전시켰다"고 한다.

드골은 임시정부 대통령으로 전후복구의 핵심과제인 사회복지제도를 공산당과 사회당 연대로 수립토록 했고, 나치에 협력한 대기업의 국유화도 담당케 했다. 나치협력자 처리는 드골이 직접 담당해 엄격한 반역자 색출과 응징을 단행했다. 특히 드골은 나치 괴뢰정권 페탱 원수의 비시정부 청산과 아울러 나치식 정치로 전락한 점령기 정치제도를 해체하고 국민의회 선거와 지방선거를 치르며 자유민주주의 복원에 힘썼다. 그런데 당시 강력한 공산당의 요구로 사적 소유권 조항이 폐지될 뻔 했다.

공산당이 자본주의의 본질인 사적 소유권 폐지를 주장했기 때문이다. 프랑스 혁명의 핵심요소인 인권선언 17조가 삭제되면 자유민주주의와 자본주의체제의 의미를 상실할 뿐 아니라 공산당의 자본주의 폐지정책으로 소유권조차 근거를 잃게 될 수도 있다. 그러나 MRP의 일보 좌파세력이 중도우파의 정체성을 살려 공산당의 획책을 물리쳤다. MRP의 총수격인 드골의 결정에다 토레즈 공산당수의 비준이 주효했기 때문이다. 프랑스와 이탈리아 등 서구공산당은 전후 첫 선거에 모두 참여해 유연성의 극치를 보였다. 그 후 서구공산당은 1960년대부터 선거로 집권하더라도 다음에 패배할 경우 우파 정권교체를 인정하며 우파신문 발행도 허용한다는 입장까지 후퇴했다. 프랑스공산당은 자본주의의 혁신수단의 일환이라고 말하기도 했다.

그러나 해방 후 남한의 남조선노동당(남로당)은 첫 선거뿐만 아니라 모든 선거에 불참하며 선거를 거부했을 뿐만 아니라 폭동으로 선거를 방해했다. 이는 한반도 분단을 고착시키며 남한 정치의 보수 독점시대를 열었다. 이는 서구공산당의 자유민주적 유연성과는 정반대다.

7. 왜 서구공산당은 유로코뮤니즘선언으로 1970년대 소련공산당과 결별 했나

이탈리아, 스페인, 프랑스공산당은 선거에서 자유민주주의적 절차와 자본주의 체제를 존중한 좌파정당으로 마르크스-레닌주의의 소련공산당과 중국, 베트남, 북한공산당과는 본질이 다른 공산당이었다. 서구공산당은 2차대전 후 민주주의의 복구를 위한 총선거에 모두 참가한 특징을 갖고 있다. 특히 프랑스공산당은 첫 선거에서 제1당이 되었다. 그럼에도 연정파트너가 없어 집권할 수 없었다.

소련군이 점령한 동독, 체코, 헝가리 등 동구는 모스크바의 위성국으로 일시에 공산국가가 되었다. 한반도의 38도선 이북에 1945년 8월 소련군이, 남한에

는 미군이 9월에 주둔한 후 북한 지역이 공산국가, 남한 지역이 자유민주국가
로 분할된 것과 같은 전후 정치질서이다. 유럽과 한반도의 차이는 남한선거에
서 공산당인 남로당이 선거를 거부하그 폭력투쟁을 한 결과, 북한 김일성체제
의 남한지부로 전락했다는 사실이다.

1972년 10월 이탈리아, 스페인, 프랑스 공산당이 유로코뮤니즘선언을 했다.
의회민주주의와 시장경제체제의 범주에서 자유민주주의의 질서를 준수하는 온
건좌파 정당이 될 것이라는 선언이었다. 특히 세계공산주의 지도부 소련공산당
과 분리 독립하겠다는 것이 깊은 인상을 주었다.

필자가 중앙일보 파리특파원으로 부임한 후 첫 기사였기 때문에 생생한 기억
으로 남아 있다. 유로코뮤니즘 발표는 구체적으로 자본주의체제에 병합되고 자
유민주주의를 준수하는 좌파정당으로 활동한다는 선언이었다. 자본주의 최고
성숙기에 노동세력이 계급투쟁으로 혁명을 일으켜 구체제를 전복하고 공산주
의 계급 없는 사회를 만든다는 마르크스–레닌주의를 포기한다는 선언이었다.
발표내용은 다음과 같다.

   1) 공산주의운동에서 모든 서구공산당이 자율성을 갖는다. 공산주의 진영과
      운동에서 소련공산당의 특별한 지도적 지위와 역할을 인정하지 않는다.
   2) 서유럽의 헌법과 경제정책을 준수하고, 소련공산당 모델을 거부한다.
   3) 사회주의의 길은 자기 나라에 맞는 독자적 길을 간다.
   4) 자유주의적 기본권과 의회민주주의 원칙을 준수하며 정치의 다원주의를
      인정한다.
   5) 서구의 사회주의 이행에서 레닌주의 혁명 개념과 프롤레타리아 독재개
      념을 포기한다.
   6) 서구에서 앞으로 사회주의 사회의 경제. 사회, 정치적 구조의 개념상 유
      연성을 갖는다.

유로코뮤니즘 선언 후, 이탈리아공산당이 1976년 3월 총선에서 승리할 것이
라는 여론조사가 나와 로마로 출장을 가 취재를 했다. 베르링게르 당수는 기자

회견에서 서구 최초로 공산당이 집권세력이 될 희망을 갖고 있지만 선거결과가 나온 후 모든 정책을 밝히겠다고 말했다.

그러나 선거결과 간발의 차로 우파 기독교민주당에 패배했다. 서구시민의 정치문화와 정치수준이 한국과는 크게 다른 점을 알게 되었다. 서구시민의 정치의식이 높을 뿐만 아니라 자유민주주의와 사적 소유권에 관한 신념이 확고함을 증명하는 것이다. 동구 공산진영 나라들이 모두 자유와 소유권을 박탈당하면서도 평등과 번영이 없을 뿐 아니라 비밀경찰의 감시와 압제의 나치독일과 같은 전체주의의 잔혹성에 몸서리치고 있음을 잘 알기 때문이다. 동구에 자유 바람이 불게 되자 브레즈네프 소련공산당 서기장의 제안으로 동서구의 정상들이 1975년 8월 15일 헬싱키헌장에 서명했었다. 소련이 제안한 동서유럽의 국경선 확정, 서구가 제안한 동서의 경제·관광 교류와, 동구의 인권문제 개입을 규정했다. 이 선언으로 정치, 경제, 인권 문제에서 서구의 우월성이 동구에 확산되면서 공산진영이 위기에 몰렸던 것이다.

8. 1989년 프랑스대혁명 200주년, 동구개발은행(EBRD)과 게르만 엑소더스

서구공산당의 유로코뮤니즘 선언, 동서진영의 공존을 규정한 헬싱키선언, 그리고 폴란드 자유노조의 민주화투쟁, 체코의 바츨라프 하벨의 77선언, 헝가리공산당의 개혁개방 선언 등이 연달아 터지면서 공산진영이 흔들리는 이상기류가 나타났다. 공산진영에 공산당의 개혁개방의 목소리가 점차 확산되는 변화 징조가 서구까지 알려졌다. 게다가 1989년 5월 헝가리공산당이 동서진영 경계의 철책을 철거하고 개방하는 사태가 벌어졌다. 그러나 아무 일도 일어나지 않았다.

모스크바에서 "당장 철책을 닫으라"는 호통이 내려올 것으로 생각했지만 아무런 소리도 나오지 않았다. AFP, 로이터 등 서방통신이 동서진영의 철책선이 사라졌다고 보도했지만 초기 얼마 동안은 잠잠했다. 하지만 뭔가 변화가 일어나리라는 기대는 있었다. 이미 1985년 5월 소련공산당의 새 서기장 고르바초프(고르비)가 페레스트로이카(개혁)와 글라스노스트(개방)정책을 대외에 선포하고 위성국들에게도 개혁을 독려하고 있었기 때문이다.

1989년 7월 프랑스 수도 파리에서 프랑스혁명 200주년 기념국제행사가 열리면서 7월 15일부터 2일간 G7정상회담이 개최되었다. 미국, 영국, 프랑스, 서독, 이탈리아, 일본, 캐나다 등 7개 자유민주주의 선진국정상회담을 세계의 언론들이 G7으로 호칭하며 취재했다. 이에 앞서 6월 파리에 고르바초프 소련 대통령이 방문해, G7회담 의장인 미테랑 프랑스 대통령과 정상회담을 했다. 고르비는 미테랑과 회담에서 소련의 재정이 붕괴지경에 이르고 있으니 G7에서 1,000억 달러를 차관해 달라고 요청했다. 소련 국민의 식량, 생필품의 공급에 필요한 자금이며, 만일 안 되면 소련제국의 붕괴 위험이 임박하고, 소리 없이 조용히 무너지지는 않을 것이라는 점을 경고했다. 자유민주주의 선진국에 보내는 고르비의 호소였다.

고르비의 호소를 들은 미테랑은 이를 G7정상들에게 사전에 제시했지만 모두 거부했다. 고르비는 G7정상회담 후 막간을 이용한 대화를 요청했으나 이도 거부당했다. 미테랑은 G7정상회담에서 다시 대소 차관문제를 제기했으나 답은 '노(No)'였다.

그는 소련 중심의 공산권 위기의 심각성을 상기하며 1,000억 달러를 자본으로 하는 동구개발은행(EBRD) 창설을 제안했다.

자본금 1,000억 달러의 EBRD가 공산진영의 시장경제 전환을 지원하기로 결정한 것이다. 미테랑은 10여 년 동반자이며 국제외교경제의 대석학 자크 아탈리특보를 EBRD총재로 지명해 동구위기에 대응하도록 조치했다.

1989년 8월부터 헝가리에 동독주민들이 대거 여름휴가를 왔다. 그러나 이들은 모두 서독탈출을 위한 동독난민들이었다. 이들은 8월 말 고향으로 돌아가지 않고 개방된 서부국경선으로 몰려들었다.

헝가리 정부는 동독 정부의 항의에도 불구하고 이들을 모두 오스트리아로 출국시켰다. 곧이어 폴란드, 체코의 동독관광객들도 합세해 서독탈출을 시도했다. 헝가리의 철책선 구멍을 통해 탈출한 동독난민은 수백 만 명에 달했다. 필자는 현지보도에서 '게르만엑서더스'라고 호칭하며 세계일보에 대서특필했다. 게르만엑서더스는 1989년 11월 9일 베를린장벽 붕괴의 대 사변으로 폭발했다. 동독난민들은 빵 배급을 받기 위해 날마다 긴 줄 서기, 과일과 야채 결핍, 2년 기다려도 안 나오는 자가용, 감시와 모든 자유의 박탈 등 감시와 압제에 숨이 막혀 빈손으로 망명을 결심했다고 이구동성으로 외쳤다. 오스트리아-헝가리 국경선에는 서독 비정부기구(NGO)사람들이 바나나와 과일을 싣고 와 탈출난민에게 나누어주는 이색적인 풍경이 펼쳤다. 결국 모스크바의 세계공산주의 지도부는 자유를 박탈하고 먹거리와 생필품조차 공급할 수 없는 빈곤세상을 '인간해방의 유토피아'로 기만했다는 것이다.

마르크스-레닌주의의 공산주의 지배 70년은 자유와 소유권을 박탈하고 감시와 억압, 죽음의 강제수용소와 상시감시의 공포사회일 뿐이었다. 동독난민의 엑서더스는 베를린장벽 붕괴 후 동독공산당정부의 전복, 자유와 번영의 상징인 서독에 "우리를 제발 받아 달라"며 동독의 흡수통일 요구로 이어졌다.

9. 세계공산주의 멸망, 냉전해체, 공산당의 서구사회민주당 전향 홍수

베를린장벽 붕괴 후, 1989년 12월 동독공산당은 전당대회를 소집해 호네커 당수를 추방하고 공산주의 당 강령을 매장했다. 그리고 서구형 사회민주주의로 전향했고, 크렌츠 구 동독공산당 슈타지(비밀경찰) 총수를 당대표로 선출했다. 동독공산당은 공산주의에서 사회민주주의로 전향한 제1호가 되었다. 동독은 1990년 3월 1일 역사상 최초의 총선거에서 기독교민주당이 압승했고, 서독 사회민주당을 계승한 동독사회당이 제1야당, 동독공산당의 전향정당이 3위를 차지했다. 그리고 이해 9월 헬무트 콜 총리가 동독기민당을 서독기민당에 흡수했다. 1990년 9월 최초의 전독일 총선에서 기민당이 승리해 첫 통일총리 콜을 탄생시켰다. 동독기민당 대변인 출신 메르켈은 콜의 계승자가 되어 독일의 4차 연임 최장수 총리가 되었다.

동독공산당의 전향은 그 후 동구 공산당 전향의 도미노현상으로 이어졌다. 헝가리공산당은 전당대회를 얼어 당 해체-전향과 동시에 사회민주주의 당으로 재탄생했다. 체코공산당은 반 페레스트로이카를 고집하던 야체크 공산당수가 프라하 시민과 대학생 시위 3일 만에 백기를 들었고, 총선을 통해 반체제단체 77클럽 지도자 바츨라프 하벨을 대통령으로 선출했다. 폴란드는 80년대 초 자유노조 지도자 바웬사가 8년의 자유화 투쟁 끝에 야루젤스키 공산당정부 지도자와 원탁회의에서 총선거 실시에 합의했다. 결국 총선에서 자유노조가 승리해 바웬사의 새 정부는 폴란드의 자유민주주의체제 이행을 성공시켰다.

동구공산권은 모두 새로운 시대정신인 자유민주주의와 시장경제를 이식해 공산주의를 종식하고 체제 이행을 이루어 나갔다. 루마니아의 차우셰스쿠 대통령만이 격렬하게 저항하다 자유민주주의를 위해 봉기한 시민-인민군 연합세력과 일주일 간 시민전쟁을 벌이는 유혈사태 끝에 공산당이 해체됐다. 차우셰스쿠는 '유럽의 김일성'으로 불리며 평양식 대통령궁을 짓고 정예군 7만 명의 경호부대 '세쿠리타테'를 창설했다. 시민봉기가 일어나자 대통령궁 지붕에 대기시킨 헬기를 타고 모스크바를 향해 도주하다 기름이 떨어지자 군부대에 착륙, 급유를 하다 체포되었다.

군사재판에 회부된 차우셰스쿠 부부는 총살형을 언도 받고 곧 바로 총살됐다. 이렇게 루마니아를 마지막으로 동구 공산주의 시대가 마감됐다. 필자는 루마니아 혁명 현장을 취재했는데, 헝가리 국경 초소에서 남한 기자에게는 최초라며 비자를 발급해 주었다. 도처에 숨은 세쿠리타테가 총을 쏘아대는 현장에서 시민군이 영국 타임스기자와 필자를 보호해주어 총알을 피하며 취재할 수 있었다. 2일간 필자는 서구적십자사의 구호그룹을 종군하며 취재한 후 헝가리 국경에서 본사에 송고를 했다. 이 날이 1989년 12월 24일이었다. 송고를 마치고 헝가리TV 뉴스에서 차우셰스쿠 부부의 총살장면을 보도했는데, 시민과 보도진이 일제히 만세를 부르는 감동적 장면을 연출했다.

1989년 동독에서 시작된 공산진영의 몰락은 동서독 통일을 가져왔고, 세계공산주의 지도부 모스크바의 소련공산당 해체로 이어졌다. 고르비가 주창한 페레스트로이카와 글라스노스트는 공산진영 유지를 위한 개혁과 개방정책이었으나 공산주의의 수명을 연장하는데 실패했다. 결국 1991년 12월 24일 고르비가 직접 TV 방송에서 소련의 종말을 선언하고 공산주의제국의 해체를 선언했다. 세계공산주의 지도부인 소련공산당은 해체되었고, 세계는 자유민주주의와 시장경제의 세계화 길을 열었다. 유럽정치혁신재단이 2011년에 발표한「베를린장벽붕괴후 공산주의 멸망과 정치변화」보고서는 알바니아공산당 등 동구 15개국 공산당이 전부 서구형 사회당, 사회민주당으로 전향했다고 연구결과를 발표했다.(보고서의 상세한 내용은『2017 한반도통일과 1990 독일통일』주섭일, 사회와 연대, 서울 2014의 365-378쪽 '유럽학계의 공산주의 멸망보고서 해설'을 참조)

10. 자유민주주의와 시장경제가 세계 유일의 보편적 진리다

1972년 이탈리아, 스페인, 프랑스공산당이 유로코뮤니즘선언을 통해 세계공산주의 지도부 소련공산당을 거부한 항명은 공산주의 멸망의 전주곡이었다. 동구 공산진영은 독일통일 후, 모두 유럽연합(EU)에 통합되었다. 서구 공산당은 이탈리아 공산당을 필두로 모두 사회민주당으로 전향했다. 이탈리아공산당은 1991년 5월 로마에서 전당대회를 열고 공산당해체와 사회민주당으로 전향을 선언했다. 스페인공산당 등 서구 공산당들의 전향 선언이 줄을 이었다. 필자는 이탈리아 공산당 해체대회 현장을 취재 보도했는데, 300만 당원을 자랑하며 자유세계 최대의 공산당 조직을 자랑했던 당원들이 '인터내셔널'을 합창하며 눈물을 흘리는 모습은 역사의 한 장이 넘겨지는 순간이었다. 이렇게 하여 세계지도상의 북반부 이른바 진보를 자랑했던 공산주의의 '붉은색'은 거의 모두 지워졌다. 그리고 자유민주주의와 시장경제를 상징하는 연록색 지도로 변했다.

여기서 1990년 11월 21일 유럽안보협력정상회의(CSCE) 38개국, 동서유럽과 북미의 정상들이 마련한 '파리선언'을 인용한다. 이날 정상회의에는 미국의 부시 대통령, 고르비 소련 대통령, 미테랑 프랑스 대통령, 콜 독일통일 총리, 메이저 영국 총리, 베를루스코니 이탈리아 총리, 하벨 체코 대통령 등 38명이 참석했으며, 의장인 미테랑 프랑스 대통령이 선언문을 낭독했다. 여기서 21세기 세계의 보편적 진리로 자유민주주의와 시장경제, 인권 등을 규정했다.

"우리는 모든 국가의 유일한 정치처제로 민주주의를 확고히 강화해 나갈 것이다. 인권과 기본적 자유는 모든 인간의 양도할 수 없는 천부의 권리이며 법에 의해 보호받는다.

우리는 소수민족의 인종, 문화, 언어, 종교를 보호할 것임은 물론 이들에게 차별대우를 받지 않고 법 앞에서 완전히 평등하게 민족적 동질성을 표현, 보존, 개발할 자유가 있음을 분명히 선언한다.

경제적 자유, 사회정의, 환경보호 책임은 번영을 위한 불가분의 요소다. 자유와 복수정당제도는 경제성장, 번영, 사회정의, 고용증대, 경제적 자원의 효과적 이용을 지향하는 시장경제발전을 위해 필수적 요소이다…."

에필로그

1989년 11월 11일, 베를린장벽 붕괴 취재를 위해 나는 개방된 찰리 체크포인트를 넘어 동베를린에 갔다. 그때까지 이 장벽은 누구도 넘을 수 없는 동서진영의 분계선이었다. 많은 동독인들이 탈출을 시도하다 동독 경비병의 총탄세례를 받고 숨졌다. 남쪽 장벽 아래에는 희생자의 묘지가 냉전시대를 원망하며 오늘의 자유 왕래 모습을 쳐다보고 있다. 자유의 귀중함을 증언해 주는 역사의 현장이다. 그 때 나는 게르만엑서더스를 주도한 시민단체 '노이에스포럼' 대변인을 인터뷰하기 위해 동베를린의 한 아파트 3층을 찾아 갔다. 여성대변인을 만나 질문을 하려는데, 그쪽에서 먼저 질문이 왔다.

"어느 나라에서 온 기자님입니까?" 나는 "한국에서 온 신문특파원입니다"고

답했다. 그러자 40대의 대변인은 이렇게 말하는 것이었다. "아, 참으로 기자님은 행운아입니다. 왜냐하면 남쪽에서 태어났기 때문입니다. 우리는 동쪽의 소련군 점령지역에 태어난 운명으로 40여 년을 자유가 박탈된 감시와 억압의 지옥에서 살았습니다. 우리는 자유와 번영의 서베를린을 알고 공산당과 싸웠습니다. 앞으로 진짜 새로운 세상을 만들 것입니다." "공산주의 세상이 끝난다는 말입니까?" "그렇습니다." "그러면 서독과 통일한다는 말입니까?" "쉽게 되겠습니까? 하여간 공산독재는 끝낼 것입니다. 그리고 자유와 복지가 보장되는 사회민주주의사회를 만들 것입니다."

필자는 그 후 체코, 헝가리, 폴란드, 루마니아, 소련을 취재하면서 수많은 동유럽 사람들로부터 같은 질문을 받았다. 한결같이 동유럽에서 태어난 죄로 빈곤과 억압의 지옥에서 살았다는 한탄이었다. 그리고 자유롭게 말하고 자유롭게 선거하는 민주정치의 나라를 만들겠다고 말했다. 그런 동독과 동구의 사람들은 오늘 모두 자유민주주의, 시장경제와 사적 소유권, 자유롭게 여행할 수 있는 세상에서 평화롭게 잘 살고 있다. 베를린장벽 붕괴라는 독일인들의 선구적 혁명이 성공한 결과이며, 동서 유럽인 모두의 자유민주주의를 위한 투쟁의 결과이다.

그때 나는 무한한 행복감을 느꼈다. 그러나 역사의 무거운 압력을 느꼈다. 왜냐하면 동독인과 동구인들은 한결같이 "다음 차례는 당신네들입니다"라는 의미 있는 한마디를 덧붙였기 때문이다. 이것은 북한을 동독과 같이 남한이 해방시켜야 하는 운명이 남아 있다는 역사의 무게였다.

나는 1950년 한 여름 김일성이 남침전쟁을 일으켰을 때 경북 의성의 우리 마을을 점령한 인민군의 추억이 생생히 남아 있다. 나는 인민군 치하에서 2개월 살았다. 그때 나는 인민재판의 비극을 보았고, 인민군의 전위대로 둔갑한 붉은 완장을 차고 설치는 청년들도 보았다. 그것은 동구공산권처럼 공산화 일보직전이었다. 다행히도 유엔군이 참전해 우리는 동독과 동구의 비극적 삶을 벗어났던 것이다. 그로부터 28년이 지났다.

오늘 동베를린과 동구 사람들은 자유와 번영의 자유민주주의를 향유하고 있지만, 우리는 과연 자유 대한민국을 끝까지 지켜낼 수 있을지를 반문하며 살고 있다. 이것은 헛된 기우일까? 북한 삼대 세습공산왕조 김정은의 핵미사일 앞에서 우리 정부가 헌법이 보장한 '국민의 생명과 재산을 보장'할 수 있을까? 지금 우리는 한반도전쟁의 절체절명의 위기 앞에 서있다. 그때 동베를린과 동유럽의 사람들은 남한 기자에게 "다음 차례는 당신들입니다"라고 말하며 남한 출신임을 부러워했다. 지금 우리는 동독처럼 '압제의 지옥'으로 떨어질 위기에 직면한 것이 아닌가? 나는 반문한다. 25년 전 동독과 동구 사람들의 탄식을 할지도 모를 운명의 순간을 우리가 살고 있지 않은가. 왜 한반도가 이 지경이 되었는가? 우리 국민은 우리 정치인들에게 질문하고 다그쳐야 한다. 독일이 통일하고 동구와 소련공산당이 멸망하고 있을 때 무엇을 했느냐? 그 때 통일하거나 평화적 공존이나마 왜 구축하지 못했느냐? 정치권이 과연 오늘까지 무엇을 했기에 한반도에서 핵전쟁 발발을 걱정하고, 국제사회는 한반도 전쟁 불끄기정치를 하는 시한폭탄이 되었는가? 이 모두가 우리의 운명은 아니다.

정치와 지식인이 역사를 거꾸로 돌린 이른바 진보세력의 과오와 구태 패거리정치가 만든 인위적 재앙이다. 이제 우리는 민족의 대재앙을 막아내는데 총력전을 펼쳐야 자유와 번영을 수호할 수 있을 것이다. 이 글은 자유민주주의를 수호하고, 28년 전 동독 같은 공산당지배의 압제와 공포사회를 거부하는 절규이다.

한국보수원론

자유민주주의의 현재와 미래

김 광 동

· 現 나라정책연구원장
· 現 방송문화진흥회 이사
· 고려대학교 정치외교학 박사

CHAPTER

II

보수 정치와 국가리더십 방향

보수는 분단과 체제대결이라는 상황에 의해 양면적 대결을 함께 해야 한다. 강고한 무력에 기반해 전체주의체제를 구축한 김정은 및 조선로동당 세력을 극복해내야 하고, 다른 한편으론 국내적 진보좌파 세력의 통일전선적 공세의 대상이 될 수밖에 없다. 그것은 보수가 감내해야 할 피할 수 없는 숙명이자 과제이다. 그런 어려움을 극복할 때만, 빛나는 한국의 미래를 열어낼 수 있다는 상황을 이해하고 있다면 그것은 보수에게 주어진 영광의 기회이기도 하다

보수 정치와 국가리더십 방향

1. 정치적 보수의 지향 가치

1) 계승과 개선의 정치

보수(保守)는 계승하고 개선하는 것을 핵심가치로 한다. 남 탓을 하거나 앞에서 이뤄온 것을 부정하고 비난하지 않는다. 비록 부족하더라도 물려받은 것을 받아들이고 더 훌륭하게 만들어 물려주는 것에 최선을 다하고자 한다. 어제보다는 더 나은 내일을 만드는 것을 중시하며 계승하고 개선하여 더 나은 세상을 만드는 것에 목표를 둔다. 남의 잘못을 지적하며 비난하는 것은 누구나 할 수 있는 쉬운 일이지만 그런 방식으로는 사회가 발전되지 않고 실패만 반복된다고 보기 때문이다.

보수는 장황한 비전과 이상적인 설계도가 없어서 잘못되거나 실패했다고 보지 않는다. 오히려 시행착오와 경험을 통해 개선해나갈 때 훌륭한 역사를 만들 수 있다고 본다. 근사한 설계도를 가지고 있다고 해서 단번에 훌륭한 나라와 건물을 만들어낼 수 있는 것은 아니며 훌륭한 건물이든, 성공한 역사든 그것은 반복된 수정과 보완을 거쳐서 개선되어지는 것이기 때문이다. 처음부터 완벽한 건물을 짓는다는 것도 불가능하지만 훌륭한 설계와 건물이란 계속된 개선과 수정보완 과정에서 만들어지는 것일 뿐이다. 마찬가지로 자전거를 잘 탄다는 것이나 수영을 잘한다는 것도 모두 실패와 좌절을 거치면서 경험을 축적한 결과이지 결코 수영을 잘하고 자전거 잘 타보겠다는 의지와 비전을 가졌다고 되는 것은 아닌 것이다.

보수적 방식의 계승과 개선에 의한 지속적 발전이 아니라면 그것은 마치 롤러코스터(Roller Coaster)와 같은 극단적 쏠림의 정치만 반복될 수밖에 없다. 과거 프랑스혁명처럼 저항하고 체제를 붕괴시켜, 관련자들을 인민재판과 단두대의 이슬로 처단하는 것과 같은 진보적 모델로 역사와 정치발전을 이룰 수 있다는 것은 정치와 역사에 대한 커다란 착오이다. 처단과 살육을 반복했던 프랑스혁명은 그 어떤 세계사의 문명모델을 만들지 못했다는 것으로도 입증된다. 성공적 문명의 길을 개척한 네덜란드 공화국(1581) 모델, 영국 명예혁명과 산업혁명(1688) 모델, 혹은 미국 독립(1774) 모델과 비교하면 프랑스는 실패체제의 반복에 불과했다. 1789년 혁명 이후 프랑스는 100년간 계속된 저항과 붕괴, 인민재판과 단두대 처단과 같은 광장정치의 역사였을 뿐이다.[1]

프랑스로 상징되는 롤러코스터와 같은 정치는 놀이공원에만 가 봐도 쉽게 드러난다. 서울 롯데월드의 놀이공원에서 가장 인기 있는 놀이기구는 업-다운과 좌우 쏠림이 반복되며 심하게 흔들리는 롤러코스터다. 그 롤러코스터 이름

---

1) 김광동, "프랑스 혁명과 광장정치는 반복적 실패 모델", 『프랑스혁명과 광장민주주의 자료집』(2016. 12); 다니엘 리비에르, 최갑수 역, 『프랑스의 역사』(까치, 1995); Henry Ehrmann, *Politics in France* (Boston: Little, Brown & Co., 1968).

이 바로 프렌치 레볼루션, 즉 프랑스혁명이다. 봉건왕정은 군중폭정으로, 다시 독재 제정과 인민지배라는 파리코뮌을 거쳐 다시 봉건 왕정과 독재 총통정부가 반복 순환된다. 권력의 변화 때마다 처형과 피가 흘러넘쳤다. 수십만 명이 체포되고 수만 명이 처형되었다. 루이 16세, 로베스피에르와 테르미도르, 나폴레옹, 루이 18세, 나폴레옹 3세는 물론 제2차 세계대전 시기 독일점령하의 페탱정부에 이르기까지 모두 다 영웅이 되었다가 곧 처단되는 롤러코스터의 정치였다. 갑작스럽게 부상한 영웅은 곧 공포정의 중심이 되었고, 연이어 처형되거나 유배되며 또 다른 폭정의 희생자가 되었다.

성공한 나라와 성공한 정치는 지속적 준비와 꾸준한 노력에 의해 하나하나 점진적으로 개혁되고 제도화됨으로서 이루어지는 것이다. 보수적 정치모델 없이 성공한 나라가 나올 수 없는 이유이다. 특히 제도에 기반 하지 않은 폭민 동원식 정치가 반복되는 사회는 선동과 기회주의만 난무하고 축적과 계승이 없어 성숙한 사회로 나아가기 힘들다. 상대방을 청산대상으로 몰아세우고 대중재판에 올려 처단 대상으로 삼는 정치는 보복이고 권력쟁취를 위한 투쟁일 뿐이다. 진보가 상징하는 프랑스혁명을 모델로 삼는 나라는 대부분 실패했다. 러시아의 공산주의혁명, 중국 문화혁명의 홍위병에 의한 인민재판과 처단, 혹은 캄보디아 크메르루즈는 모두 상대방에 대한 학살과 처단이었을 뿐 세계사에 기여한 것이 없다. 실제 프랑스인조차 프랑스혁명 200주년을 맞아 프랑스대혁명에 대한 대대적 재평가에서 프랑스혁명은 끝없는 폭력, 과잉행위의 연속이었고 지속적 재난이었다고 평가했었다.

한국 정치에도 여전히 보수적 계승과 개선의 정치는 깊게 뿌리내리지 못하고 있다. 여전히 부역, 청산, 적폐란 표현이 난무하고 있다. 계승하고 더 발전시키겠다는 것보다는 단절과 부정의 정치가 자주 나타나고 그 결과 생산적 건설도 없고 성취도 이루지 못하고 있다. 부정의 정치란 스스로의 업적을 만들지 않고 상대를 비판하고 상대가 만든 결과를 비난함으로서 자기 정당성을 쌓는 방식일 뿐이다. 치밀하게 준비하고 생산하고 건설하는 정치가 아니라 상대를 '나쁜 놈'이라고 공격하여 '끌어내리는 것'을 본질로 삼기 때문에 정치발전이 불가능하다. 또 그런 정치는 늘 대중을 감정적으로 동원하고 폭민으로 만들어낼 대상으로 본다. 대안을 만들고 실현하는 것은 매우 어렵고 힘든 일이지만, 상대방을 욕하고 비난하는 것은 쉬운 방법이기에 그 방법을 포기하지 못하고 늘 그런 방법으로 권력을 지향하는 것이다.

2) 자유와 공정에 기반한 번영 지향

계승과 경험을 기반으로 하는 보수는 보편 가치인 자유와 공정을 핵심가치로 한다. 평등은 결과의 평등을 만드는 경향이 강하기 때문이다. 평등을 내세우며 힘겹게 노력한 사람과 그렇지 않은 사람을 구분하지 말자는 것은 사회 정의에 반하는 것이라고 본다. 그럴 경우어는 기존에 열심히 땀 흘리고 헌신해온 사람조차도 더 이상 그런 노력을 하지 않게 만들게 된다. 모두가 불행해지고 사회적 번영도 불가능해지고 창의성도 없어지는 사회가 되는 것이다. 따라서 보수는 '평등사회 구현'이라는 집단적 가치의 위험성을 깊이 알기에 자유와 공정을 수호하고자 한다.

오직 자유가 보장되는 곳에서 사회적 다양성과 창의성이 실현된다. 정치적 보수는 전 인류 모두가 다 좋아하는 것이 별도로 있다고 보지 않는다. 사람에 따라, 상황과 시기에 따라 각 개인이 좋아하는 것과 하고 싶은 것은 다르다고 보기에 전체주의와 결연히 대결하고자 한다. 개인의 자유선택을 존중하고 자유와 자유로운 선택이 부정당하거나 제한되는 곳에서 권력과 강자에 의한 지배와 억압이 나타나기 마련이다. 자유선택이 없는 곳에서는 재화 배분의 비효율과 사회경제적 왜곡이 만연된다. 그렇기에 자유선택을 보장하는 것이 가장 확고한 방식의 개인 행복의 보장이자 다양성과 창의성이 발휘되는 사회를 만든다는 확신을 갖는다.

한국에서의 보수도 자유라는 핵심 가치를 명확히 하고 자유에 기반한 정책과 대안을 만드는 세력이다. 자유 가치가 마치 때 묻고 낡은 것처럼 보이는 것은 보수 스스로가 자유 가치의 의미와 자유와 연계된 정책 구현을 소홀히 했기 때

문이다. 보수가 지향하는 자유는 국민 모두에게 자유선택을 보장하는 절대가치
인 것이다. 체제와 제도를 선택하고, 직업과 종교를 선택하고, 상품과 서비스를
선택하고, 정당과 지도자를 선택할 수 있게 되는 것은 자유 가치가 실현되는 사
회의 모습이다. 다양성과 창의성을 유도하는 것도 자유이며 개방 체제를 지향
하게 만드는 것도 자유 체제이다. 개방사회가 유지되지 않으면 자유선택은 제
한되거나 유린되는 것이고 자유시장만이 자유 가치를 실현시킬 수 있는 정당하
고도 유일한 체계인 것이다.

　자유선택이 있는 곳에서만 선택받기 위한 경쟁도 가능해지는 것이다. 자유경
쟁이 없다면 자유선택이란 애초부터 불가능하다. 선택이 있기에 선택받으려는
자유경쟁을 통해 개선과 발전이 이뤄지면 사회가 풍요로워진 것이다. 오직 자
유경쟁이 바로 창의적이고 번영된 사회를 창출한다. 사회 구성원인 각 개인들
이 오늘 어떤 영화를 볼 것인지를 자유롭게 선택한다는 것은 그 개인들이 영화
제작사들을 경쟁시킨 것이다. 또 오늘 점심에 어떤 음식점에 가서 무엇을 먹을
것인가를 자유롭게 선택했다는 것은 스스로가 식당과 메뉴를 경쟁시킨 것이다.
그런 자유선택은 정당과 지도자에 대한 선택에서부터 제도 및 정책의 선택까지
적용된다. 그런 면에서 경쟁체제란 내가 자유선택을 하기 때문에 만들어진 것
이다. 자유선택이 가능해지려면 자유경쟁이 있는 곳에서만 유지되는 권리이기
때문이다. 경쟁 없는 곳에 자유선택이란 무의미한 것이다. 또 다른 의미에서 자
신은 자유롭게 선택하며 살고자 하면서도 정작 자기 스스로는 남들로부터 선택
받아야하는 경쟁에서 제외되고자 한다면 그것이야말로 남의 선택권과 자유를
빼앗겠다는 것이고, 사회정의에도 반하는 것이다.

　다른 측면에서 세금 확대와 공공영역 확대로 국민의 자유로운 선택권이 축소
되거나 사회에 각개인의 업적과 성과를 무시하는 성과 시스템의 축소는 곧 자
유와 선택권을 축소시키는 것이다. 예를 들면 정부와 공공영역은 모두 독점적
기반 위에 있는 것이다. 각 개인이 검찰과 경찰, 혹은 철도와 전력회사를 선택
하거나, 공적 서비스를 하는 학교와 교사를 선택할 수 없게 된다. 그런 면에서
공공부문을 확대하고 공공부문에 성과주의를 배제한다면 그것은 일을 열심히

한 사람이나 그렇지 않은 사람, 모두에게 동일한 대우를 하겠다는 것이다. 독점적인 공공영역을 확대하고 성과급제도와 같은 경쟁체제를 거부하는 것은 국민의 자유와 선택권을 배제하는 것이기도 하다. 학교선택권이 배제되었기 때문에 결국 학원선택권만 남은 것이다. 그것은 좋은 학원을 보낼 수 있는 경제력을 갖춘 사람에게 불균등한 혜택을 제도적으로 부여하는 것이기도 하다.

자유선택은 자원 효율성을 극대화시키며 번영사회를 가능하게 만드는 유일한 기반이며 자유선택과 자유경쟁체제에서만 번영사회가 창출된다. 잘사는 사람이 있기 때문에 못사는 사람이 생겨나는 것이 아니다. 역사를 보면 거꾸로 이다. 잘사는 사람들이 많아지는 사회일수록 어려운 사람들도 더 잘살게 되어왔다. 자유롭게 선택할 수 없는 나라에서 창의성을 발휘하며 열심히 일하며 사는 사람이 나올 수 없고, 그런 사회에 창의성과 번영이 창출되지 않는다. 그렇기에 보수정치란 각 개인이 선택할 수 있는 자유선택권을 확대시키는 것에 맞춰져 있다. 오직 기득권체계와 독점적 구조에 이미 진입되어 있는 세력과 조직들만이 국민들이 선택할 수 있는 자유를 제한시키고자 하는 것이다.

자유는 공정사회와 기회균등사회를 만드는 토대이다. 자유와 공정은 동전의 양면이다. 경쟁과정의 공정성과 기회균등을 보장하는 것은 바로 땀 흘려 노력한 사람의 몫과 가치를 지켜주는 것이기도 하고, 그것이 보수의 가치이다. 공정한 과정을 보장하고 기회균등적 체제가 이루어져 공정경쟁을 가능하게 만드는 것이야말로 보수가 포기하지 않고 지켜야할 가치이다. 또 그런 방식에 의한 성과와 업적에 따른 몫과 보상이 정착되는 것이 바로 보수가 지향하는 공정사회의 정착이다.

예를 든다면, 세계적으로 성공한 스포츠리그(예: MLB, 프리미어리그 등)의 시스템은 보수가 준용(準用)하고 배워야 할 시스템이기도 하다. 예를 들어, 메이저리그 베이스볼(MLB)은 Rookie와 A 및 AA리그에서부터 AAA와 Major리그 등의 다양한 리그로 나누어져 운용된다. 거기에는 연봉이 무려 3,300만 달러(367억 원) 선수에서부터 연봉 평균이 불과 718만원도 안 되는 리그(A리그)의 선수들이 다 모여 있지만 누구도 불평하지 않는다. 누구든지 메이저리그로

갈 수 있고, 높은 리그에 있는 그 어떤 선수든 마이너, 혹은 A리그로 떨어지거나 방출되는 시스템이기 때문이다. 기득권은 없고 성적과 성과(performance)에 따라 결정될 뿐이다. 메이저리그에 한번 들어간 선수가 다시는 A 혹은 AA리그로 내려오지 않는 구조가 작동된다면 그것이야말로 불공정한 것이다. 성과와 업적에 따라 메이저리그와 마이너리그가 서로 바뀌지지 않는 사회라면 누구도 마이너리그에서부터 시작하려고 하지 않으려 할 것이다. 성과에 따라 바뀌어야지, 한 번 메이저리그로 들어가 있다고 해서 끝까지 메이저에 남는 사회구조라면 그것이 가장 불공정한 것이다.

그런 면에서 보수정치는 자격과 출신, 혹은 시작을 중시하는 것이 아니다. 보수는 과정의 공정성을 중시하고 결과를 중시한다. 좋지 않은 여건에서 시행착오를 겪으며 뒤늦게 다시 도전하는 사람들도 언제든지 다시 재진입하고 자유경쟁할 수 있는 길을 여는 것이 보수이다. 재도전이 일상화되고 평생 새로운 시도를 할 수 있는 사회를 만드는 것이 보수여야 한다. 한번 특정 리그(League)에 들어가면 평생 특정 리그에 남는 사회는 정의에 반하며 공정하지도 않다. 그런 사회는 기회균등이 배제된 사회이다. 취직 준비생의 48%가 공무원 및 공공직 시험을 보는 사회가 한국의 현실을 정확하게 보여준다. 한번 공무원이나 공공직에 진출하면 되면 60세까지 그 리그에서 계속 남을 수 있는 사회구조가 바로 한국사회의 역동성과 창의성을 심각하게 훼손시키고 있다. 나이에 따라 보수가 연동되는 연공서열제와 호봉승급제도 모두 성과주의와 사회정의에 반하는 것이다.

3) 일어서려는 사람과 어려운 사람을 돕는 정책

보수의 정치는 가난하다고 말하거나 어렵다는 것을 호소하는 사람들 돕는 정치가 아니다. 오히려 보수는 해보려고 도전하는 사람을 존중하고 지원한다. 특히 어떤 자격을 갖춘 사람이 성공하는 사회가 아니라, 남들로부터 선택받을 만한 무언가를 만들거나 공급하는 사람이 성공하는 사회가 바로 보수가 정착시키고자하는 사회이다. 소위 말하는 스펙 사회와 자격증 사회는 성과와 결과가 아니다. 시험 잘 봤다거나, 좋은 대학을 나왔다는 것이 곧 성공으로 연결되는 사회는 보수가 지향하는 사회가 아니다. 김밥집을 하든 만두집을 하든, TV 프로그램이나 영화를 만들든, 남들로부터 많은 선택을 받고 좋은 평가를 받는 사람이 성공하는 사회를 정착시키고자 한다. 좋은 대학을 나와 좋은 직장에 들어갔더라도 일로서 성과와 업적을 내지 못하면 다시 하위 리그로 내려가는 것이 정의로운 것이고, 그것이 바로 보수가 지향하는 공정과 기회균등이다. 공정과 기회균등을 보장하는 보수는 봉건시대의 과거급제처럼 한 번 신분을 취득하면 평생 가는 불공정사회를 극복 하고 백던서들도 입증된 능력에 따라 무대 중심에 설 수 있는 기회가 보장되는, 그래서 드라마 '미생'의 주인공 '장그래'도 능력과 업적에 따라 정규직이 되고, 승진하는 공정한 사회를 정착시켜 나가고자 하는 것이다.

따라서 보수의 복지정책은 두 가지로 집약된다. 첫째는 노력하려는 사람을 지원하는 것이고, 둘째는 장애인과 병을 가진 사람처럼 스스로 일어서는데 한계를 가진 사람을 돕는 것에 집중하고자 한다. 그런 면에서 보수는 스스로의 노력 없이 지원해 달라며 떼를 쓰는 사람들에게 힘겹게 일한 사람의 몫을 떼어다 갖다 주는 것에 반대한다. 보수는 새벽까지 술 마시는 사람을 지원하고자 하는 것이 아니라, 새벽부터 힘겹게 출근하는 사람을 지원하고자 한다. 춥거나 더운 아침부터 마음 졸이며 버스를 기다리고, '콩나물시루' 같은 지하철과 만원 버스에서 비지땀을 흘리며 출근하는 사람들이 보다 상쾌하게 출근하게 만들어주는 것이 보수적 복지체계이다. 선거 때 표를 가졌다며 돈과 정책적 지원을 해달라는 압력에 맞서고, 그 대신 사회간접자본(SOC)을 확충하고 촘촘하게 하며 일하는 사람을 위한 생산적 복지에 나서고, 구조적으로 어려운 사람에게 지원이 집중되도록 하는 것이 바로 보수정치의 방향인 것이다.

예를 든다면, 청년실업 대책이라며 취업 준비자들에게 수당을 나눠주는 것은 청년을 더 의존적으로 만드는 것이며, 그것은 보수의 방법론이 될 수 없다. 140만원 봉급을 감사하게 생각하며 낮은 곳에서 시작하는 청년들이 대견한 것이지, 어떻게 200만원 이하 직장은 가지 않겠다는 사람에게 수당을 준다는 말인가? 진정으로 청년실업을 걱정하고 해소하고자 한다면 20대 초반부터 남루한 곳에서 만두집을 열고, 김밥집을 열어 창업을 하는 그 '아름다운 청년'을 돕는 것이 보수의 청년실업 대책이다. 학벌사회를 만들고 학위를 따겠다고 무의미하게 대학에 가 4년을 허비하며 몇 천만 원이란 빚부터 지고 시작하게 만드는 것은 청년을 돕는 것이 아니다.

집에서 빈둥거리며 늙은 어머니에 의존하거나 정부에 손을 벌리는 청년에 굴복해서는 안 된다. 오히려 새벽부터 종이박스를 줍고 계단청소를 하는 아주머니를 돕는 것이 복지이다. 보수는 일자리를 내놓으라는 청년을 보는 것이 아니라, 낮은 곳에서부터 일을 시작하고 일자리를 만드는 청년들을 아름답게 봐주며, 도와주어야 하는 것이다. 달라고 떼쓰는 사람에 맞추는 것이 결코 아니라, 스스로 일어서려고 땀 흘리는 사람에게 손을 내밀고 힘이 되고자 하는 것이 보수이다. 폭력적 시위를 감행하고 목소리 높이는 집단에 표(票)가 있다며 정치지도자와 정책이 그리로 향한다면 그것은 보수조차도 잘못된 길로 가는데 동조하는 것일 뿐이다.

2. 세계의 보수 정치와 리더십

1) 집단주의와의 대결

보수적 정치리더십이란 자유주의와 성과주의를 옹호하기 때문에 당연히 집단주의에 맞서게 된다. 집단주의가 만드는 위험에 대한 대응은 주로 노동조합이 집단화된 조직을 갖추고 비조직화된 사회와 다른 일반인들과 다른 특수이익을 옹호하는 것을 타파하고자 노력하게 마련이다. 대표적인 예가 1984~85년 영국 광부노조에 대한 마가렛 대처(M. Thacher)와 1981년 미국 항공 관제사 파업에 대한 로널드 레이건(R. Reagon)의 대응이었다. 어느 사회에서나 그렇듯이 불이익을 받는 사람들은 소수의 조직화된 노동자가 아니라 대부분의 일반 노동자들과 일반 시민이다. 조직화된 노조는 계급투쟁이라는 세계관을 가지고 자신들이 제공하는 노동은 그 값을 정당하게 받지 못하고 '착취' 당하고 있다고 본다. 따라서 노동조합은 기업과 정부를 대상으로 한 집단투쟁을 통해 더 높은 대우와 보상을 보장받겠다는 고정된 시각을 가지게 된다. 노동자의 정당한 권리를 누리는 것은 자유경쟁과 소비자 선택을 통해서 이루어져야지 노동조합이란 집단적 지위를 통해 배타적 혜택을 유지하려는 것은 그 자체가 계급이고 기득권인 것이다.

배타성을 가진 노동조합의 집단행동은 국민과 소비자의 자유선택을 제한하고 국가적 효율성과 자원배분의 왜곡을 막는 원인을 제공해 왔다. 1979년 보수당 수장이 된 대처 수상은 1년에 걸친 운수, 병원 및 광산 총파업을 지속시킨 노동자를 대상으로 타협하거나 물러서지 않았다. 당시 영국사회는 '불만의 겨울(winter of discontent)'이라 불렸고 정부는 조직화된 노동자 집단을 달래기에 급급해왔던 상황이었다.

200년 이상 세계적 혁신을 주도해온 영국이지만 20세기에 들어서면서부터 영국병으로 지칭될 만큼 무기력한 사회로 변해 있었다. 급기야 1976년에는 국가경쟁력 하락과 신용 하락으로 국제금융기구(IMF)로부터 구제금융까지 받던 상황이었다.

대처 수상은 노동조합에 의해 좌우되던 영국과 영국사회를 바로잡고 영국의 역동성과 경제 활력을 회복하기 위한 조치에 물러섬이 없이 노조의 집단주의에 맞섰다. 특히 1984년 석탄산업 합리화에 의한 탄광 노동자 해고에 탄광노조가 총파업에 나서자, 대처수상은 석탄생산량의 절반인 5,700만 톤의 석탄을 비축해두고 폴란드 등으로부터 긴급수입까지 감행해가면서 노조에 맞서 석탄산업 합리화정책을 관철시켰다. 이에 따라 2만 명의 탄광노동자가 정리해고 되고, 그 과정에 1만 건의 체포와 기소가 수반된 폭력투쟁과 2,000 건이 넘는 공무집행 방해사건이 있었던 대혈투였다. 대처는 노동자를 탄압한다는 모든 비난과 온갖 수모를 다 뒤집어썼지만 타협 없이 1년 간을 버티며 노조 파업을 종결시켰다.[2] 그 결과 영국사회는 영국병 치유라는 커다란 전환점을 만들었다. 그 때 대처에게 붙여진 수사구가 바로 '철의 여인'이었다. 그녀의 정책이 '대처리즘'으로 불리면서 조직화된 노동자의 기득권과 독점권은 인정되지 않고 자유시장에 따른 소비자의 자유선택이 보장되는 모델을 만들었던 것이다.

1980년대 레이건(Reagon) 미국 대통령도 마찬가지였다. 캘리포니아 주지사를 맡기 이전부터 영화배우 활동을 했던 레이건은 영화배우 노동조합의 활동을 보며 누구보다 노동조합의 집단행위가 국민이나 소비자의 이익을 져버리고 그들만의 배타적 이익을 위해 투쟁한다는 것을 뼈저리게 경험했었다. 레이건은 노동조합은 공익집단이 아닌 이익집단이며, 스스로 약자인 것처럼 보이면서 최종 목적은 조직화된 그들만의 배타적 이익을 확대하는 것이라는 것을 잘 알고 있었다. 그 결과는 국민과 소비자의 자유선택권이 부정당하는 것임을 명확히 하였다. 노동조합의 배타적 권리주장이란 스스로는 남들로부터 자유선택의 대상이 되는 것을 막겠다는 기득권적 사고였던 것이다. 레이건 대통령은 노동조합이란 기여한 성과와 생산성과 상관없이 기득권처럼 배타적 급여와 대우를 보장받으려는 조직으로 가고자 하는 경향이 있다는 것이고, 이것은 제어되어야 한다고 보았다. 특히 노동조합의 배타적 집단행위는 겉으로는 기업이나 기업 소유자를 대상으로 싸우는 것 같지만 본질적으로는 자기 집단 이익을 독점적이고 배타적으로 확보하기 위한 것이고, 결과적으로는 국민과 전체 소비자에게 부담을 전가시킨다는 것을 너무 잘 알고 있었다.

가장 상징적 사건이 바로 1981년도 항공 관제사 파업이었다. 관제사 총파업으로 전 미국의 항공시스템이 마비되는 상황에서도 레이건 대통령은 원칙을 무너뜨리지 않았고 단호했다. 당시 항공관제사 조직(PATCO)은 공무원이었지만 편법적 방법으로 병가와 태업과 같은 우회적 방법을 통해 항공운항의 차질을

---

2) 박지향, 『중간은 없다: 마거릿 대처의 생애』(기파랑, 2007); 박종찬, "시장경제원리로 영국병을 치유한 마가릿 대처", 주용식 외, 『자유주의 사상가 12인의 위대한 생각』(월간조선사, 2004).

반복하며 집단 이익을 보장받으려 했었다. 레이건 대통령의 임기가 시작되자마자 공무원 파업은 불법이었음에도 항공 관제사들은 보수 확대와 32시간 근무를 내걸고 전체 관제사의 70%에 달하는 1만 3,000명이 넘는 대규모 숫자가 파업에 돌입했다. 미국 전역의 항공편 거의 대부분이 중단되는 상황에서도 레이건은 관제사 파업은 불법이며 국가안전에 대한 중대 위협으로 규정짓고 즉각적인 업무복귀 명령을 내리고 복귀하지 않는 파업참가자들은 48시간 후 파면할 것이라고 공표했다. 레이건은 주요 노선을 제외한 항공편을 결항시키고 대체인력을 동원하여 최소한의 운항을 유지하면서 파업 단 이틀 만에 업무복귀를 거부한 1만 1,345명에 대한 해고를 단행하였다.

당시 고임금을 받는 직종인 항공 관제사의 절반 이상은 대통령 선거 때 오히려 레이건 대통령을 지지했었지만 레이건은 노조의 집단행위는 타협의 대상이라 보지 않았다. 레이건은 조직된 집단의 힘을 이용하여 특수이익을 옹호하는 노조를 규탄하며, 그들이 아니더라도 그들이 일하는 자리에서 일하고 싶어 하는 수많은 사람들이 대기하고 있다는 것을 알리며 국민들에게 불편을 함께 감수하고 극복해나가자고 호소했었다. 파업과 1만 명이 넘는 해고에 따른 불편함이 10년 가까이 이어졌지만, 레이건은 파업에 참여했던 1만 1,000명의 파업 참여자 그 누구도 다시 고용하지 않았다. 그들은 관제사 담당 업무로는 절대 공무원이 될 수 없도록 하고 끝까지 관철시켰다. 관제사노조(PATCO)는 단체교섭권이 취소된 것은 물론이고 막대한 벌금을 부과 받고 해체되어 사라졌다.[3]

미국 항공관제사 파업은 20세기 흑반 미극의 노동운동 역사에 가장 상징적인 사건이었다. 레이건 대통령은 관제사 파업에 대한 대응을 통해 국민의 이익을 지키기 위해서는 조직된 특수집단의 위협과 기득권이 인정되어서는 안 된다는 것을 명확히 하였다. 영국의 탄광노동자와 미국 항공관제사 파업에 대한 대

---

3) 이춘근, "힘의 우위를 통해 냉전을 종식시킨 로널드 레이건", 『월간조선』, 2008. 11.

처 수상과 레이건 대통령의 대응은 영국과 미국의 산업경쟁력을 높이고 새로운 비약을 가져오는 계기가 되었다. 집단적 힘과 선거에서의 표를 내세우며 독점적이고 배타적 이익을 누리던 노동조합은 정치세력의 위상을 잃고 점차 근로조건과 관련된 노사협상의 당사자가 되는 노사관계 정상화의 길로 들어서게 하는 중요한 계기가 되었다. 노동자의 권리와 임금은 그들이 발휘하고 제공하는 생산성과 기여도에 맞춰 소비자에 의해 선택받는 수준에 따라 유지되는 사회가 되는 계기가 되었던 것이다.

현재 한국사회가 직면한 문제도 크게 다르지 않다. 중소기업연구원의 연구결과에 따르면 대기업 직원은 월 평균 682만원을 받지만 중소기업 직원은 월 214만원을 받는 게 현실이다.[4] 미국이나 일본과 달리 이처럼 한국사회에 나타나는 큰 격차의 원인 중 하나는 대기업 노조의 집단적 협상력과 전투력 때문이다. 특히 한국사회에서 전체 노동자중 3%, 약 63만 명에 불과한 민주노총 소속 노동자들은 매우 특수한 지위에 있다. 노동조합은 정치투쟁을 통해 배타적 권리를 추구하고 조직화되지 못한 노동자에 비해 독점적이고 기득권적인 지위를 누리게 마련이다. 더 좋은 서비스와 제품을 공급하는 공정한 경쟁을 하고 그 결과를 소비자가 선택하게 만드는 자유시장을 거부하는 노동조합의 집단화된 정치행동이 작동되고 있기 때문이다. 그렇기에 한국사회에서의 보수정치란 바로 3% 전후의 조직화된 고임금 귀족노조의 기득권을 보호하는 것이 아니라, 나머지 96%, 혹은 조직화되지 못한 88%에 달하는 일반 노동자와 일반소비자의 권리와 자유선택이 가능하도록 보호해야하는 것이다.

선거를 치러야하는 정치인들은 공통된 목소리를 높이는 집단화된 조직에 약하다. 대중에게 표를 구걸하며 복지국가란 구호를 내세우며 공짜와 배타적 권리를 약속하게 되는 경향이 다반사이지만 그 결과는 시간이 지날수록 점점 더

---

4) 중소기업연구원, 『기업규모별 임금 격차의 국제 비교』(2017).

많은 다수가 공짜와 복지에 기대려는 집단으로 전환되게 마련이다. 배타적 이익과 공짜를 요구하는 사람이 많아지면 점점 땀 흘려 열심히 일하려는 사람은 줄어들게 되고 나도 표를 줄 테니 공짜로 일하지 않고 살고자하는 사람들로만 가득 차게 된다는 것은 만고불변의 원칙이다. 따라서 보수 정치의 핵심은 그 누구도 '배타적'으로 혹은 '공짜'로 남다른 이익을 얻는 일이 없도록 해야 한다. 집단적 이익을 추구하는 세력에 맞서 자유가치와 자유시장을 지키며 개인과 기업의 창의적 활동을 강조함으로써 국민 모두에게 혜택이 돌아가게 하는 것이다. 물론, 그것은 목소리를 높이는 집단을 배려하는 것이 아니라, 묵묵히 더 열심히 일한 사람들이 더 많은 몫을 가져가는 사회를 만들고자 하기 때문이다.

2) 안보 확립과 공산체제와의 대결

보수 리더십은 국가안보와 사회질서의 확립을 중시한다. 특히 레이건 대통령은 공산주의라는 전체주의와 싸우는 것을 두려워하지 않은 대표적인 지도자이다. 평화를 말하고, 대화와 타협을 말하며 공존하려는 것이 아니라 그들을 자유와 민주, 그리고 개방사회로 나오도록 이끌어냈다. 레이건은 평화란 오직 전쟁을 준비할 때 지켜지는 것임을 확고히 하며 전쟁을 준비하였고, 그 결과로 냉전체제를 해체시키고 평화체제를 정착시켰다. 특히 민주당 카터(Carter) 대통령이 공산체제인 소련과 대화와 협상을 통해 평화를 만들어내는 '평화주의자'라고 평가받은데 반해 공화당의 레이건은 '전쟁주의자'라고 공격받았었다. 그러나 레이건 대통령은 전체주의인 소련을 바꾸는 것이 평화이지, 그런 전체주의 집단과 협상하고 공존하자는 것은 평화가 될 수 없다고 했다.

특히 레이건은 소련을 '악의 제국(Evil Empire)'이라 지칭하고 소련을 압도할 군사력이 확보될 때 평화가 가능해진다는 확신에 따라 전체 국가예산은 축소시켰지만 소련에 대항하는 군사력은 지속적으로 증가시켜가며 결국 소련을 굴복시켰다. 누구나 평화와 공존을 말하던 시대에 레이건은 공산주의와의 대결과 공산체제의 해체를 추진하였다. 레이건은 한국이 분단국가로 남고 한반도 북부가 반인륜적 공산체제로 남게 된 것도 루즈벨트와 트루먼과 같은 미국 대통령들이 공산주의와 확고히 대결하지 않았기 때문이라는 평가를 갖고 있었다. 레이건은 인류의 자유를 구속하고 재산과 종교를 부정하는 체제는 노예체제와 다름없다는 확신을 분명히 했다. 개인 자유를 유린하고 종교자유를 박탈하며 소유권까지 부정하는 공산주의와 공존의 대상이 될 수 없다고 본 것이다.[5]

레이건은 공산주의라는 전체주의체제는 거대한 인류의 역사과정에 마지막에 와 있고 반드시 붕괴될 것이라는 확신했다. 반공주의야말로 휴머니즘이며 세계 인류를 위한 헌신이고 정치지도자의 소명이라고 판단했다. 그런 레이건의 전략 중의 하나가 '별들의 전쟁(Star Wars)'으로 불리는 전략방위구상(SDI)이었다. 최첨단 과학기술을 통해 미국을 향해 날아올 소련의 전략미사일을 격추시키겠다는 것이고 그런 능력이 확보될 때 소련도 대미 위협을 중단시킬 것이라고 보았다. 결국 소련의 패배와 공산주의의 거대한 붕괴를 이끌어내며 공고한 세계 평화체제를 만들어 냈다. 공산주의에 맞서 잘못된 체제를 해체시키는 승리를 만든 레이건 대통령은 궁극적으로 제2차 세계대전 이후 전개되어오던 공산주의와 자본주의 간의 대립인 냉전체제를 종식시켰다. 전 세계는 개방된 자유민주적 세계로 나아가게 되었고 선린우호와 상호무역에 의한 시장경제체제를 정립시키며 진정한 의미의 평화와 번영의 시대를 열었던 것이다.

잘못된 체제에 맞서 그 체제를 해체시키고 인류를 보나 나은 세계로 이끈 보수적 지도자의 또 다른 예는 바로 영국의 처칠(W. Churchill) 수상이다. 처칠은 독일 히틀러(Hitler)의 전체주의에 맞서 승리를 이끌어냈고 제2차 대전 후에는 소련 공산주의에 대항해서는 철의 장막(Iron Curtain)을 세워 공산주의의 확장을 막아내고 자유세계를 지켜낸 전형적인 보수주의자였다. 처칠은 제2차 세계대전 훨씬 이전인 1924년에 재무장관을 맡을 때부터 자유무역주의를 확고히 관

---

5) 이춘근, 앞의 책.

철시켰으며 1926년의 노동자 총파업에도 강경한 입장에서 원칙을 관철해냈던 자유주의자이기도 했다. 무엇보다 처칠 수상이 영국과 인류에 기여한 것은 독일의 히틀러(Hitler)체제와 싸우는 것을 영국이 희생하여 맡아야할 소명이라고 보았다는 것이고 굴복하거나 타협하지 않고 싸워 이겨냈다는 사실이다.

처칠 이전 노동당정부 수상이던 체임벌린(Chamberlain)은 히틀러의 야욕 앞에 단호하게 맞서지 못하고 끌려다니기만 했다. 그는 계속적인 평화정책 혹은 유화정책으로 일관하며 히틀러체제와 공존하고자 했었다. 그러나 노동당 체임벌린 수상의 '순진한 의도'와 달리 독일의 히틀러가 프랑스와의 완충지로 군대 주둔을 못하게 했던 라인란트에 군대를 주둔시키고 오스트리아를 강제로 합병하고 체코슬로바키아 일부 지역까지 합병하였다. 체임벌린의 의도를 비웃으며 히틀러는 1939년 폴란드를 침공하고 프랑스를 점령하였으며 연이어 전 유럽으로 그의 야욕을 확대시켜 나갔다.

특히 히틀러가 체코를 공격했지만 체임벌린 수상은 체코는 불쌍하게 여겼지만, 체코문제로 영국이 피를 흘리는 희생을 할 수는 없다고 했다. 오히려, 체임벌린은 체코라는 작은 미끼를 던져 전쟁을 막았다는 식의 평가가 진행되기도 했었다. 체임벌린은 어떻게든 전쟁만은 막겠다며 히틀러의 독일에 제재를 가하지 않고 유화책과 평화협정을 맺는 것을 반복했다.

그러나 보수정치의 리더십을 대변했던 윈스턴 처칠의 대응은 전혀 달랐다.[6] 체임벌린과 같은 유화정책은 오히려 히틀러와 같은 폭정과 야욕을 확대시킬 뿐이라고 비판했다. 독일의 폴란드 침공 이후에야 보수당정부의 수상에 취임한 처칠은 히틀러의 확장 야욕에 맞섰다. 그는 "우리는 신께서 허락한 모든 힘과 모든 능력을 다하여 인류가 저지른 개탄스런 죄악 가운데 가장 극악한 폭정과 맞서 싸우는 것"이라고 히틀러와의 전쟁에 대한 성격을 규정지었다. 그리고

---

6) 박지향, 『영국사: 보수와 개혁의 드라마』(까치, 2007).

전쟁을 두려워하지 않고 "우리의 목적이 무엇이냐 묻습니다. 나는 한 마디로 승리"라며 인류의 폭정과 맞서 싸워야할 역사적 의의를 명확히 하였다. 처칠은 선전포고와 함께 독일에 전쟁으로 맞섰고 미국의 지원과 협력을 이끌어내며 끝내 유럽 전역을 석권했던 히틀러체제를 무너뜨리고 새로운 유럽질서와 궁극적 평화를 만들어냈다.

보수 리더십은 나라와 인류가 맞이한 과제를 피하거나 떠넘기지 않는다. 그렇기에 높게 평가되는 것이다. 예를 들어, 2002년 BBC가 영국인 100만 명을 대상으로 조사한 '위대한 영국인 100명'을 보면 아이작 뉴턴과 셰익스피어를 제치고 처칠이 1위를 차지하였다. 마찬가지로 미국인들도 노예해방을 관철해낸 링컨 대통령과 함께 공산주의에 맞서 소련체제를 해체시키며 냉전을 종식시킨 레이건을 가장 존경하는 대통령으로 꼽는다. 지도자가 가야할 길과 과제가 무엇인가를 보여주는 냉엄한 역사적 평가인 것이다.

3. 한국의 보수정치 리더십 방향

대한민국 70년 역사는 누가 보더라도 불가능한 역사의 창출이었다. 1948년 독립국가로 출범한 이래 70년 만에 자유민주적 번영국가로 도약한 것은 20세기 세계사의 기적과도 같은 성공모델을 만든 역사였다. 몇 세기 전부터 근대화를 시작했던 몇몇 소수의 서유럽국가들을 제외한다면, 대한민국 현대사는 대부분의 나라들로부터 가장 성공한 모델로 평가받는다. 특히 제2차 세계대전 이후의 세계문명사에 대한 연구결과를 보면 공통적으로 성공 국가의 모델로 빠지지 않고 거론되는 거의 유일무이한 나라가 바로 대한민국이다.

국제연합(UN)과 세계은행(World Bank)과 국제통화기금(IMF)은 물론이고 거의 모든 국제기구와 세계 지도자들이 2차대전 이후 세계사에서 한국을 가장 성공한 국가로 선택한다. 국가의 성공과 실패 원인을 규명한 MIT 애쓰모글루(K. Acemoğlu)와 하버드대 로빈슨(J. Robinson) 교수는 전 세계에 펼쳐진 번영의 첫 번째 성공 사례로 대한민국을 선택한 바 있다. 한반도의 군사분계선인 비무장지대(DMZ) 경계로 분리된 한반도의 남(南)과 북(北)에서 전개된 지난 70년 간의 북한 몰락과 대한민국 번영은 20세기 문명사의 가장 대비되는 사례로 손꼽힌다.[7]

한국은 어느덧 철강, 석유화학, 자동차, 반도체, 전자기기, 화학섬유, 조선, 기계공업에 이르기까지 주요 산업의 모든 영역에서 세계적 규모와 수준에 도달한 세계적 산업국가로 거듭나 있다. 한국은 산업 경쟁력이나 무역규모 등에 있어서 세계 7대 국가의 반열에 있는 것은 물른 삶의 질 개선, 국가경제 규모의 성장, 국제 위상 제고 등 전 영역에서 민족사에 가장 빛나는 시대를 열었다. 한국은 짧은 기간에 세계적 산업국가의 반열에 오른 성공모델을 만들었고 대한민국 모델은 세계로 확산되는 상황이다. 개발드상국이 가야할 경제사회 발전의 이정표를 만들고 개발도상국과 사회주의 길을 걸었던 나라들이 가야할 길을 제시했던 것이다. 유엔은 물론 세계의 각종 국제기구는 대한민국의 번영을 다른 국가의 모델로 삼으라고 권고한다. 세계은행은 1994년 한국의 경제제도와 정책으로 모델로 삼아 펼쳐야 한다고 권고한 바 있다.

한국의 보수는 분명 계승하고 개선시킬 국가와 사회를 가지고 있다. 특히 보수는 한국의 성공을 계승하고 더 훌륭한 나라를 만들어 물려주겠다는 소명의식을 가져야 한다. 한국의 성공은 이미 19세기 후반 문명개화 투쟁에서 시작된 것이고 가장 성공한 업적을 가지고 있기 때문이다. 정치적 보수의 기원은 조선 후기 및 대한제국의 문명개화를 지향했던 세력이다. 봉건왕조제의 기반이었던 중화적 세계관과 유교적 사상을 넘어 근대를 지향하고 번영국가를 만들고자했던 가치관이자 세계관이다. 근대 번영국가를 향한 세력으로서의 보수는 폐쇄적 척

---

7) UNDP, *Human Development Report*, 1998; 대런 개쓰모글루 · 제임스 로빈슨, 최완규 역, 『국가는 왜 실패하는가』 (시공사, 2012).

화(斥和)를 극복하는 것이고, 중국과 왕조체제를 중심으로 한 위정척사(衛正斥邪)와 다른 것이다. 그것은 실학–문명개화–실력양성 및 민주공화제적 자주독립과 근대 산업화와 번영국가를 지향하는 가치와 방향의 연장선에 있다.

1) 이승만의 반봉건–반식민–반공산 투쟁

이승만 대통령은 90년의 생애에 대한민국과 관련된 소중한 프로젝트를 성공적으로 수행했다. 그 기반 위에 열매 맺은 나라가 오늘의 대한민국이다. 이승만의 근현대 프로젝트의 첫째는 근대문명화의 지향이었다. 둘째는 항일독립투쟁이었다. 셋째는 바로 자유민주체제적 대한민국 건국과 수호다.[8] 조선왕조는 전 세계적 근대문명화가 진행되던 세계 변화의 시대에 문명개화로 나아가지 못하며 봉건적 절대군주제가 계속되었고, 양반 상민의 신분제가 유지되었던 것은 물론, 개방과 교류를 거부했던 폐쇄체제의 지속이었다. 1875년 태어난 이승만은 1890년대부터 청년의 신분이었지만 봉건제 극복과 문명개화를 향한 활동의 최전선에서 활동했다. 이상재, 서재필 선생과 독립협회 활동을 하며 「독립신문」을 만들었고 '만민공동회' 활동 등을 통해 조선의 문명개화에 나섰다. 논설을 썼던 「제국신문」이나 사장을 했던 「매일신문」 등을 통해 이승만은 조선의 봉건제적 신분제를 타파하고 근대적 개혁개방으로 세계 변화에 합류할 것을 역설하며 일관된 실천에 나섰다. 봉건적 조선체제에 정면으로 맞선 결과 결국 이승만은 종신형을 받고 결국 5년 7개월의 감옥생활을 해야 했다. 당대 누구도 문명개화 노력과 절대군주제 및 반봉건의 극복에 이승만이 수행했던 치열함과 간절함을 넘어설 수는 없었다.

이승만의 두 번째 프로젝트는 일본 제국주의에 맞서 자주독립 국가를 건설하

---

8) 김광동, "한반도 분단과 대한민국 건국의 성격", 『연세대 이승만연구원 1차 학술회의 자료집』(2013).

는 일이었다. 그것은 반제국주의 항일투쟁이었고 가장 열렬한 독립운동의 중심적 역할이었다. 그랬기에 1919년 3·1운동 후 만들어진 한성정부나 상해정부에서 모두 이승만은 임시정부 대통령으로 추대했다. 이승만은 일제 36년간 전 세계를 대상으로 항일독립운동을 펼쳤고 한국이 독립국가로 가야한다는 것을 국제사회에 확인시켰다. 미국의 소리(VOA)를 통해 한국민에게 대한독립의 희망을 키우도록 했고, 미국이 주도한 카이로선언(Cairo, 1943)을 통해 국제사회가 한국의 자주독립을 공식 선언하고 지월하게 만들었다. 이승만이 펼친 항일독립투쟁의 백미는 역시 미국으로 하여금 제국주의 일본과의 전쟁에 나서야하며 미국의 대일본전쟁 승리만이 한국의 자주독립과 아시아의 평화번영이 가능해진다는 것을 확산시키는 활동이었다. 일본 군국주의 확장은 결국 세계사적으로 전체주의와 자유민주주의의 대결이라는 인식을 확고히 했던 이승만은 일본과의 전쟁을 주저하던 미국에게 일본을 괴망시키는 전쟁에 나서고 승리할 때만이 세계 평화와 아시아 식민국가들의 독립이 가능하다는 것을 역설하고 관철시켰다는 사실이다.

대한민국의 세 번째 프로젝트는 자유민주체제의 수립과 수호이다. 이승만은 일제로부터 해방되는 그날부터 한반도에 불어 닥친 공산전체주의의 확장과 공격을 막아내는데 주력하였다. 당시 소련은 일본 군국주의보다도 더 가혹하고 참혹한 전체주의체제였다. 불과 6일간 대일본전에 참전한 것을 근거로 소련은 한반도 북부를 장악하고 탄압과 약탈 및 학살을 자행하며 한반도 전체를 소비에트체제의 위성국가로 만들고자 했다.

이승만은 좌익세력에 의한 공산주의화를 막아내고 한국에까지 공산전체주의가 확장되는 것을 막아내고 자유민주체제를 지켜내야 했다. 이승만은 6·25전쟁까지 이어진 극심한 폭동과 좌우투쟁에 맞서 나라를 세우고, 수호하는 최전선에 섰다. 그 결과로 대한민국은 자유민주체제를 확립시켜냈고 유라시아대륙 전역의 공산화에 휩쓸리지 않으면서 대부분의 사회주의체제가 걸었던 참혹성과 후퇴를 겪지 않고 빛나는 대한민국 역사를 열어낼 수 있었다.

1945년 식민지 해방과 함께 자유민주주의 대 공산전체주의라는 세계사적 대립의 한가운데에 놓여 있던 한반도에서 공산주의와의 대결을 승리로 이끄는데 가장 기여한 지도자는 역시 이승만이었던 것이다.

공산주의의 모국인 소련은 그 자체로 거대한 흡입력을 갖춘 거대한 블랙홀이고 한국은 그 끝에 붙어있던 작은 나라였고 한국의 자유민주체제는 바람 앞의 등불과 같았지만 이를 극복하고 오늘의 대한민국을 있을 수 있게 만들었던 것이다. 대한민국은 일본제국주의에 이은 공산전체주의라는 또 다른 제국주의의 확산에 맞서 싸워 이긴 결과가 바로 대한민국 건국이고 자유민주체제의 수립이었던 것이다.

그 과정에서 이승만은 공산주의체제의 본질을 가장 정확하게 이해하고 있었고 반봉건투쟁과 항일독립투쟁에 이은 공산 전체주의와 투쟁의 역사적 본질을 꿰뚫고 대한민국에 자유민주체제를 확고히 건립해냈던 것이다.

특히 이승만은 1948년으로 상징되는 대한민국의 민주주의 혁명을 주도했다. 독립국가 수립을 넘어 근대적 자유민주체제를 건설한 것이 바로 대한민국 건국의 본질이었다. 오랜 염원이던 민주공화제가 시행됐고, 1950년 5·10선거에서부터 자유민주 선거를 시작하여 일관되게 관철시켜냈다.

건국과정은 국민대표자에 의해 주권대리기관인 국회가 구성되고 헌법이 만들어지면서 법치주의와 헌정질서가 시작되었고 독립된 사법부가 갖춰지는 등 삼권분립의 통치체제가 정착된 과정이기도 했다. 의회민주주의를 출범시키고 여성과 문맹자를 포함한 모든 국민에게 참여권이 부여되는 등 한국 정치사의 혁명이었다.[9] 자유롭게 정치세력을 만들 수 있고 다수의 정치세력인 정당간의 경쟁이 존재하고 국민선택이 가능할 수 있게 된 것도 바로 민주혁명의 결과다. 따라서 이승만 대통령은 지난 100여 년간 펼쳐진 한국의 문명근대화와 자주독

---

9) 김광동, "한국 민주주의의 기원과 혁명, 그리고 성장: 한국 민주주의 발전사의 재구성", 『제도와 경제』, 제2권 제2호 (2008); 김광동, "대한민국에 자유민주주의를 만들어 세우다", 권혁철·김광동·김용삼 외 6명, 『시간을 달리는 남자』 (백년동안, 2016).

립, 그리고 건국을 통한 반공산투쟁과 민주주의 혁명을 주도한 민족지도자이자 보수지도자였던 것이다.[10]

2) 박정희의 근대화 투쟁과 대한민국 비약

자유민주체제를 이어받은 박정희는 근대적 번영체제의 기반을 만들어냈다. 자유민주체제와 공산전체주의로부터의 안보 기조를 계승한 박정희 대통령은 경제와 산업부문에서 한국사회의 근본적 변화를 이끌었다. 박정희의 리더십의 백미는 수백 년 간 깨지지 않던 사농공상의 낡은 질서를 깨고 근대적 산업화와 개방적 상업화의 시대를 만개시켰다는데 있다. 그 결과로 박정희시대 18년은 '한강의 기적'으로 상징되는 시대이기도 하지만, 대한민국이 성공한 나라의 반열로 가게 된 역사를 만든 변곡점의 시대이기도 했다. 한강의 기적과 대한민국 번영모델이 가능했던 것은 무엇보다 박정희시대에 전개된 국가사회적 변화와 국민인식의 변화 결과였다. 박정희는 사회주의권이나 개발도상국이 걷던 폐쇄체제와 권력지향적 체제를 불식시키고 자유와 개방에 기반한 산업화와 무역중심 체제를 통한 근대적 경제질서를 정착시켜냈던 것이다.

박정희시대 이전까지 한국은 상공업 비중도 낮았지만 상공업 종사자에 대한 사회적 평가는 매우 낮았고 천시되던 사회였다. 한국에서의 성공문화, 즉 출세문화는 예로부터 장원급제로 상징되는 과거시험에 합격해야 한다는 신화가 지배했었다. 성공(=출세)하려면 대부분 과거시험을 봐야 했고, 그래서 입신양명하고 권력을 잡아 휘두르는 출세모델이 몇 백 년 간 한국사회를 지배했었다. 심지어 성춘향의 억울함조차도 과거시험에 합격한 이몽룡의 권력 획득으로 해결되는 것이 전형적 고전의 스토리텔링 방식이었다. 정치권력이나 공무원들이 중

---

10) 김광동, 앞의 책.

심이고 사회의 모든 문제를 주도하고 해결한다는 식의 문제해결 구조가 지배적이던 전통적 구조였다. 그렇기에 사회에는 고시에 합격해 검사, 판사가 되거나 사관학교에 가서 장군이 되라는 식이었다. 그것도 아니면, 교수가 되거나 공무원시험을 거쳐 공무원이나 의사와 약사가 되는 것이 성공 모델인 전근대적 사회구조였다.

그러나 박정희정부를 거치면서 한국사회는 산업화와 상업화가 급속히 진행되면 기업과 시장중심 사회로 대전환되었다. 보수 리더십에 의한 대혁신이었던 것이다. 사회 전반에 상공업이 육성되었고 세계적 기업들이 출현했다. 짧은 기간에 한국은 산업 및 무역국가로 변신했다. 고등학교나 대학을 졸업하고 기업에 취직하고 무역업에 종사하는 직업패턴이 정착된 것도 1970년대 전후이다. 그 전에는 공무원이 아니라면 취직할 기업 자체가 없었다. 제조업을 천시하고, '장사꾼'이나 제조업에 종사하는 '장인들'을 천시했기 때문이다.

그러나 박정희는 불과 몇 십 년 만에 그런 인식과 롤(role) 모델을 변화시켜 근대를 열었다. 박정희 시대를 통해 사농공상의 시대, 소위 공무원과 선비 우위의 시대가 종결되고, 비로소 근대적 산업과 상업, 무역활동이 중시되는 풍요와 번영의 시대가 열린 것이다.

훌륭한 제품과 일자리를 많이 만드는 사람과 기업이 우대받는 상공업시대가 열린 것이다. 더 이상 권력이 지배하는 사회가 아니라 남들에게 필요한 물품과 서비스를 제공할 능력을 갖춘 사람이 성공하는 사회구조가 만들어진 것이다. 그 결과 한국은 약 50년 만에 산업사회로 나아갔고, 연이어 정보사회의 중심국가로 나아갈 수 있었다. 농업 주도사회에서, 농사꾼으로 살아가야했던 사회가 어느덧 최첨단 산업 및 정보사회로 변화시켜냈던 것이다.

특히, 수출 주도적 산업구조는 국내가 아닌 글로벌 기준에 맞추어가는 방향으로 사회 전반의 변화를 만들어냈다. 마을공동체와 씨족 공동체가 급격히 대도시 및 글로벌 공동체로 뒤바뀐 것이다. 한국은 수백 년 간 '자체 생산, 자체 소비'에 머물던 극도의 자급자족적 폐쇄국가에서 세계가 경악할만한 수준의 수출국가로 변화된 것이다.[11] 박정희정부가 출범하던 1961년 한국 수출량은 태국의 1/4 수준, 필리핀의 1/7 수준에 못 미쳤었다. 그러나 박정희시대를 거치면서 태국, 필리핀보다 몇 배의 수출을 더 갏이 하는 전혀 다른 나라로 변화했다. 세계적 수준의 산업 국가이자, 무역국가로 변신한 것이다. 세계시장에 수출을 하기 위해서는 생산제품으로나 산업구조에서나, 혹은 기업운영 방식을 글로벌 기준에 맞추어야 했다. 이렇듯 국제무대를 대상으로 한 수출입국을 만들어가는 과정은 곧 대한민국 전체가 글로벌화로 변화하는 것을 의미했고 그 자체가 끊임없는 변혁이었다.[12]

박정희의 보수리더십은 1973년 포항제철(POSCO)로 세계 최고의 철강생산 경쟁력을 만들 수 있게 했고 연이어 기계산업, 전자산업 등으로 비약적 산업고도화를 이루어냈다. 나아가 1970년대 후반 한국은 전자산업에 경쟁력을 갖춰나갔고, 전자산업을 기반으로 연이어 1980년대 반도체 산업에서 세계 최고수준을 이룩하는 기반을 만들었다. 또 반도체 산업의 경쟁력은 통신, 전자, 컴퓨터, 스마트폰과 자동차 전자부분에 이르기까지 정토통신산업 전반의 경쟁력으로 이어질 수 있었다. 또한 농사용으로만 사용되던 전 국토는 산업사회에 맞게 전환되었다. 구로공단(1967)이 만들어졌고 연이어 익산공단, 마산수출자유지역, 구미공단, 창원기계공단과 반월-안산공간 등 전국은 공업단지로 변화했으며 부산, 인천 등은 세계적 무역항으로 거듭나기 시작했다. 수천 년 간 농업사회로 머물던 한반도의 국토 자체가 대개조(大改造)에 들어갔던 것이다.

박정희 리더십은 농업 주도적 사회를 산업국가로의 대전환시킨 것과 함께 '할 수 있다'는 정신을 우리 민족에게 확고히 확립시킨 보수정치의 대표적 상징이다. 조선시대 500년 내내 스스로를 비하하던 긴 세월 동안 스스로 우리가 뭘 하

---

11) 이영훈 편, 『수량경제사로 다시 본 조선후기』(서울대학교 출판부, 2004).

12) 박경로·김낙년 외, 『한국의 무역성장과 경제사회 변화』(대한민국 역사박물관, 2015); 김기환, 『한국의 경제기적: 지난 50년, 향후 50년』(기파랑, 2013).

겠냐는 체념은 대한민국 건국과 연이은 한강의 기적으로 이제 '하면 된다'는 긍정적인 민족적 자부심으로 전환되었다. 자조와 비웃음을 넘어서서 성취와 업적의 시대를 우리 민족 스스로 만들어낸 것이다. 한국적 역동성을 만들어 냈다. 박정희의 보수리더십은 한국도 다른 선진국처럼 잘사는 나라를 만들어보자는 조국 근대화와 '민족중흥에 대한 강한 과제의식과 실현 의지를 관철시켜냈던 것이다. 그런 면에서 한국의 보수정치는 대한민국의 성취에 대한 자부심과 함께 그것을 창조적으로 계승하여 더 진화시키고 번영시키겠다는 책임의식과 실천 활동에 나서야 한다. 그것이 '위대한 대한민국 역사'를 계승하고 발전시키는 길이다. 더구나 민주주의의 발전 과정도 마찬가지이다. 전체주의의 위협 앞에 민주주의를 발전시키는 것도 쉽지 않았지만 사회경제적 기반이 없이 성숙한 민주주의를 꽃피우는 나라도 없다. 민주주의란 기성품이나 완성품처럼 수입해 쓸 수 있는 것이 아니다. 누적된 경험과 제도적 축적 과정을 통해 발전되는 것이다. 한국도 예외가 될 수 없다. 동일한 수준에서 출발했던 많은 신생독립국이나 개발도상국의 민주주의가 더 이상 발전하지 못하는 이유는 한국과 달리 경험 축적과 경제적 토대를 갖추지 못했기 때문이다. 그런 면에서 한국은 이승만 시대의 민주주의 혁명과 박정희 시대의 경제 산업적 발전을 토대로 오늘의 민주주의 성숙도 가능하게 만들었다는 자부심을 가져야 한다.[13]

4. 보수 정치의 방향과 과제

첫째, 보수는 습관적인 비판을 넘어 미래를 창출해내야 할 책임을 가져야 한다. 보수는 부정이 아닌, 계승의 정치에 성공이 있다. 과거를 잘못이라 규정하

---

13) 김광동, "선거 민주주의의 한계와 박정희시대의 의미", 김용서 · 김광동 외, 『박정희 시대의 재조명』(전통과 현대, 2006).

고 역사청산을 자행하는 것은 쉬운 일이고 그것은 실패하는 나라에서 반복되는 일이다. 건설하기는 것은 어렵지만 파괴하기는 쉽다. 한 시대를 성공적으로 만드는 것은 극히 예외적 국가와 국민들만이 해내는 것이다. 과거 청산과 부정적 비판을 계속하는 세력이란 스스로 생산하고 만들어 본 적이 없는 세력이기 때문이다. 조선시대 500년 정치야말로 당과 편을 갈라 싸우며, 집권세력을 끌어내리고 그 자리를 차지하는 관행이 반복되었컨 부정(否定)의 정치이자, 복수의 정치였다. 보복을 목표로 한 부관참시(剖棺斬屍)와 능지처참(陵遲處斬), 그리고 '삼족(三族)을 멸한다'는 것으로 상징되었다. 복수해서 그 자리에 내가 가겠다는 것이다. 드라마나 영화도 복수하는 것으로 이뤄져있고, 복수가 끝나면 드라마도 끝이다. 거기에는 건설과 생산이 빠져있다. 무엇을 새롭게 만들었는지는 묻지 않는다. 쌓인 한을 푸는 신원(伸寃)적 한(恨)과 적대(敵對)의 정치는 한풀이 정치에 불과하다. 몇 백 년 지속된 조선의 사화(士禍)와 환국(換局)정치도 생산과 건설 없는 부정과 끌어내리기 정치였다.[14)]

법과 제도를 넘어선 집단을 동원해 국민을 대변하는 광장정치는 폭민독재이다. 그런 정치는 제도와 생산적 정치를 파괴할 뿐이다. 보수정치는 생산의 정치이고 미래를 향한 책임 있는 건설의 정치이다. 그런 면에서 접시를 깨는 실수란 당연히 설거지하는 사람이 저지르는 실수이다. 설거지 않는 사람은 접시를 깰 이유도 없고 비난받을 일도 없다. 보수는 실수를 하고 시행착오를 하더라도 생산하고 만들어내는 책임을 다해야 한다.

둘째로, 보수는 자유와 공정을 통한 번영을 지향해야 한다. 보수는 자유와 공정을 지키는 세력이다. 개인의 자유가 최대한 보장될 때 개인 행복은 보장되고 다양성과 창의성도 가능해진다. 그런 의미에서 보수는 자유와 개방적 공정경쟁만이 번영사회를 만든다는 가치와 신념을 명확해야 한다. 근면과 자조가 잊혀

---

14) 김광동, "프랑스 혁명과 광장정치는 반복적 실패 모델", 앞의 책.

지고 남 탓하는 사회에 번영이 깃들 수 없다. 근면하게 일하며 스스로 일어서려
는 사람들이 격려 받고 그들의 몫이 정당하게 돌아가지 못한다면 모두가 망하
는 길로 가는 것이다. 누구든 1억 원의 가치를 만들어내기는 매우 어렵다. 그런
데 1억 원의 생산은 당연한 것으로 여기고 어떻게 분배하고 나눠 쓸 것이냐에
초점을 맞추고 다투는 사회에는 미래가 있을 수 없다. 보수는 결코 부자와 대기
업을 옹호하는 것이 아니라 자유와 공정경쟁을 지키자는 것이다. 근면하고 땀
흘리는 사람들의 몫과 가치를 지키자는 것이다. 남달리 힘겹게 일한 사람에게
그 몫이 정당하게 돌아가게 하는 것이 바로 공정사회를 만들고 번영국가도 만
든다는 확신이 있기 때문이다.

셋째, 보수는 전체주의와의 대결하고 그 체제를 극복해내는 헌신적 활동을
해야 한다. 자유민주체제와 개방사회를 중심 가치로 전개했던 보수는 당연히
공산주의 같은 전체주의와의 대결에서 최전선에 서야 한다. 희생을 감내해야
한다. 북한의 개인숭배적 독재체제로부터 우리 민족의 해방을 위해 헌신하겠다
는 자세가 분명해야 한다. 그것은 반민족 세력을 대상으로 한 민족주의적 투쟁
이기도 하다. '최고존엄' 김정은에게 밉보이거나 찍히지 않겠다는 그 비겁함이
바로 한국의 민족주의를 흐트러뜨리고 좀 먹고 있다. 그런 면에서 한국보수의
맞상대는 조선노동당이고 김정은 세력이다. 공산전체주의를 극복하고 우리 민
족 모두에게 자유와 민주, 그리고 번영체제를 누리게 해주겠다는 신념과 실천
이 곧 보수정당에 맡겨진 민족주의 투쟁인 것이다.[15]

그런 면에서 보수는 분단과 체제대결이라는 상황에 의해 양면적 대결을 함께
해야 한다. 하나는 한반도에서 70년째 문명을 유린하고 민족을 파괴하는 전체
주의적 조선로동당과의 대결이고, 다른 하나는 퇴영적 진보세력과 각축 경쟁하
며 국가를 주도해나가는 길이다. 북한 전체주의가 존속하는 한 모든 비난과 공

---

15) 김광동, "반미주의 함정과 민족주의의 길", 『21세기 한국: 자유, 진보 그리고 번영의 길』(복거일, 김정호, 박효종 외,
　　나남출판, 2005); 김광동, "이 시대의 가치는 자유의 확산과 성숙", 『조선일보』, 2005. 5. 23.

격은 필연적으로 보수정치세력에 집결될 수밖에 없다. 강고한 무력에 기반해 전체주의체제를 구축한 김정은 및 조선로동당 세력을 극복해내야 하고, 다른 한편으론 국내적 진보좌파 세력의 통일전선적 공세의 대상이 될 수밖에 없다. 그것은 보수가 감내해야 할 피할 수 없는 숙명이자 과제이다. 그런 어려움을 극복할 때만, 빛나는 한국의 미래를 열어낼 수 있다는 상황을 이해하고 있다면 그 것은 보수에게 주어진 영광의 기회이기도 하다.

한국보수원론

자유민주주의의 현재와 미래

최 승 노

- 現 자유기업원 원장
- 現 한국하이에크소사이어티 회장
- 고려대학교 경제학 박사

원론
CHAPTER

III

우리 사회가 지향해야 할
보수주의 경제관은 무엇인가?

이 땅의 보수는 우리 사회를 번영의 길로 이끄는 성과를 냈다. 대한민국 건국을 이뤘으며 전쟁에서 목숨으로 나라를 지켰다. 산업화를 통해 일자리를 늘리고 경제발전을 이루며 민주화의 기반을 제공했다. 피와 땀으로 대한민국의 중심적 역할을 해 온 것이다.

우리 사회가 지향해야 할
보수주의 경제관은 무엇인가?

　우리 사회 구성 원리는 자유민주주의 이념과 시장경제 체제다. 이 원리는 오랜 기간 경제성장과 사회발전을 통해 우리 삶에 뿌리를 내렸고 쉽게 흔들리지 않을 정도로 국민적 합의가 형성되어 있다. 보수주의적 가치관은 우리 사회의 정체성인 자유민주주의 시장경제 시스템을 믿고 이를 지키려는 마음가짐이며, 시대적 상황 변화에 따라 쉽게 흔들리지 않고 그 원칙을 지켜나가는 태도라고 하겠다.

　이념이 분명하고 안정된 사회는 쉽게 흔들리지 않는다. 특히 선진국이 그렇다. 개인의 삶이 나아지고 성공해 온 경험을 사회가 공유하고 제도화 하였으며, 그 가치에 대한 믿음이 통합된 가치와 원리로 정착되어 있다. 보수주의적 가치관을 가진 이들이 많을수록 그 사회는 원칙에 충실하고 효율적인 원리를 바탕으로 운영된다.

　이 땅의 보수는 우리 사회를 번영의 길로 이끄는 성과를 냈다. 대한민국 건국을 이뤘으며 전쟁에서 목숨으로 나라를 지켰다. 산업화를 통해 일자리를 늘리고 경제발전을 이루며 민주화의 기반을 제공했다. 피와 땀으로 대한민국의 중심적 역할을 해 온 것이다. 이는 올바른 가치와 체계를 따르지 않았으면 불가능한 일이었으며, 그 결과로 삶의 질과 양식은 획기적으로 개선되었다.

하지만 성공을 부른 자유민주주의 시장경제는 늘 도전을 받는다. 성공의 결실이 풍요이지만 그 결과에 대한 불만은 늘 있기 마련이다. 보수주의적 이념을 위협하는 대안적 원리에는 민중주의 그리고 전체주의가 있다. 우리 사회에도 그런 원리를 따르는 목소리가 있다. 자유경제질서를 위협하고 사회적 안정을 해칠 수 있다는 점에서 경계해야 할 부분이다. 이념적 지형이 불안해지면 자연스럽게 정책의 본질이 훼손되고 변질될 수 있다. 그 결과로 시장의 효율적 자원배분이 왜곡되어 경제주체의 삶이 핍박해질 수 있다.

더구나 보수주의는 완벽한 이념적 체계를 갖기 어렵다. 논리적 일관성을 갖추기도 어렵지만 나라마다 역사와 문화가 다르고 살아가는 방식이 다르기 때문에 오랜 역사를 통해 검증된 가치가 상이하고 지켜야할 가치도 다르다. 내용이 불분명하다보면 혼란을 야기할 수 있다.

우리나라에서도 보수주의에 대한 정의가 분명하지 않으며, 다양한 해석과 주장이 혼재해 있는 상태다. 우선 보수주의 용어를 쓰지 말자는 주장이 있다. 진보에 비해 보수라는 어감이 좋지 않기 때문에 쓰지 말자는 이들이 있고, 영미계 국가에 비해 우리나라의 역사와 문화를 고려했을 때 보수주의라는 용어를 쓰기에 부적합하다는 이들도 있다. 사회 일반에서는 보수, 보수진영, 보수정당, 보수주의라는 말을 흔히 쓰고 있으며, 최근에는 신보수주의라는 말도 회자되고 있다.

사회에서 흔히 보수주의와 자유주의를 구분하지 못하고 동일시하거나 혼용하여 쓰기도 한다. 그러다 보니 보수주의와 자유주의의 차이점을 인식하고 구분하여 써야 하며 자유주의가 우리 사회가 지향해야 하는 핵심적 가치임을 지적하는 주장이 설득력을 얻고 있다. 민경국은 보수주의의 이론적 한계로 발생할 수 있는 문제점을 다음과 같이 지적하다. "보수주의가 추구하는 최고의 가치는 개인의 자유나 재산이 아니라 기존 질서의 안정이라는 가치다. 집단주의적 개혁은 기존의 질서에 대한 위협이요 예측할 수 없는 혼란을 가져오리라는 두려움 때문에 그러한 개혁을 반대한다. 자유주의가 재분배를 반대하는 이유도 재산 그 자체의 침해 때문이다. 그러나 보수주의는 기존의 질서 안정에 해가 되기 때문에 반대한다. 현실적인 이유가 있다면 언제든지 개인의 자유를 제한하거나 포기할 준비가 되어 있다. 왜냐하면 기존 사회질서의 안정에 더 큰 관심을 가지고 있기 때문이다."[1]

지향해야 할 가치를 분명히 하기 어렵다는 보수주의의 이론적 한계는 현실 정치에서 혼란을 야기할 가능성이 크다. 또한 우리 사회의 역사와 문화를 보수적 관점에서 바라볼 경우 세계적 관점에서 논의되고 있는 개방과 혁신 그리고 정부의 역할 등을 제대로 설명하기 어려운 한계가 있다. 이를 보완하기 위해 이 글에서는 우리 역사에서 성공적인 경험을 제공한 자유경제 원리와 영미계 전통의 보수주의 사상과 가치관을 혼합하여 우리 사회가 지향해야 할 보수주의 경제관을 살펴보고자 한다.

1. 보수주의적 경제관

우리 사회가 번영하도록 이끈 가치와 체제 그리고 삶의 양식을 지키자는 이념이 보수주의이다. 따라서 보수는 우리 경제가 성공해 온 이유인 시장경제체제를 더욱 발전시켜 나가야 한다. 보수주의 경제관은 자유주의 시장경제원리이다. 이를 보호하고 그 원리가 훼손되지 않도록 지키는 것이 보수적 태도의 핵심이다.

일반적으로 보수는 경제성장에 우호적이고 보수적 정책은 경제성장에 친화

---

1) 민경국, 『자유주의의 도덕관과 법사상』(북코리아, 2016), p. 116-117.

적이라는 평가를 받는다. 이러한 국민정서는 우리나라에서도 오랜 기간 지속되었다. "보수가 나라를 운영하는 데 '아마추어'가 아닌 '프로'의 실적을 남긴 것은 건국과 산업화 과정에서 놀라운 개혁 능력을 보여주었기 때문이다."[2]

박정희의 성공은 자유무역의 승리이며 시장경제를 통해 성공한 경제성장 모델이다. 특히 박정희가 보여준 혁신의 리더십은 가난을 극복할 수 있다는 자신감을 심어줬으며 보수정치의 혁신 모델로 남았다. 따라서 보수는 개방성과 자유무역 그리고 시장경제원리에 따라 혁신의 길을 이어가야 하는 것이다.

1) 자유시장경제에 대한 이해

한 사회가 번영을 유지하면서 개인의 삶이 지속적으로 나아지려면 경제정책이 자유주의에 충실한 시장경제원리어서 벗어나지 않아야 한다. 올바른 보수주의 경제관을 가지려면 시장경제원리를 이해할 수 있어야 한다.

하지만 시장경제원리는 그렇게 쉽지 이해할 수 있는 것이 아니다. 인간은 원시시대부터 오랜 기간을 살았으며 문명화된 시기는 최근의 일이다. 시장이라는 개념 자체가 인간의 본능으로 이해할 수 있는 것이 아니다. 원시적 본능에 따르면 낯선 사람들이 시장에 모여 서로 이익을 위해 협력한다는 사실을 쉽게 믿기 어렵다. 사람들이 서로 익히 알고 지냈던 관계가 없는데도 시장의 거래를 통해 부를 이루고 도덕적인 질서를 만들어간다는 것을 받아들이기 쉽지 않다.

시장에 친숙해지고 경제적 지식이 높아져야만 사람들은 도시라는 문명화된 방식이 더 높은 수준의 문화를 만들어 낼 수 있다는 사실을 이해할 수 있게 된다. 그러려면 인간의 본능적 사고의 한계를 극복하려는 학습을 통해 경제적 사고방식에 익숙해지도록 노력하여야 한다. 그래서 시장경제를 이해하고 지키려는 세력은 늘 소수일 수밖에 없다. 반대로 시장을 이해하지 못하고 원시적 본능

---

2) 박효종, "한국의 자유주의는 발전하고 있는가", 『한국으 자유주의』(자유기업원, 2007), p. 168.

에 따르게 되면 민중주의적 사고방식에 쉽게 빠질 수 있다.

이런 사정을 깨닫고 자유민주주의와 시장경제를 대중을 대상으로 교육하고 이해하도록 하는 일은 우리 사회를 안정시키는 중요한 일이다. 이념의 중요성을 깨닫지 못하고 자유민주주의 시장경제를 경시하거나 불신하도록 방치하게 되면 사회는 늘 불안할 수밖에 없다.

시장경제에 대한 오해가 쌓이고 시장과 기업을 옥죄는 정책이 누적되다 보면 경제는 활력을 잃는다. 실제로 지난 30년간 보수는 경제성장과 혁신을 보여주는데 성공적이지 못했다. 스스로 정체성을 지키지 못하고 혼란을 자초한 시기였다. 비판세력의 주장에 끌려 다니다보니 시장경제원리에서 멀어지고 혁신을 이루지 못하는 신세가 되었다.

2) 경제자유를 중시하는 경제적 사고방식

우리나라가 세계에서 유례를 찾기 힘들 정도로 빠르게 성장한 가장 핵심적인 이유는 자유시장경제의 확대에 있다. 자유롭게 경제활동을 할 수 있게 되면, 사람들은 자신의 노력과 창의성을 높이고 자신의 능력을 최대한 발휘하게 된다. 이것이 경제를 발전시키는 원동력이 된 것이다. 따라서 보수주의 경제관의 핵심은 경제적 자유주의에 충실한 시장경제원리다. 시장경제의 확대를 통해 개인은 잘 살고 사회는 더욱 풍요로워진다.

시장경제는 경제적 자유의 증진에 의해 개선되고 성숙된다. 경제적 자유는 정치적 자유가 유지될 수 있는 바탕을 제공하는 속성을 갖고 있다. 경제자유는 정치자유의 선행조건이 될 뿐 아니라, 경제성장을 위한 필요조건이 되기도 한다.

보수주의적 가치관 가운데 정치적 원리인 자유민주주의와 구분되는 경제적 측면인 시장경제를 이해하는 것은 매우 중요하다. "자유의 핵심은 경제적 자유다. 재산권에 바탕을 둔 경제적 자유 없이 다른 자유들이 존재할 수 없다. 이 점은 70여 년에 걸친 공산주의 실험으로 여지없이 증명되었다. 아울러 경제적 자유가 보장되면, 조만간 시민들도 정치적 자유를 누리게 된다. 우리를 포함해서 시장경제를 통해서 경제발전에 성공한 나라들은 모두 정치적으로나 사회적으로나 보다 자유로운 사회들로 진화했다."[3]

경제자유가 보편적 질서로 자리 잡은 사회에서 시장은 제 역할을 할 수 있다. 경제자유가 높은 나라는 경제성장률도 높고, 1인당 국민소득도 높다. 또 자유로운 경제활동이 이루어지는 나라에서 하위계층의 소득수준이 높다는 점은 경제성장의 긍정적 효과를 잘 보여준다. 이렇듯 경제자유를 개선하는 것은 성장과 풍요로 나아가는 길이다. 홍콩은 현재 세계에서 가장 경제자유가 높은 나라로 손꼽히고 있다. 홍콩은 1960년대 이후 시장경제 원칙을 따르며, 경제자유를 철저히 보장해 왔다. 모든 관세를 철폐하여 자우무역을 실현했고 자본의 이동을 자유롭게 하여 외자 유치 및 해외 투자를 활성화시켰다.

그 결과는 놀라웠다. 변변한 농지조차 갖추지 못했던 가난한 지역, 중국 대륙 끄트머리에 위치한 작은 항구에 불과했던 홍콩은 불과 반세기가 채 되지 않아 세계에서 내로라하는 경제발전을 이루며 국민소득 3만 달러 이상의 부를 창출하는 데 성공했다. 경제 자유를 통해 한계를 딛고 부를 이룩해낸 것이다.

우리나라도 시장경제를 통해 경제발전을 이룬 대표적인 국가이다. 위대한 성취라서 세계가 부러워할 정도다. 가난과 억압에서 벗어나지 못한 수많은 나라의 사람들에게는 동경의 대상이기도 하다. 당당하게 소개할 수 있는 성공의 역사이다. 사실 우리나라가 이룬 산업혁명은 그렇게 쉬운 일은 아니었다. 도로와 항만 같은 산업기반시설이 열악했으며, 원자재 또한 대부분 수입에 의존해야 하는 상황이었다. 그럼에도 자유무역을 통해 어려운 여건을 극복할 수 있었던 것은 시장경제의 장점이 잘 발휘되었기 때문이다.

3) 자유무역과 개방성을 통한 경제성장

우리나라는 특히 자유무역을 통해 경제성장을 이루었다. 한미동맹은 자유로

---

3) 복거일, 『보수는 무엇을 보수하는가』(기파랑, 2011), pp. 19-20.

운 무역과 투자를 가능하게 하는 안전장치의 역할을 했으며, 자유진영과의 무역은 수출산업의 획기적 성장을 가능케 했다. 기업들은 세계 시장의 무한 경쟁을 견뎌내고 글로벌 기업으로 성장했다. 무에서 유를 창조해 내는 기업가정신을 발휘한 것이다. 변화하는 세상에서 혁신하고 도전하는 것이 바로 보수 우파의 삶이다. 보수라고 해서 과거의 전통을 무조건 지키는 수구적인 태도를 보여서는 안 된다.

성공한 관습, 전통, 법을 지키고 보수한다는 것이 변화를 거부하는 것을 의미하지 않는다. 낡은 것의 폐해를 하나씩 고쳐서 새로운 가치를 창출해 내는 열린 태도를 가져야 한다. 시장경제를 기반으로 하는 열린 태도는 생산성과 경쟁력을 확보하는 성공비결이다. 자유경제 체제란 개인의 자유를 위해 보호하며, 법 앞에 평등하며, 누구나 자신이 나아갈 길을 개척할 수 있는 시스템을 말한다. 따라서 보수주의는 개인의 자유와 성공, 공동체의 발전과 경제 번영을 위해 자유시장 경제체제를 지키자는 것을 핵심 가치로 한다. 열린사회를 지지하고 개방적 태도를 유지해야 하는 것이다. 세계는 글로벌화에 따른 변화를 요구한다. 소수 국가의 위기가 다른 국가의 경제에 쉽게 영향을 주고, 조그마한 정부실패로도 치명적 경제실패가 초래될 수도 있다. 따라서 위기에 맞선 올바른 대처가 중요한 시대다.

경제위기가 발생하면, 일반적으로 보호무역이나 시장규제의 함정에 빠지기 쉽다. 국민들로부터 인기를 얻기 위해 폐쇄적인 조치를 할 수도 있다. 하지만 세상에 공짜는 없다. 경제위기는 경제논리로 해결해야 한다. 시장경제논리에 벗어난 반개방적 정책으로는 위기를 진정으로 극복할 수 없다.

2. 자유주의가 시대정신

세계 주요 국가들은 다시 고전적 자유주의에 입각한 경제정책을 중심으로 국가를 운영하고 있다. 소위 신자유주의라고 부르는 정책들이다. 노동시장을 유연하게 하고 작은 정부를 지향한다. 자유주의가 시대정신으로 자리 잡고 있는 것이다.

1) 자유를 중시하는 전통

자유주의는 개인주의에 바탕을 두고 있다. 개인주의는 국가나 사회적 힘으로부터도 제약을 받지 않고 개인의 자유와 권리를 보장하는 사상이라고 할 수 있다. 자유로운 경제 활동이 가능해지면서 인류의 삶은 혁신에 혁신을 거듭한다. 개인의 노력에 따라 자신의 삶이 좌우되고 부를 가질 수 있는 자유의 시대. 여기서 생성된 부는 또 다른 부, 새로운 가치를 창출하며 현대 인류의 삶을 이끌고 있다.

애덤 스미스 이후 자유를 중시하는 전통은 고전적 자유주의로 이어져 내려왔다. 미제스와 하이에크 그리고 프리드먼은 대표적인 자유주의 사상가라고 할 수 있다. 그들의 사상은 현실에서도 영향력을 발휘하여 20세기에 이어 21세기에도 경제 번영에 나서는 나라들의 가이드 역할을 하고 있다.

자유주의 경제사상의 핵심은 재산권 보호에 있다. 재산권 보호는 개인의 자유와 권리를 구현하는 데 필수적인 조건이다. 재산 가운데 가장 근본적이면서도 가장 중요한 것이 바로 자신의 몸이다. 사유재산이 인정되지 않는 사회에서는 자기 몸에 대한 자유와 권리마저 보호받을 수 없기 때문이다. 그런 의미에서 재산권의 확립이 곧 자유의 핵심이 되는 것이다.

프리드먼의 자유주의는 바로 '선택할 자유'라는 개념에 뿌리를 두고 있다. 프리드먼은 선택할 자유를 역설했다. 그는 국민과 소비자가 정부가 대신 행사하고 있는 선택을 스스로 할 수 있어야 한다고 설득력 있게 호소했다. 이러한 자유를 통한 선택과 경쟁 속에서 사회의 발전을 기대할 수 있다는 것이다. 선택할 자유는 수요자에게 효용과 함께 자신의 선택에 대한 책임을, 공급자에게 경쟁을 통한 효율성을 제공하여 준다. 그야말로 자기책임을 전제한 자유가 효용과 효율성이라는 긍정적인 결과를 낳는 것이다. 프리드먼은 "넓은 세상에는 현실을 책임 있게 운영하는 체제가 있다"라는 말과 함께 긍정적이고 미래지향적인 자유주의 사상을 설파했다. 그리고 개인과 국가의 차원에서 경제적 자유가 바탕을 이루고 그 위에서 정치적 자유가 꽃을 피울 수 있음을 설명했다.

정부가 강제하고 배급하는 규제와 복지 틀 속에서 피동적인 삶을 살기보다 스스로 삶을 결정하고 책임지는 능동적인 삶이 기본이다. 정부가 국민을 대신해서 결정하는 독점적 행태에서 벗어나 국민 개인이 자신의 삶을 선택하는 자유의 시대로 나아가야 할 것이다.

2) 세계경제를 구한 자유주의 사상

1930년 대공황에서 출발한 정부개입주의 물결은 1970년대까지 세계경제를 억압했다. 1970년대 인플레이션이 발생하면서 정부개입주의의 한계가 드러났다. 자유주의 사상은 이를 이론적으로 극복하고 세계 경제를 위기에서 구해냈다. 이후 자유주의 사상은 시대정신으로 자리 잡았으며 글로벌화와 함께 가난한 나라들의 경제성장을 가능케 하며 세계경제의 지배적 이념으로 정착했다.

자본주의가 발전해 오면서 시장의 영역은 확대되었고, 경제의 효율성과 함께 성장의 과실이 생활의 풍요로 연결되었다. 1980년대부터 30여 년간 신자유주의라고 불리는 시기에 경제는 장기 호황을 누리면서 불황이라는 단어가 사라진 것처럼 보일 정도였다. 그 과정에서 공적 부분은 민영화되었고 정부 역할은 줄어들었다. 대처 전 영국 수상과 레이건 전 미국 대통령이 주도한 이 시기는 자본주의가 세계 국가들이 선택할 수 있는 유일한 체제임을 다시 한 번 확인해준 시기이기도 했다. 두 세계적 리더의 위대함이 빛난 시기이기도 하다.

하지만 세계금융위기가 터지면서 신자유주의에 대한 위기론이 대두되었다. 글로벌 자본주의에 불신이 커지면서 정부가 시장을 통제해야 한다는 개입주의 여론도 높아졌다. 이러한 시장에 대한 통제의 압력은 과거 대공황 때와 유사하다. 대공황으로 정부의 역할이 확대되었고 당시 정부는 규제를 확대하고 가격통제를 강화했었다. 시장에 대한 간섭을 늘렸던 것이다. 한마디로 정부개입주의가 팽창기를 맞았던 시기였다.

대공황 이후 처음으로 2008년 선진국이 국제금융위기를 맞으면서 다시 정부 개입주의의 압력이 커졌다. 하지만 이러한 흐름에 제동이 걸렸다. 바로 유럽연합(EU)의 재정위기가 터진 것이다. 정부의 무모한 재정확대가 경제위기를 가져올 수 있다는 경고이다. EU의 재정위기로 정부의 팽창정책 기조에 제동이 걸렸다. 예방 주사를 맞은 셈이다. 최대의 수혜자는 경제위기를 핑계로 재정적자를 계속 확대시키려던 나라들이다. 이들 나타들은 무분별한 재정확대의 위험성을 사전에 인지할 수 있게 되었고, EU 전체적으로도 시행착오를 줄이게 되었다. 국내총생산(GDP)의 일정 규모 이상으로 재정적자를 확대하지 못하도록 EU 내 국가들에게 상호 압력을 행사할 수 있는 바탕을 마련하기도 했다.

3. 작은 정부로 나아가야

시장경제를 지지하는 우파 경제관과 시장통제와 정부개입을 지지하는 좌파 경제관은 대립관계에 있다. 나라마다 경제여건과 상황이 다르기 때문에 논쟁의 주제가 다를 수 있지만 공통적으로 직면해 있는 주제는 정부의 역할과 기능이다. 바로 작은 정부와 큰 정부 논쟁이다. 시장에 맡겨 해결하도록 놔둘 것인가 아니면 정부가 원하는 방향으로 관여하고 통제할 것인가의 문제이다.

1) 작은 정부의 필요성 대두

우리나라를 포함하여 대부분의 나라에서 큰 정부의 문제가 심각하다. 큰 정부는 재정파탄, 경제의 경직성, 비효율적 자원배분 등 많은 문제점을 야기하고 있다. 큰 정부가 부른 경제 시스템의 위기를 치유할 수 있는 길은 정부의 간섭을 줄이고 민간경제를 활성화하는 일이다. 비대한 역할에 빠진 큰 정부에서 시장기능을 활성화하는 효율적인 작은 정부로 정상화하는 것이 핵심이다.

시장 및 경제주체에 대한 규제가 적을수록 경제자유가 확대된다. 특히 기업에 대한 규제, 노동시장에 대한 규제, 금융시장에 대한 규제가 적어야 자유로운 거래가 활발해지고 경제가 발전한다. 규제가 많다는 것은 그만큼 보이지 않는 비용이 많다는 뜻이기도 하다.

정부 규모가 작을수록 경제자유 수준은 높아진다. 정부가 아무리 효율적으로 자원을 배분하더라도 시장을 통해 배분하는 것에 비해 효율적일 수 없다. 일반적으로 시장실패를 이유로 정부가 지출을 늘리고, 공기업을 만들고 규제를 통해 민간경제 활동에 개입하게 된다. 그로 인해 발생하는 정부실패의 숨겨진 비용이 더 큰 것이 역사적 사실이다. 정부 적자의 딜레마에 빠진 가장 대표적인 실패국가가 일본이며, 복지국가들도 정부 규모가 방만해진 예다. 앞으로 우리 정부가 재정살림을 늘리지 않고 보수적으로 운용해야 하는 이유다.

정부 비대화의 위기를 과감한 개혁으로 극복한 나라들이 있다. 대처 총리가 집권하면서 영국은 작은 정부를 표방하고, 국가 공무원 수를 1979년에서 1999년까지 37.6%를 감축했다. 뉴질랜드도 공무원 수를 1986년에서 1999년까지 67.4%를 줄였다. 이러한 노력으로 영국과 뉴질랜드는 상당기간 높은 성장세를 누릴 수 있었다. 경제위기를 겪고 있는 많은 나라들의 경우 작은 정부로의 과감한 개혁 없이 경제 살리기는 요원하다. 비대해진 정부는 시장비용만 늘린다. 정부는 만능이 아니다. 정부는 하나의 이익집단이거나 이익집단의 이익을 옹호하는 역할에 빠지는 한계를 갖고 있다. 이제는 정부가 하는 모든 일을 제로베이스에서 다시 검토할 때다. 시장의 발달과 기술의 진보로 인해, 많은 정부 서비스를 시장에서 생산할 수 있는 시대가 되었다. 정부와 공무원만이 정부 서비스를 제공할 수 있다는 생각을 버려야 한다. 보다 많은 정부 서비스를 시장의 영역으로 돌리고, 작은 정부를 향한 개혁을 통해 정부규모를 줄여야 한다. 이러한 경제자유화는 경제성장을 위한 길이다.

우리 사회의 구조개혁 없이는 경제를 활성화 할 방법은 없다. 국가개입주의에 빠진 정부 의존적 방식으로는 우리 경제가 살아나기 어렵다. 정부가 민간을 압도하는 정치 방식으로는 경제 활성화가 어렵다.

작은 정부로 가는 길은 분명하다. 시장의 기능을 활성화하는 역할에 충실하고 시장을 대체하기보다 시장을 통해 문제가 해결될 수 있도록 하는 것이다. "경제적 번영을 위해 어떤 유형의 정부가 필요한지에 대한 질문에 대한 답을 잘 나타내는 하나의 문구를 올슨 교수가 고안해 냈다. 그것은 시장 확장적 정부(market augmenting government)이다. 시장 확장적 정부는 사유재산권을 창출하고 보호하는, 그리고 계약이행을 보증할 만큼 강력하나 자체의 활동으로 이들 권리를 빼앗지 않도록 제약되는 정부이다. 시장 확장적 체제를 어떻게 확립하느냐 하는 문제는 많은 과제들을 안고 왔는데, 이에는 법원의 정당성, 정부의 정기적 재정활동에 대한 계약이행, 교육에 대한 접근 등이 포함된다."[4]

하지만 불행하게도 세계의 정부는 점점 비대해지고 있다. 비대해진 정부의 기능을 축소하는 일은 어렵다. 이미 기득권화 되어 있고 이를 악용하는 정치인들이 방해하기 때문이다. 먼저 중앙권력층은 자신들이 가지고 있는 기존의 권력을 유지하려는 수구적 태도를 보일 것이다. 결국 큰 정부로 야기되는 정치실패의 폐해는 점차 커지기 마련이다.

시스템의 경직성과 폐쇄성은 기득권 세력이 특권을 추구하면서 만들어진다. 주로 정치실패와 제도실패에 원인이 있다. 자유를 확대하기보다 보호와 간섭을 늘리는 정치의 폐해이며, 경쟁을 보호하기보다 기득권을 보호하는 제도의 폐해이기도 하다. 특권을 추구하고 기득권의 장벽이 높아진 사회의 경제적 역동성은 떨어진다. 특히 법과 제도로 강요된 거래는 기득권층에게는 유리하겠지만 기득권층이 얻는 이익에 비해 사회 전반에는 더 큰 비용이 발생하게 마련이다.

2) 더욱 유연하게, 더욱 자유롭게

인류는 시장경제를 통해 발전해 왔고 앞으로도 그럴 것이다. 자유민주주의가

---

4) 멘슈어 올슨, 최광 역, 『지배권력과 경제번영』(나남출판, 2010), p.10.

더욱 성숙하려면 시장경제의 발전이 밑바탕을 이뤄야 한다. 시장경제가 증진되는 만큼 경제성장이 이루어질 수 있으며 민주주의의 안정과 성숙이 장기적으로 지속될 수 있기 때문이다.

좋은 정치는 경제성과를 통해 드러난다. 우리나라가 성장하고 발전하기 위해서는 정부가 자유민주주의 시장경제를 확고히 신뢰하고, 법치주의를 지켜나가야 하며, 민간의 경쟁이 활발히 이뤄질 있도록 노력해야 한다. 개방과 자유무역은 경제활동의 활동성을 강화한다. 선택할 수 있는 자유가 확대될수록 더 나은 삶의 영역은 커진다. 그래야 우리 경제가 성장의 길로 나아갈 수 있다. 자유로운 시장이야말로 경제 발전의 디딤돌인 셈이다.

이를 위해서는 중앙집중화된 정부 운용 방식을 분권화된 방식으로 전환해야 한다. 중앙집권화된 권력구조에서는 늘 시행착오와 낭비가 반복될 수밖에 없다. 새로운 권력에 의해 새로운 목표가 늘 제시되지만, 권력 의지에 의한 자원의 재배분만을 야기할 뿐이다. 경제 현실과 유리된 채 합리성에서 벗어난 왜곡이 비효율성을 야기하고 이내 거품처럼 사라지곤 하는 것이다. 그 와중에서 관치는 심화되고 경제의 경직성은 높아지게 마련이다. 이러한 정부 실패는 보수정권과 진보정권 모두에서 일어나는 일이다.

자유와 책임의 원리에 충실한 시스템이 확고히 자리 잡을 수 있도록 우리의 정치 제도도 개혁할 필요가 있다. 자유로운 나라에서 국민은 스스로 행복한 삶을 만들어 나갈 수 있어야 한다. 우리나라도 이제 선진화된 분권형 사회를 만드는 정치를 할 때가 됐다.

시스템의 유연성과 개방성을 높여 경제성장을 이루고 사회적 활력을 높여야 할 것이다. 사회적으로 일자리가 늘어나고 사람들이 일하면서 자신의 소득을 높이는 것이 가능할 때 사회 불안은 줄어들게 마련이다.

우리 경제가 다시 성장의 길로 가려면 새로운 혁신을 통해 경제 활력을 높여야 한다. 경제자유를 증진시키는 방법만이 시장경제를 활성화하고 번영과 진보의 길로 갈수 있다. 한국 경제는 자유시장경제다. 자유경제 시스템이 자리 잡은 미국, 서유럽, 싱가포르, 홍콩에 비해 규제가 많고 관치가 심하기는 하지만 후진국에 비해 상당히 자유시장경제 시스템이 정착되었으며 그 수준이 높은 성공한 나라다. 우리나라를 발전시켜온 시장경제 시스템을 자랑스럽게 생각하고 그 장점을 살리고 선진국 수준으로 더 자유를 확대하기 위한 방안을 마련해야 할 것이다. 규제를 풀고 관치를 줄이는 개혁을 통해 혁신이 나올 수 있는 환경을 조성할 수 있기 때문이다.

4. 혁신을 위해 극복해야 할 것들

많은 후진국들이 경제성장을 하지 못하는 이유는 시장경제를 외면하기 때문이다. 경제발전에 성공한 선진국도 시장원리에서 벗어나면 성장세가 멈춘다. 경제성장을 시작하거나 경제발전에 다시 나서는 나라는 시장경제원리에 충실한 해법을 받아들여야 한다.

1) 사회주의를 경계하라

생산수단의 사회화만이 사회주의가 아니라 생산된 결과물을 사회화하는 것도 사회주의와 같다고 프리드먼은 말한다. 유럽처럼 생산량의 절반을 국가가 가져간다면 이것이 사회주의와 다른 점이 무엇인가? 사회주의 정책이 보편화된 나라의 경제가 더디게 성장하는 것은 이러한 현상과 구관하지 않다. 모두가 평등한 삶을 추구하다가는 함께 못사는 평등한 사회가 되어버릴 수 있는 것이다.

프리드먼은 방만한 정부 지출과 복지 만능적 사고의 문제점을 날카롭게 지적한다. "평등을 자유보다 앞세우는 사회는 결국 평등도 자유도 달성하지 못하게 될 것이다. 평등을 달성하기 위해 힘을 사용하면 자유가 파괴될 것이며, 좋은 목적을 위해 끌어들인 힘일지라도 결국 자신의 이익을 증진시키려는 사람들의 손에 들어가게 될 것이다." 평등으로 가장한 자유의 상실을 주의해야 한다는 말이다. 실제로 평등은 소유의 부정이다. 결국 자유를 위협한다는 말이다.

“자본주의를 완전히 없애는 길은 하나뿐이라고 했다. 그들은 생산수단에 대한 사적 통제를 공적 통제로 바꾸어야 한다고 주장한다. 그들은 소위 사회주의, 공산주의, 계획주의, 국가자본주의의 수립을 목표로 한다. 이 모든 용어들은 똑같은 것을 의미한다. 더 이상 소비자들이 구매나 불매로 무엇이 얼마만큼 어떤 품질로 생산되어야 하는지를 결정해서는 안 된다는 것이다. 이제부터는 중앙당국만이 모든 생산 활동을 지시해야 한다는 것이다.”[5]

그래서 정치적 온정주의를 경계해야 한다. 복지를 넘어 경제적 약자를 위한다는 보호주의, 정부가 모든 문제를 해결한다는 간섭주의, 정부의 권한만을 키우는 관료주의, 자신의 기득권만을 우선시하는 노조와 상공인의 집단이기주의 함정에 빠지지 말아야 한다. 특권추구형 정치 방식은 위험하다. 자발성과 개방성을 바탕으로 하는 신뢰라는 사회적 자본이 쌓이는 사회로 나아가야 할 것이다.

2)경제민주화의 폐해를 극복하라

우리나라는 불행하게도 1980년대 후반부터 성장세가 멈췄다. 이러한 저성장의 흐름은 자유시장 원리를 훼손했기 때문이다. 대표적인 것이 경제민주화다. 경제민주화 조항이 헌법에 포함되면서 대기업에 대한 각종 규제가 만들어졌다. 기업 경영환경은 반기업 정서로 채워졌고 경쟁을 억제하는 사회 분위기가 기업을 무력화시켜온 결과가 바로 저성장인 셈이다. 전체 일자리가 늘지 않는 상황에서 수많은 대기업이 사라지다 보니 좋은 일자리는 오히려 크게 줄어든 상태다.

지난 30년 동안 이어져 온 ‘경제민주화 실험’은 저성장, 일자리 부족이라는 참담한 실패로 귀결되었다. 우리나라는 해외자본이 외면하고 우리 자본도 투자를 꺼리는, 한마디로 ‘투자하기 부적합한 경제’가 되어 버렸다.

30년의 경제민주화 실험은 실패했다. 기업은 활력을 잃었고 새로운 기업은

---

5) 루드비히 폰 미제스, 안재욱 역, 『자유를 위한 계획』(자유기업원, 1998), p. 36.

나오지 않았다. 새로운 투자도 결실을 보지 못하는 무기력증을 보였다. 수많은 기업이 망하고 활력을 잃었다. 그 이전에 만들어진 몇몇 기업만이 글로벌 시장에서 경쟁을 통해 명맥을 유지하며 활로를 찾고 있을 뿐이다. 한마디로 우리 경제 환경은 암흑기에 들어간 상태다. 글로벌 시장에 연결되어 있는 기업들조차 숨쉬기 쉽지 않은 기업환경이 만들어진 것이다.

경제민주화 정책은 기업을 적대시하는 정치공세와 함께 기업을 옥죄어 왔다. 기업을 민중에 의한 통제의 대상으로 삼는 것이라서 그 본질이 사회주의와 크게 다르지 않다. 기업의 주인을 없애건서 정부와 사회세력이 실질적인 주인행세를 하는 기업이 늘어나고 있다. 또 주인이 있더라도 국민연금을 통해 기업을 압박하고 통제하려는 시도가 이어지고 있다. 이런 정치공세는 모든 기업이 공기업처럼 행동하도록 만드는 결과로 이어지고 있다.

사실 경제민주화가 무조건 나쁜 것은 아니다. 개인의 선택을 존중하는 경제민주화는 좋은 것이다. 하지만 개인의 선택을 대신하여 경쟁과 개방을 제한하고 조직화된 이익집단이 개인을 대신하는 경제민주화는 나쁜 것이다. 지금 우리 사회에서 경제민주화는 국민과 소비자의 선택을 존중하기보다 기업에 대한 사회 통제를 강화하는 경제사회주의화로 기울어 있다.

민주화의 논리는 정치 분야에 국한되어야 한다. 경제를 민주화하고 기업을 민주화하는 것은 파괴정치일 뿐이다. 이제는 30년 경제민주화 실험을 중단해야 한다. 파괴의 논리에서 벗어나 새로운 가치 있는 것을 만들 줄 아는 혁신의 정치로 가야 한다.

3) 반기업 정서를 극복해야

좋은 기업은 소비자에게 많은 선택을 받는 기업이다. 기업의 본질은 이윤 추구이기 때문에 소비자의 마음을 얻고 소비자가 스스로 지갑을 열게 만들어야 한다. 따라서 부단히 노력하고 투자하여 소비자가 만족할 수 있는 재화와 서비스를 공급하는 것이 기업의 본분이다.

좋은 기업이 많아질수록 기업들의 사회 기여도가 높아진다. 양질의 일자리를 대거 창출할 수 있을 뿐만 아니라 이윤의 극대화를 통해 주주에게 보답한다. 이는 결국 경제발전으로 이어지기 마련이다.

또한, 좋은 기업의 노력은 제품의 품질 향상과 가격 하락으로 이어진다. 이는 소비자가 같은 돈으로 더 많은 소비를 할 수 있다는 뜻이다. 그리고 소비자의 소비 증대는 기업의 매출 증대로, 새로운 제품 개발로, 일자리 창출로, 가계 부문의 소득 증대로 이어지는 경제의 선순환 구조를 형성한다.

기업은 경제의 주역으로, 세계적으로 좋은 기업이 많은 나라일수록 잘산다. 경제성장의 열쇠는 바로 기업이다. 하지만 반기업 정서가 퍼져 있는 사회에서 기업활동이 활발할 수는 없다.

실패한 나라들의 정치인들은 정치논리에 빠져 기업 때리기에 나서는 경우가 비일비재하다. 심지어 기업을 마녀사냥의 대상으로 삼기도 한다. 그 통로는 '반(反)기업 정서'다. 반기업 정서는 반시장적 법률과 기업규제를 양산하기 마련이다. 반기업 정서를 앞세운 정치적 해법이 좋은 결과를 가져올 수는 없다. 우리 사회는 30년 동안 기업규제를 계속 늘려왔다. 기업때리기가 성공한 만큼 우리 경제의 성장동력은 그만큼 크게 줄어들었다.

반기업 정서가 팽배한 사회에서 경쟁력 있는 기업은 공격의 대상이 된다. 반면 적자에 허덕이는 무기력한 기업은 사회가 온정의 시각으로 돌봐주는 대상이 된다. 그러다 보니 성장을 주도하는 대기업은 사라지고 힘들어 죽겠다고 하소연하는 부실한 기업들만 넘쳐난다. 경쟁을 외면한 기업들은 좀비기업으로 추락하거나 심지어 정부에 기대는 이익단체로 전락하기도 한다. 정치가 타락하는 나라에서는 기업들도 온전하기 힘들다.

경쟁력 있는 기업을 규제하고 해체하는 것은 우매한 일이다. 선진국으로 나아가는 것이 아니라 퇴행하는 길이다. 부실한 기업을 해소하고 정부의 규제와 지원을 통해 연명하는 좀비기업을 해소하는 개혁을 통해 새로운 혁신이 일어나고 경제의 활력이 높아 질 수 있다.

보다 근본적인 체질 개선을 더 이상 미룰 수 없다는 이야기다. 시장친화적인 사회 분위기를 조성하고 반기업 정서에서 벗어나 제도를 시장 친화적으로 만들어야 한다. 그러기 위해서는 정치와 정부가 시장 친화적 방향으로 나가야 한다. 국회가 반시장적 입법 활동에서 벗어나 친시장적 활동으로 환골탈태하는 것이 무엇보다 중요하다는 말이다.

4) 개방성과 경쟁을 보호하라

자칫 보수적 태도가 개방성을 외면하고 폐쇄적 요구를 할 수 있음을 경계해야 한다. "국가는 다른 국가들과의 교류 없이 부를 얻거나 유지할 수 없다. 하지만 국제적인 교류는 국가의 관습과 전통을 흔들어놓을 것이다."[6] 그런 면에서 보수는 자유주의 시장경제의 핵심원리인 경정을 보호하는 자세를 보여야 한다.

기업은 환경 변화에 즉각적으로 대응하고 스스로를 바꾸어 나가는 혁신하는 존재여야 가치를 창출할 수 있다. 공기업화 현상은 기업의 순발력과 유연성을 빼앗는 일이다. 기업의 관료화, 공기업화는 경제의 체질을 약화시킨다. 그런 환경에서는 기업들은 변화에 대응하여 경쟁력을 키우기보다 정부의 보조금에 의존하고 정치적 특권을 쫓는 존재로 타락하게 된다. 최근 몇몇 대기업들조차 정부에 의존하는 경영을 하면서 부실의 함정에 빠지고 있는 것은 우리 기업환경의 타락상을 잘 보여주는 일이다.

안재욱은 정실주의가 자유시장 경계를 위협할 수 있음을 지적한다. "정실주의(cronyism)는 자본주의의 적이다. 정실주의는 정부, 기업, 이익집단 간의 우호적인 관계가 형성되어 시장에서 경쟁이 제한되는 경제체제이다. 정실주의는 자유시장 경제에 정부가 깊숙이 개입할 때 나타난다. 이것은 자유시장경제의 원리, 특히 경쟁이 실현되는 자본주의와는 다르다. 그럼에도 불구하고 많은 사람들이 정실주의를 자본주의로 오해하고 있다. 그래서 자본주의가 자본가와 기

---

6) 토드 부크홀츠, 박세연 역, 『다시, 국가를 생각하다』(21세기북스, 2017), p. 76.

업가 등 사회의 특정 그룹만을 위하고, 결국 '부익부 빈익빈'을 낳는다고 비판한다. 그러나 특정 그룹만을 위하고 부익부 빈익빈을 낳는 체제는 정실주의지 자본주의가 아니다. 자본주의 사회에서는 성공하고, 부를 축적할 기회가 누구에게나 주어져 있다. 그 방법이 될 수 있는 유일한 길은 타인을 만족시키는 것이다. 타인이 무엇을 원하고 생각하는지를 파악하여 그들을 만족시켜야 한다. 그렇지 않으면 성공할 수 없고 부를 축적할 수 없다. 따라서 자본주의 사회에서 부자와 가난한 사람의 위치는 어떤 특정 계층이 차지하지 않고 시간이 지나면서 그 위치가 지속적으로 변한다. 자본주의 사회의 특징은 빈익빈 부익부가 아니다. 미래 자신의 위치와 성공 여부는 자신이 어떻게 하느냐에 달린 것이다."[7]

자유선택이 최대한 보장되는 사회로 나아가야 한다. 다양성이 존중되고 자유로운 선택이 가능한 사회가 바로 정의로운 사회이다. 사회 정의도 자유선택이 지켜지는 곳에서 가능하기 때문이다. 이를 위해서는 자유경쟁이 보장되어야 한다. 경쟁 없는 체제에선 선택할 자유도 존재할 수 없다. 그런 면에서 국민의 자유선택과 다양한 가치추구를 보장하기 위해서 자유경쟁이 가능해야 한다. 그것이 공정한 사회의 방식이다.

보수는 기득권을 요구하지 않으며 기득권을 만들려는 시도를 억제해야 한다. 자유경쟁과 자유선택을 보장하기 위해 기회는 누구에게나 열려 있어야 한다. 그리고 다시 도전하여 다시 평가받을 수 있어야 한다. 이러한 열린 사회구조에서는 기여하고 땀 흘린 만큼 보상받는 정의로운 방식이 정착할 수 있다.

5) 자본주의의 공정성을 알려라

우리 정치는 이제 '파괴적 정치'에서 벗어나 '생산적 정치'로 방향을 바꾸어야 한다. 투자하기 좋은 제도적 환경을 만들지 못하면 우리의 미래는 어둡다. 소비

---

7) 안재욱, 『흐름으로 읽는 자본주의의 역사』(프리이코노미북스, 2015), p. 223.

자를 위한 경쟁에 나서는 기업이 아름다운 기업이며, 국민을 위한 기업이다. 정치인들이 우리 기업을 파괴하는 일에서 벗어나 새로운 기업이 나올 수 있도록 기업규제를 완화하는 일에 나서야 경제 활성화와 일자리 창출의 성과를 낼 수 있을 것이다.

아마도 경제발전 과정에서 훼방 놓은 사람들은 반(反)자본주의의 함정에 빠진 듯하다. 자본주의는 자유민주주의와 시장경제가 함께 움직이는 체계라서 시장경제의 기반을 무력화하는 것이 자유민주주의를 공격하는 것과 동일한 효과를 갖는다.

"자유경제를 '보이지 않는 손'의 자비로운 움직임으로 옹호한 애덤 스미스와 자생적 질서를 경제적 정보의 매개체로 변호한 하이에크로부터 배울 수 있는 가장 중요한 교훈은, 자유경제가 자유로운 존재에 의해 운영되는 경제라는 점이다. 자유로운 존재는 책임지는 존재이다. 사유재산 체제에서의 경제적 거래는 내 것과 네 것의 구분뿐 아니라 너와 나의 관계에도 좌우된다. 책임이 없으면 아무도 믿을 수 없고 신뢰가 없으면 자유경제 특유의 미덕이 생기지 않을 것이다. 모름지기 시장에서의 모든 거래는 시간이 걸린다. 거래가 개시되어 종료될 때까지는 소유권이 아니라 오직 신뢰만이 상황을 장악한다."[8]

보수는 급격한 변화가 오히려 효율적인 질서를 붕괴시킬 수 있음을 경험적으로 알고 있다. 자본주의가 다른 체제에 비해 우월한 것이라서 무조건적인 비판에 빠지거나 그 원리를 훼손하는 것은 바람직하지 않다. "보수주의는 이상적인 합리적 선택에 근거해 인간성을 형성하거나 교정할 생각이 없다. 보수주의는 사회가 어떻게 작동하는지 이해하고 사회가 제대로 작동하는 데 필요한 공간을 만들고자 애쓴다."[9]

자본주의를 자유민주주의 시장경제 시스템으로 길게 풀어서 설명할 수 있다.

---

8) 로저 스크러튼 · 박수철 역, 『합리적 보수를 찾습니다』(더퀘스트, 2016), p. 101.
9) 위의 책, p. 194.

정치적으로는 자유민주주의, 경제적으로는 시장경제가 작동하는 것이 바로 자본주의라는 뜻이다. 이제는 자본주의가 다른 체제에 비해 정의롭고 도덕적이라는 사실을 알려야 할 때다.

자본주의는 사회 구성원들에게 더 많은 자유를 누리고 권리를 찾게 해 줌으로써, 인류에게 물질적 번영 및 이를 바탕으로 한 비물질적 번영까지 안겨 주었다. 자본주의가 절대적으로 완벽한 경제 시스템이라는 말은 아니다. 인류 역사를 통해 자생적으로 만들어진 가장 자연스러운 체제이자, 다른 체제와 비교할 때 가장 덜 나쁜 시스템이라는 점에서 자본주의가 가장 바람직한 시스템이라고 할 수 있다. 지금까지 자본주의의 대안은 없었다는 역사적 현실이 이러한 사실을 입증하고 있다.

"자존심을 높이기 위한 최고의 방법은 자존심을 느낄 만한 가치 있는 행동을 하는 것이다."[10] 즉 자본주의가 정의롭다는 사실을 먼저 알려야 한다. "자본주의를 겨냥한 공격이 근거가 없다거나 우리가 거기에 대응할 필요가 없다고 여기는 것은 어리석고 순진한 태도이다. 대응에 나서기 위해서는 자본주의에 담긴 진실, 즉 사회주의가 전통적으로 부정해온 진실에서 출발해야 한다. 그 진실은 단순하다. 즉 사적 소유와 자유교환은 모든 대규모 경제(우리의 생존과 번영이 낯선 사람들의 활동에 좌우되는 모든 경제)의 필수적 특성이다. 낯선 사람들의 사회가 경제적 조정을 이룰 수 있는 경우는 우리가 재산권을 보유하고 있을 때, 자신에게 필요한 것과 자신이 갖고 있는 것을 자유롭게 교환할 수 있을 때뿐이다. 사회주의자들은 이 점을 마음 깊이 받아들이지 않는다. 그들은 사회를 자원에 대한 권리가 있는 사람들에게 자원을 분배하는 기제로 바라본다. 마치 자원이 그것을 만들어내는 활동보다 먼저 존재하는 듯이, 그리고 경제적 협력의 오랜 역사를 고려하지 않은 채 무엇에 대한 권리가 누구에게 있는지 정확히

---

10) 토드 부크홀츠, 박세연 역, 『다시, 국가를 생각하다』(21세기북스, 2017), p. 210.

결정하는 방법이 있다는 듯이 말이다."[11]

자본주의가 다른 이념에 비해 공정하다는 것은 분명한 사실이다. 부의 자유로운 이동과 축적이 정당한 사회 분위기 속에서 자본주의는 본격적으로 새로운 세상을 열어나갔다.

경제발전은 그 자체로 정의롭다. 사람들이 새로운 일에 매진해 업적을 이루고 성공했다는 말이기도 하고 그 결과가 누적되어 사회적으로 더 풍요로워졌음을 뜻한다. 그런 활동을 통해 사람들은 소득을 얻었고 그 돈으로 다른 사람이 만든 것을 더 구입할 수도 있다. 그래서 사람들에게는 새로운 일자리가 생기고 사회는 점차 활기차게 변화해 간다.

"시장경제에서는 어떠한 경제적 변화가 발생할 때 수요자와 공급자가 수요와 공급을 스스로 조정하면서 문제를 유연하게 해결해 간다. 그리고 이러한 유연함은 자본주의가 민주주의 체제를 기반으로 한다는 데서 기인한다. 자본주의 경제 시스템은 개인의 자유와 인권을 최고의 가치로 두며 이를 위해 재산권과 선택권을 법으로 보장하며, 신용을 자발적 교환의 핵심으로 삼는다. 그래서 정부 개입보다는 시장 구성원들 간의 자발적 거래를 통해 경제활동이 활발히 이루어지고, 경제성장이라는 꽃까지 피우게 되는 것이다."[12] 자본주의는 살아있는 것처럼 스스로 변화하는 환경에 대응하여 더 나은 방식으로 진화해 왔고, 다른 체제와는 달리 문제를 유연하게 해결하는 시스템이다.

---

11) 로저 스크러튼, 박수철 역, 『합리적 보수를 찾습니다』(더퀘스트, 2016), pp. 94-95.
12) 최승노, 『정의로운 체제, 자본주의』(서울: 프리이코노미스쿨, 2014), p. 177.

〈참고문헌〉

· 김승욱. 『제도의 힘』. 프리이코노미스쿨. 2015.

· 김일영. 『건국과 부국』. 생각의 나무. 2004.

· 김정호. "한 보수주의자의 보수 비판: 한국의 보수는 시장경제와 보수이념에
　　　　투자할 용의가 있는가". 『한국의 보수를 논하다』. 바오출판사. 2005.

· 민경국. "보수주의란 무엇인가". 『대한민국 보수의 현재와 미래』.
　　　　한국하이에크소사이어티 정책심포지엄. 2011.

· 민경국. 『자유주의의 도덕관과 법사상』. 북코리아. 2016.

· 박효종. "한국의 자유주의는 발전하고 있는가". 『한국의 자유주의. 자유기업원. 2007.

· 복거일. 『보수는 무엇을 보수하는가』. 기파랑. 2011.

· 복거일. 『이념의 힘』. 나남. 2007.

· 안재욱. 『흐름으로 읽는 자본주의의 역사』. 프리이코노미북스. 2015.

· 이재규. 『보수주의 철학자 피터 드러커의 어떻게 살 것인가』. 21세기북스. 2010.

· 최광 엮음. 『오래된 새로운 비전』. 기파랑. 2017.

· 최승노. 『정의로운 체제, 자본주의』. 서울: 프리이코노미스쿨. 2014.

· 통합가치포럼. 『행복한 대한민국을 위한 일곱 빛깔 무지개』. 국민대통합위원회. 2016.

· 루드비히 폰 미제스. 안재욱 역. 『자유를 위한 계획』. 자유기업원. 1998.

· 리처드 파이프스. 서은경 역. 『소유와 자유』. 나남출판. 2008.

· 멘슈어 올슨. 최광 역. 『지배권력과 경제번영』. 나남출판. 2010.

· 스티브 포브스 외. 김광수 역. 『자본주의는 어떻게 우리를 구할 것인가』. 아라크네. 2011.

· 안토니 피셔. 김영환 역. 『역사는 반복되어야 하는가?』. 자유기업센터. 2000.

· 애덤 스미스. 유인호 역. 『국부론』. 동서문화사. 2012.

· 제인 제이콥스. 서은경 역. 『도시와 국가의 부: 경제적 삶의 원칙』. 나남출판. 2004.

· 탐 팔머. 김광동 역. 『자본주의는 도덕적인가』. 비봉출판사. 2016.

· 토드 부크홀츠. 박세연 역. 『다시, 국가를 생각하다』. 21세기북스. 2017.

· 토머스 프리드먼. 이건식 역. 『세계는 평평하다』. 21세기북스. 2013.

· 프리드리히 하이에크. 김균 역. 『자유헌정론』. 자유기업원. 1997.

한국 보수 원론

자유민주주의의 현재와 미래

권 희 영

- 한국학중앙연구원 한국학대학원 교수
- 한국현대사학회 회장
- 프랑스 사회과학고등연구원 역사학 박사

CHAPTER

IV

보수주의 관점에서의 교육의 문제

보수주의 교육은 무엇을 어떻게 해야 하는가? 우선 제일 중요한 것은 민중사관이 잘못된 것일 뿐 아니라 반국가적이라는 것에 대한 분명한 인식이 학생들과 국민들 사이에 있도록 하여야 한다. 그리하여 민중사관이라는 망령된 이념이 학교와 사회에서 추방되도록 하여야 한다. 바로 이 같은 일에 대한 책임은 국가가 져야 한다.

보수주의 관점에서의 교육의 문제 [1)]

보수주의의 관점에서 교육의 문제를 볼 때 우선적으로 생각해보아야 하는 것은 어떻게 보수주의를 정의하며 어떠한 교육을 실시하여야 하는가 하는 문제이다. 주지하다시피 보수주의(conservatism)는 국가의 전통적 가치를 지키는 것을 가장 중요하게 생각하는 사상이다.

여기에서 국가라 함은 대한민국을 말하는 것이고, 전통적 가치라 함은 대한

---

1) 본고를 집필함에 있어서 교과서 문제에 관한 필자의 연구물들을 기반으로 하여 작성하였음을 밝힌다. 관련된 본인의 저작물은 다음과 같다.

　　권희영, "한국에서의 민주주의 이념의 성장: 두 개의 정체와 세 갈래 노선", 『한국현대사연구』, 제1권 제1호(2013), pp. 107-126.

　　권희영, "2012년 검정통과 중학교 역사교과서 현대서 서술의 문제", 『한국현대사연구』, 제1권 제2호(2013), pp. 7-40.

　　권희영, "좌파 현대사 인식의 기원", 『시대정신』, 2013. 8.

　　권희영, "가야만 사는 길: 역사는 안보다", 『글마당』, 2013.

민국이 역사와 혁신을 통하여 간직하고 이루어낸 가치를 말하는 것이다. 그런데 대한민국은 입헌 국가이기 때문에 이같이 대한민국이 지켜야 할 가치로 간주하는 것은 대한민국 헌법에 집약적으로 표현되어 있다.

대한민국 헌법에는 사상과 민주주의의 자유가 보장되어 있다. 그리고 그 같은 자유를 확고하게 지키기 위하여 '자유민주적 기본질서'를 강화할 것을 명시하고 있다. 그렇기 때문에 교육 역시 사상과 민주주의라는 원칙 하에서 이루어져야 하며 '자유민주적 기본질서'의 틀 안에서 이루어져야 한다. 왜냐하면 자유민주적 기본질서는 사상과 민주주의를 지키는 유일한 길이기 때문이다.

사상의 자유는 보수와 진보를 포함한 모든 자유를 의미한다. 따라서 교육은 기본적으로 학생들이 개인적으로 자유롭게 사상적 선택을 할 수 있게 하되, 자유민주적 기본질서를 파괴하려는 사상에 대해서는 투쟁할 수 있는 방향의 교육을 실시하여야 한다. 이것이 교육에 대하여 대한민국의 국가와 사회가 짊어지는 책무이다.

1. 민중사관과 역사교육의 문제

그러면 교육에 있어서 역사교육이 가지는 역할은 무엇인가? 역사는 전통적 가치교육에 있어서 중심적인 역할을 한다. 역사교육은 국가의 역사에서 일어난 중요한 사건들의 의미를 발굴하고, 학생들에게 사실들의 진실과 아울러 도전과 성취의 기록을 알려 자기 국가의 전통적 가치가 얼마나 소중한 것이며, 따라서 그것을 잘 지키고 발전시켜야 하겠다는 의지를 가지게 만든다. 그러한 점에서 지식 · 정서 · 의지 중 의지 형성 부문에서 크게 기여를 하는 것이다. 올바른 의지 형성이 있어야만 건강한 자기 정체성 형성 나아가 국민 형성이 가능하기 때문이다. 이러한 점에서 볼 때 역사교육은 올바른 의지 형성을 위한 가치관에 따라서 교육이 이루어져야 한다. 그런데 올바른 가치관이라는 것은 다음과 같은 기본적 요소를 갖추어야 한다. 첫째, 사실에 충실하고, 진실에 입각한 역사관에 입각해야 한다. 역사는 다른 무엇보다도 탐구를 통해 이루어진 사실을 배우는 것이다. 이는 어떠한 경우에서든지 특정한 목적을 위해 불성실한 탐구로 인하여 일어나는 거짓이나 왜곡, 오류 등을 배우지 않도록 각별히 주의를 기울여야 한다는 것이다. 둘째는 교육자의 의지를 학생에게 강요하거나 주입하려 해서는 안 된다는 것이다. 교육자는 열려있는 태도로 가치에 대한 궁극적 판단과 수용을 본인 스스로 하도록 도와주는 안내자가 되는데 그쳐야 한다. 셋째 교육자나 피교육자 모두가 다양한 사상적 입장을 가질 수는 있겠으나 다른 사람의 사상적 자유를 억압하거나 통제하는 방향으로 교육이 이루어져서는 안 된다. 개인의 자유는 언제나 지켜야 하는 궁극적 가치이다.

이러한 점들을 종합하여 본다면 역사연구와 해석에 있어서는 다양한 접근방법과 사관에 따른 다양한 해석이 가능하겠으나 교육에 있어서는 일정부분 제한이 불가피하며 또한 필요하다는 점을 인정해야 하는 것이다.

예를 들어 말하자면, 역사 연구와 해석에 관련해서는 여러 종류의 사관이 존재해왔고 또한 새로운 사관이 생겨날 수 있다. 우리나라의 경우, 조선시대에는 유교사관이 지배적 사관이었다. 근대에 들어와서는 실증주의 사관, 마르크스주의 사관, 민족주의 사관이 등장하였다. 현대에 와서는 주체사관, 민중사관 같은 것들도 등장하였다. 그 명칭은 계속 늘어날 수 있다. 하지만 교육자가 어떠한 사관을 가지고 있다고 해서 그 사관에 입각한 해석을 일방적으로 학생들에게 가르치거나 가르치려 해서는 안 된다. 학생들에게 가르칠 수 있는 것은 특정한 사관이 아니고, 가능한 한 검증된 사실과 진실된 역사해석이다.

그러므로 학생들에게 가르쳐야 하는 것은 특정한 사관이 아니다. 역사교육은 대한민국의 역사교육이기 때문에, 대한민국의 교육은 헌법정신에 기초해 있어야만 한다. 그리고 헌법상 대한민국의 체제 이념은 자유민주주의(자유민주적 기본 질서)이다.

이 같은 입장에서 우리나라의 역사교육이 어떻게 이루어져야 하는 가 그 대강을 서술하면 다음과 같다.

−우리나라의 구성 민족인 한민족의 역사적 기원

−한민족이 주변 민족과 교섭하면서 발전시킨 국가, 역사와 문화

−한민족과 타 민족과의 교류와 투쟁

−대한민국 건국에 이르기까지 이어온 역사문화적 전통

−대한민국의 건국 이후의 발전과 성취의 역사

−같은 민족이나 전체주의 체제로 인하여 분단되어 있는 북한

그런데 현재 대한민국에서 역사교육은 아주 잘못 이루어지고 있다. 특정한 정치적 이데올로기에 경도된 사람들이 역사교육을 정치교육의 장으로 변질시켜 버렸기 때문이다. 이 특정한 정치적 이데올로기라는 것은 1980년대에 '민중사관'이라는 이름으로 등장하였다. 이 민중사관이 중심으로 삼는 단어인 민중은 사실은 1945년 이후 해방의 시기에는 인민이라는 단어로 사용되었던 용어이다. 그래서 인민위원회, 인민공화국 같은 합성어들이 즐겨 사용되었다. 인민위원회는 인민민주주의 정권에서 국민이나 시민이 아닌 인민이 권력을 장악하고 집행하는 것을 의미한다. 인민과 인민의 적을 구분하고 공포정치를 시행하는 것을 그 특징으로 한다. 인민공화국이라는 것은 체제의 목적이 국민의 형성을 통한 통합의 정치를 하는 것이 아니라 국민의 일부인 인민들이 주권을 가지고 인민에서 제외되는 사람들은 주권 없는 국민 즉 단순한 통치대상으로 삼아 계급투쟁을 통치의 기본 이념으로 삼는 국가를 의미한다. 공화국이라는 것은 주권이 국민에게 있는 국가이지만 인민공화국은 한정된 국민 즉 인민에게만 주권이 있는 공화국이라는 것을 의미한다.

러시아에서 볼셰비키의 공산주의 혁명이 성공한 이래 후진국이나 식민지 상태에 있었던 민족들에게 인민민주주의는 매력적으로 인지되었다. 지주의 토지나 부자의 재산을 몰수하여 인민에게 분배하겠다는 것이니 가난한 사람들에게 그럴듯하게 들렸던 것이다. 그래서 일제시기부터 시작하여 해방이 된 이후에까지도 인민민주주의는 많은 사람들에게 그럴듯하게 인식되었다.

그러나 6 · 25전쟁을 통하여 대한민국 국민은 인민군, 조선민주주의인민공화

국에 질색을 하게 되었다. 북한 인민군이 점령하는 동안 보여준 인민위원회의 만행과 학살 등 각종 행태는 대한민국 국민들로 하여금 인민이라는 용어에 대하여 체질적으로 거부감을 가지게 만들었다.

그런데 시간이 지나면서 대한민국에서는 반공에 대한 실체적 의식이 희미해져 갔다. 특히 정치권에서 박정희 정부에 대하여 그 투쟁의 도를 강화해 나가는 사이에 북한의 대남 적화활동 역시 활발하게 진행되었다. 인민민주주의를 추종하는 좌익은 겉으로는 민족을 내세우면서 활동을 하였다. 1961년 조직된 민자통(민족자주통일중앙협의회)과 민통련(민족통일전국학생연맹)이 그것이다. 특히 1962년에 지하당으로 결성된 인민혁명당은 인민이라는 용어를 다시 전면에 등장시키는 계기를 만들었다.[2] 결국 열성 좌익들의 인민이라는 용어에 대한 애착은 사라지지 않았다는 것을 의미한다.

하지만 대중을 장악하는 것이 목표인 좌파들이 대중이 혐오감을 가지는 말을 사용할 리는 없다. 그래서 등장한 말이 민중이다. 민중이란 말은 인민이란 말을 다른 말로 표현한 것에 불과하여 내용적으로 아무런 의미의 차이를 가지지 않는다. 그런데 한국사학자들은 이 민중이라는 말을 자랑스럽게 생각하여 1987년 이후부터 공공연히 민중사학을 들고 나왔다.

국내의 대표적인 역사 학회인 '한국역사연구회'가 표방하는 이념 자체가 주목할 만하다. 이 학회는 창립취지문에서 "우리는 무엇보다도 사회의 변혁과 진보를 실현시켜 나가는 주체가 민중임을 자각하고 민중의 의지와 세계관에 들어맞는 역사학을 추구해야 하겠습니다(…) 역사의 진보를 이루어 나가는 사회세력에 뿌리를 내린 역사학만이 과학적인 것이며, 역사학의 과학성은 사회적 실천을 통해서만 검증된다는 것은 자명한 사실입니다."라고 하였다.[3]

---

2) 유동렬, 『한국 좌익운동의 역사와 현실』(서울: 다나, 1996), pp. 38-43.

3) http://www.koreanhistory.org/, (검색일: 2013. 7. 22).

민중사학이라는 말은 민중 즉 인민을 변혁 주체로 설정하고, 한국사학이 한국사회의 변혁이란 목적에 봉사하도록 하여야 한다는 주장을 의미하는 것이다. 즉 그것은 전형적인 정치 이론이다. 해방 이후 북한이 걸었던 길을 따라가자고 말하는 것이다. 북한은 스탈린의 인민민주주의 노선을 통하여 사회주의를 구축하였다. 그리고 그 사회주의는 다시금 공산－파시즘을 바탕으로 하여 세계 유례없이 완벽한 전체주의 체제를 구축하기에 이르렀다. 그럼에도 불구하고 한국사학자들은 민중사학을 들고 나왔다. 그리고 1989년 이후 아직까지 이 민중사학을 포기하지 않고 있다.

1989년 동유럽 붕괴의 와중에 출간된『해방-전후사의 인식』4권은 그 사이 진척된 민중사관의 상황을 잘 보여준다. 거기에서 주목할 것은 최장집－정해구의 글이다.[4] 이 글은 해방 후의 상황을 "반제반봉건민주주의혁명이라는 인민민주주의혁명" 세력과 "지주, 일부 한인 자본가 등의 지배계급과 친일경찰을 비롯한 친일파－민족반역자"들인 '반혁명세력'의 대립으로 규정하며[5] "당시의 혁명에서 가장 중요한 일은 당시의 객관적 조건 속에서 혁명의 주체세력이 인민정권을 수립하고 이 국가권력에 바탕하여 반제반봉건의 민주개혁을 수행"하는 것이라고[6] 하였다. 이 같은 프레임 위에서 전개되는 그들의 논지는 놀랄만하다. 스탈린－김일성－박헌영 식 역사관의 틀을 그대로 보여주고 있기 때문이다. 먼저 미국과 소련을 어떻게 보는지 살펴보자.

소련군이 진주한 북한에서의 반제반봉건민주주의혁명은 소련군의 후원에 힘입어 순조롭게 진행되었고, 미군이 점령한 남한에서는 이러한 혁명이 미군정의

---

4) 최장집 · 정해구, "해방8년사의 총체적 인식",『해방전후사의 인식』(서울: 한길사, 1989).

5) 위의 책, pp. 15-16.

6) 위의 책, p. 19.

반혁명정책에 의해서 결국 좌절되었던 것이다.[7]

그러면 이들이 논문을 통하여 규정하고자 하는 혁명, 반혁명세력은 누구인가. 다음에 명백히 표현되고 있다.

혁명세력은 노동자-농민의 기층민중들을 기반으로 하여 애국적인 모든 요소들과 연대하려 했으며, 조선공산당-조선인민당-남조선신민당 등을 통하여 정치세력화되었다. 반혁명세력은 미군정을 중심으로 지주계급-매판적 자본가-친일친미파 등이 결집되어 있었으며, 이들은 한민당-이승만세력 등을 통하여 정치세력화 되었다.[8]

이 같은 인식하에 이들은 '혁명세력=좌익세력', '반혁명세력=매판적 극우세력', '김구세력=우익적 민족세력'으로 도식화하였다.[9] 또한 남로당이 주도한 각종 무력투쟁을 그럴듯한 용어로 미화시켰다. '2 · 7구국투쟁', '4 · 3제주민중봉기(4 · 3민중무장봉기)', '5 · 8총파업', '10월 인민항쟁', '여순봉기' 등의 용어가 그것이다.[10] 이들은 대한민국을 교란하고 붕괴시키는 활동을 저지하기 위한 활동을 두고서 "남한을 경찰국가로 만들었다. 즉 국가보안법을 제정하였고 숙군작업을 통하여 극우 반공 일색의 군을 만들었다"고[11] 비판하였다. 대한민국을 매도한 이들은 북한을 찬양하는 데에는 적극적이었다.

---

7) 위의 책, p. 19. 이 같은 역사인식은 북한에서 간행된 선전물의 논리를 따르는 것이다. 1948년 11월 1일 북한 문화선전성에서 나온 선전물에서는, 소련은 "해방된 조선의 주인은 반드시 조선인민 자체"라 언급했고 미국은 "군정을 실시하여 일제총독통치기구를 그대로 답습"했다 하였다.(『북조선민주건설 사업에서 위대한 쏘련이 북조선인민들에게 준 정치경제문화상 방조』)

8) 위의 책, p. 20.

9) 위의 책, p. 20.

10) 위의 책, pp. 24-28.

11) 위의 책, p. 29.

북한에서의 혁명은 순조롭게 진행되었다. 아래로부터 올라오는 민중들의 혁명열기가 소련군의 후원이라는 유리한 조건 속에서 혁명의 성공으로 이어졌던 것이다. (…) 북한은 한반도 내에서의 민주진영과 혁명세력의 기지가 될 수 있도록 제반 민주개혁을 실시하였다.(…) 1949년 여름 이후 (…) 남북로당과 남북민전을 합침으로써 한반도 내의 혁명세력에 대한 통일적 지도를 꾀하였고, 남한정부의 군사적 도발에 대한 군사적 대응을 고려하기 시작하였다. 따라서 이때의 북한의 민주기지론은 군사적 성격을 강하게 내포하고 있다고 할 수 있다.[12]

뿐만 아니라 이들은 6·25전쟁의 책임까지 남한에 전가하고 있다.

1949년 여름에 38선상에서는 남북의 군사적 충돌이 빈번하게 발생하였다. 그것은 주로 옹진반도를 중심으로 발생하였고 충돌의 상당 부분이 남한 측의 공격에 의하여 야기되었다. 8월 23일에는 남한의 초계정 몇 척이 대동강 바로 위 몽금포까지 올라가 북한 어선 4척을 침몰시키는 사건까지 발생하였다. 1949년에 발생했던 일련의 이러한 충돌은 이를 계기로 남북 간의 무장충돌이 본격화되었다는 점, 1949년에 전투의 중심이 되었던 옹진반도가 1950년 한국전쟁 발발에서도 최초의 전투 장소가 되었다는 점, 이후의 북한의 본격적인 군사력의 강화가 이루어졌다는 점 등에서 한국전쟁의 발발과 연관을 지닌다(…) 남침이나 북침이냐의 전쟁 발발에 대한 책임의 문제가 과대하게 고려될 필요는 없다.[13]

거기에 더 어이없는 것은 전쟁의 성격까지 심각하게 왜곡하고 있다는 점이

---

12) 위의 책, pp. 30-32.
13) 위의 책, pp. 34-35.

다. 북한군이 전쟁 초기에 남한을 거의 점령하자 "40만의 남한 민중이 자의건 강제건 간에 북한군에 참여함으로써 실제적인 전쟁의 양상은 미군 대 한국인 사이의 싸움이라는 모습을 띠게 되었다"고[14] 서술하고 있다. 나아가서 전쟁이 처음부터 국제전이 아니라 "한국전쟁은 미국의 개입에 더하여 중국군이 개입함으로써 국제전으로 확대되게 되었다"고 하였다.[15] 전쟁 후의 상황인식 또한 어이가 없다. 북한은 "1958년 8월에 사회주의혁명을 완결하였고, 전후 복구의 과정에서 자립적 민족경제 정책을 추구하였다", 하지만 남한은 "세계자본주의체제 속에 편입되어 종속적 경제발전을 추구"하게 만들었다. 결국 이들이 강조하고자 하는 것은 무엇인가? 한국의 민중이 소련, 공산 중국과 연대하여 미국 제국주의와 대립하는 것이 기본구도라는 것이다. 이들은 결론은 다음과 같다.

역사의 총체적 구조 속에서 이 역사의 과정을 기본적으로 추동했던 대립 축은 무엇인가? 그것은 계급적-민족적 견지에서 새로운 사회를 추구하려 했던 한국 민중들을 한 축으로 하고, 새로운 세계질서 재편과정에서 한반도에서 자신의 제국주의적 이해를 관철시키려 했던 미국의 이해를 또 다른 한 축으로 하는 대립이었다고 할 수 있다.[16]

민중사관을 기반으로 하는 이러한 역사인식은 대한민국의 좌편향 교과서에 거의 그대로 반영된다.

---

14) 위의 책, p. 37.
15) 위의 책, p. 38.
16) 위의 책, p. 44.

2. 좌편향 교과서 논쟁

1) 제1차 교과서 논쟁

한국사회에서 좌편향 교과서 논쟁이 일어나게 된 이유는 학교에서 가르치는 역사교과서가 민중사관에 입각하여 서술되고 있었기 때문이다. 고등학교 교육 과정에 한국근현대사 과목이 선택과목으로 도입되고 교과서를 국정 대신 검인 정제를 실시하면서, 민중사관을 가진 사람들이 대거 교과서 집필에 참여하게 되었다. 그리고 이때부터 근현대사교과서가 노골적으로 민중사관의 성향을 가지게 되었던 것이다. 동시에 그 때부터 좌편향 교과서 논쟁이 시작되었다.

논쟁의 불씨를 던진 것은 2004년 금성출판사가 펴낸 [한국 근현대사] 교과서였다. 이 교과서의 집필자로 교수 3인이 참여했는데, 이중 2명이 구로역사연구소 출신이며, 다른 1인은 역사문제연구소 출신이다.[17] 그런데 이 구로역사연구소가 내세우는 목표를 보자.

우리 민족의 역사를 민중 주체의 입장에서 연구하고, 그 성과를 대중에게 보급함으로써 사회변혁과 민족 통일에 이바지하는 것을 목적으로 하여 1988년 11월에 창립하였습니다.[18]

역사를 세계사적 관점도 아니고, 민족사적 관점도 아니고, 실증적 관점도 아닌 '민중 주체의 입장'에서 연구한다는 것은 도대체 무슨 말인가? 민중 즉 인민이라는 계급동맹적 통일전선의 목적을 성공시키기 위한 입장에서 연구하겠다는 것이다. 민중이라는 주체가 설정되었으니 민중에서 배제되는 계급이나, 통

---

17) 정경희, 『한국사교과서 어떻게 편향되었나?』(서울: 비봉출판사, 2013), pp. 124-125.
18) 앞의 책, p. 126에서 재인용.

일전선에 참여하지 않는 세력들은 모두 적으로 삼거나, 배제시키거나, 거세하는 입장을 가지면서 연구하겠다는 것이다. 그러면서 '사회변혁'이 이루어진다면 어떤 사회가 될 것인가? 인민민주주의 체제를 가진 사회가 될 수밖에 없을 것이다. 그러면서 '민족통일'을 한다면 어떤 통일이 이루어질 것인가? 인민민주주의 체제를 공유하는 통일이 될 수밖에 없을 것이다. 그러자면 대한민국 체제를 전복하고 헌법을 바꾸어야 할 것이다.

이 같은 입장을 가진 단체에 소속하여 활동한 사람들이 집필하는 교과서가 문제를 일으키지 않을 수가 없다. 2004년 10월 권철현 의원이 이 교과서의 이념 편향의 문제점을 지적하면서 논쟁은 본격화되었다. 좌편향 교과서의 문제점을 알리고 제대로 대응하고자 2005년에는 우파 지식인들에 의하여 '교과서포럼'이 창립되었고, 이어서 대안교과서를 출판하기도 하였다.[19]

이러한 논쟁이 진행되는 와중에 국사교육의 필요성이 강조되어서 국사교육을 필수로 하는 동시에 근현대사를 한국사에 통합시키는 변화가 생겼다. 그러나 이때에 검인정제는 변하지 않았다. 좌편향을 시정할만한 교과서를 국민들은 기대하고 있었다.

2) 제2차 교과서 논쟁

2010년 5월 한국 근현대의 역사인식을 바르게 정립시킨다는 목표 아래 '한국현대사학회'가 창립되었다. 학회는 창립되자마자 좌파 언론의 집중공격을 받았다. 특히 교육과정에 자유민주주의라는 용어가 들어가는 것으로 확정되면서 자유민주주의 논쟁이 이루어지던 2011년 여름 좌파 언론들은 노골적으로 학회를 비난하였다. 「경향신문」은 사설에서 "한국 현대사를 관통하는 것은 민주주의이

---

19) 앞의 책, pp. 130-131.

지 '자유민주주의'가 아니다"라고 주장하였다.[20] 「한겨레」 역시 사설에서 '한국
현대사학회'의 의도가 "나라를 팔아먹고 독립운동가를 때려잡고 동족을 수탈하
고 반인륜 범죄를 저지른 자들이 활개 치는 세상을 만들자는 것"이라고 주장하
였다.[21] 나아가서 같은 날 '한국현대사학회'가 "임시정부를 뿌리로 삼은 대한민
국의 국가 정통성을 부정하고 있다"고 보도하였다.[22] 자유민주주의는 대한민국
헌법에 명시된 것이다. 그럼에도 불구하고 자유민주주를 교과서에 넣어서는 안
된다는 어이없는 주장들이 쏟아져 나왔던 것이다.

　2011년 역사교육과정을 개편하는 작업이 시작되었을 때만 해도 자유민주주
의라는 용어가 격렬한 논쟁을 촉발시키리라고는 아무도 생각하지 못하였을 것
이다. 그렇다면 자유민주주의/민주주의 논쟁이 어떻게 시작되었으며, 왜 폭발
력을 가진 논쟁거리가 되었고, 어떠한 의미를 가지고 있는 것인지에 대하여 진
지하게 생각해보지 않을 수 없다.

　2011년 1월 교육과학기술부(교과부)는 교육과정 개정을 시작하면서 국가 및
사회적 요구사항의 반영이라는 측면에서 '국가정체성'을 교육시켜야 한다고 하
였다. 그와 같은 방침에 따라 2월 15일에는 '역사교육과정 개발추진위원회'(이
하 '추진위')가 만들어지고 이어서 3월 15일에는 '역사 교육과정 개발 정책 연구
위원회'(이하 '연구위')가 만들어졌다. 국사편찬위원회(이하 국편)에서는 국가정
체성의 교육과 관련하여 "올바른 역사관과 국가의 정체성 제고"라는 항목으로
교육내용을 구조화하여야 한다고 하였다. 그리고 그것은 좀 더 구체적으로 표
현한다면 "자랑스러운 대한민국 국민이자 세계를 선도하는 글로벌 인재 육성을
위한 기준과 내용 개선 필요"라고 제시되었다. 특히 이와 밀접한 관계가 있는

---

20) 「경향신문」, "민주주의를 왜 자유민주주의로 바꾸려 하나", 2011. 8. 15.

21) 「한겨레」, "반국가, 반민주 맨얼굴 드러낸 한국현대사학회", 2011. 9. 27.

22) 「한겨레」, "일제강점기 경제성장 미화…'식민사관'과 상통", 2011. 9. 27. 「한겨레」는 2011년 12월 28일 "한국현
대사학회는 대한민국 임시정부의 정통성을 부인하는 입장이 아님"이라는 반론보도를 하였다.

한국사의 근현대관계 부분에서는 "논란의 대상이 되는 사안"이 많기 때문에 그 것들을 다룰 때에는 '헌법과 헌법정신'에 입각해야 한다고 하였다. 여기까지는 교육과정 개정작업이 큰 논란거리가 되지는 않았다.

그런데 '연구위'가 주도한 교육과정 개정(안)을 가지고 6월 30일 국편에서 공청회를 개최하였을 때 많은 논란이 일어났다. 다양한 논의가 있었지만 국가정 체성을 교육시킨다는 목표 제시와 근현대사 부분 교육내용 축소는 모순되는 것이며 더 나아가서 그 내용이 "올바른 역사관과 국가의 정체성 제고"와는 부합되지 않는다는 비판이 제기된 것이다. 하지만 '연구위'는 그러한 비판을 조금도 받아들이려하지 않았다. 그리고서는 원안대로 교육과정을 밀고나가려 하였다.

하지만 한국현대사학회는 '연구위'가 교육과정에 대하여 좀 더 분명한 문제의 식을 가지도록 하기 위하여 7월 4일 학회의 이름으로 건의안을 제출하였다. 그리고 그 건의안에 "대한민국의 국가적 정체성이 '자유민주주의 체제'라는 사실을 분명하게 명시"할 것을 요구하였다. '연구위'는 이 역시 완전히 무시하고자 하였다. 하지만 한국현대사학회는 7월 26일 앞서의 건의안의 내용을 위주로 하여 국편위원장에게 학회의 요구사항을 재차 건의하였다. 이 때 한국현대사학회 가 건의한 모든 내용이 국편위원장에 의하여 수용된 것은 아니지만 최소한 막연하게 민주주의로 표현된 부분을 자유민주주의로 변경한다는 검토의견을 얻어내게 되었다. 자유민주주의/민주주의 논쟁이 지면을 달구고 사회뿐 아니라 정치적인 주목까지 받게 된 시점은 바로 이때부터였다.

'연구위', 기존의 교과서 집필에 직간접적으로 관계된 인사들, 그리고 기존의 국사학계에서 주도권을 행사하는 인사들이 한국현대사학회를 총공격하면서 자유민주주의로 표현된 부분을 민주주의로 되돌리려는 시도를 하였다. 이들이 주도하여 10월 7일에는 '초중고 역사교과서의 현대사서술과 민주주의'라는 제목으로 학술토론회를 개최하기도 하였다. 이 토론회는 한국현대사학회에 대한 비난과 자유민주주의 용어 채택에 반대하는 성토장이 되어버렸다. 그렇다면 이들이 어떠한 근거로 자유민주주의의 용어를 거부하고 민주주의라는 용어를 사용하는지 그 논거를 한 번 점검해볼 필요가 있다.

8개 조직(한국근현대사학회, 역사교육연구회, 역사와 교육학회, 역사문제연구소, 전국역사교사모임, 역사교육연구소, 한국사연구회, 한국역사연구회)이 공동주관한 이 토론회에서 참으로 어이없는 주장들이 쏟아져 나왔다. 하지만 본고에서는 오직 자유민주주의/민주주의에 관한 부분만 언급하기로 한다. 그들의 주장을 면밀하게 살펴보면 그것은 변변한 논리를 갖추지 못했거나, 사실에 대한 이해가 부족하거나 왜곡된 것들로 이루어져 있었다.

다음에서 언급하는 것들은 자유민주주의를 공격하기 위하여 소집된 학술토론회에서 쏟아져 나왔던 담론들이다. 거의 모든 담론들이 역사설 사실에 대한 이해가 현저히 부족하거나 아니면 고의적으로 역사적 사실을 왜곡하는 담론이라고 하지 않을 수 없다. 이제 바로 그들의 잘못된 이해와 의도적인 왜곡을 하나씩 점검하여 보기로 한다. 하지만 대개는 역사적 사실에 대한 무지에서 나온 주장들이다.

"자유민주주의라는 용어는 박정희시대에 만들어진 용어입니다."[23]

"4·19민주정신을 계승하는 길은 교과서에 자유민주주의를 쓰지 않고 민주주의라고 쓰는 것이다."[24]

"한국의 자유민주주의는 미국식 리버럴 데모크라시(liberal democracy)와는 아무런 상관이 없는 반북멸공주의의 다른 이름일 뿐이다."[25]

이들의 주장은 사실에 대한 이해의 부족을 현저하게 드러낸다. 이를 반박하기 위해서는 복잡한 설명이 필요 없다. 역사적 예를 하나 든다. 애치슨 미국 국무장관은 1950년 3월 7일 미국 상원외교위원회에서 한국의 원조금 1억 달러 승

---

23) "중고 역사교과서의 현대사 서술과 민주주의", 『2011 역사 교육과정 개정관련 학술토론회』(2011. 10), p. 1.
24) 앞의 책, p.114.
25) 앞의 책, p.118.

인을 요청하면서 다음과 같이 언명하였다.

"한국은 미국이 공산주의의 위협 하에 자유민주주의국가로서 존속하는 것을 돕기 위하여 적극 명확한 조치를 취할 수 있는 유일한 곳이다… 남아시아 및 동남아의 허다한 인민들은 민주주의와 독재주의의 양자 중 하나를 택할 경지에 당면하고 있으며 그들은 미국을 한국의 자유를 위한 영도자라고 생각하고 있다."[26]

이미 미국이 한국의 체제를 자유민주주의 체제로 이해하고 있으며 이 문건이 가진 보다 중요한 의미는 민주주의는 바로 자유민주주의를 의미한다는 것이다. 공산주의가 민주주의를 주장할 때에는 그것은 거짓된 민주주의이며 사실상 독재 혹은 전체주의를 의미한다는 것이다. 또 다른 예를 들어보자. 1955년 5월 5일 김재순은 '자유민주주의의 옹호'라는 기사를 게재하였다.[27] 그는 여기에서 집권 자유당에 대항하는 정신으로 "자유민주주의이념을 기본으로 하는 범야당 세력의 집결"을 주장하였다. 마지막 예를 들어보자 1958년 동아일보는 자유당 정권의 야당 사찰을 비판하며 다음과 같은 사설을 썼다.

"공산분자들… 때와 장소와 기회를 가리지 않고 가능한 모든 수단을 다하여 대한민국을 해쳐 재침을 유리하게 전개하려들고 행여 내부교란으로 자멸을 꾀하여 앉아서 승리를 거두려고 날뛰고 있다… 우리가 알기로는 여야의 대립은 파괴를 위한 '쟁투'가 아니라 토론─비판을 수단으로 하는 향상을 위한 '노력'이다. 다같이 공산주의와 대치해서 자유민주주의라는 공동의 이념에 살고 대한민국이라는 공동의 지반에 서있다."[28]

---

26) 『경향신문』, "유일한 희망 자유한국 경제원조긴요", 1950. 3. 9.
27) 『동아일보』, "자유민주주의의 옹호", 1955. 5. 5.
28) 『동아일보』, "대공사찰에 전력하라", 1958. 5. 22.

사실이 이러함에도 불구하고 자유민주주의를 교과서에 넣기를 반대하는 사람들의 주장을 살펴보도록 하자.

"통일을 위해서는 북한의 인민민주주의라는 정치적 실체도 불가피하게 인정해야 하고, 때로는 그들의 주장을 일부 수용할 경우도 있다."[29]
"자유민주적 기본질서는 그것을 자유민주주의와 동일시한다 하더라도… 반공주의나 반(反)인민민주주의의 내용을 담고 있지 않다… 대한민국헌법을 자유민주적 기본질서에 바탕을 둔 규범적 헌법으로 바로세우는 길은 국가보안법을 폐지하는 것뿐이다."[30]
"자유민주주의가 어느 정도 실현되었던 것은 해방직후와 4월혁명 직후, 그리고 6월항쟁 이후다."[31]

이들의 주장은 솔직하기는 하다. 북한의 인민민주주의를 민주주의로 인정해야 하고, 자유민주주의라는 말을 쓰던 북한의 인민민주주의를 담아낼 수 없고, 자유민주주의는 반공이나 반인민민주주의를 의미하기 때문에 쓸 수 없다는 주장 말이다. 또한 자유민주적 기본질서를 위해서는 국가보안법을 폐지해야만 한다는 주장과 아울러, 해방 직후의 시기처럼 남느당의 이념이 활개치던 그 시기를, 또는 인민민주주주의파(PD파)와 주사파(NL파)가 불을 뿜던 6월항쟁 이후 시기를 자유민주주의 이념이 어느 정도 실현되었다고 보는 그 주장 말이다.

제3차 교과서 논쟁이 다시 점화된 것은 '한국현대사학회'가 2013년 5월 31일에 2012년 검정통과 교과서들의 문제를 점검하는 학술회의를 개최하면서 부터

---

29) 앞의 책, p. 66.
30) 앞의 책, p. 98.
31) 앞의 책, p. 114.

였다. 이 학술대회는 주요 언론의 주목을 받았다. 하지만 좌파언론들은 이번에도 선전선동의 차원에서 허위사실을 가지고 학회를 공격하였다. 「한겨레」는 '뉴라이트 교과서엔 5 · 16은 혁명, 5 · 18은 폭동'이라는 선동적인 제목의 기사를 썼다.[32] 「경향신문」도 기존의 역사 교과서가 좌편향이었다는 지적을 반박하며 이를 "편향된 눈으로 '편향' 말하는 뉴라이트 역사관"이라고 하였다.[33]

이상은 '교과서포럼'과 '한국현대사학회'가 '대한민국에서 대한민국의 역사를 객관적인 시각에서 쓰겠다', '자유민주주의 체제를 가지고 있는 나라에서 자유민주주의 체제를 긍정적으로 인정하는 바탕 위에서 역사를 쓰겠다'는 이유 때문에 받은 비난이다.

그러던 중 교학사 교과서가 제1차 검정에 통과되었다는 소식이 2013년 5월에 전해졌다. 그리고 이 소식은 흩어졌던 좌파들에게 큰 충격으로 다가왔다. 그동안 좌파들은 10여 년 간 이념적으로는 깊은 공감을 유지하고 있었다. 민중을 중심으로 한 역사관이 이들을 하나로 묶는 역사관이 되었기 때문이다. 어느 파벌을 불문하고 민중이 중심이 되어야 한다는 것, 즉 스탈린적 개념으로 표현하면 인민전선을 통하여 권력을 장악해야 한다는 것은 좌파들의 공동의 생각이었기 때문이다.

인민전선은 공산주의를 노골적으로 사용하는 것이 불리한 상황에서 광범위한 대중을 공산주의적 이념에 연결시키는 역할을 수행한다. 이것이 1935년 코민테른 제7차 대회에서 디미트로프에 의하여 테제로 표현되었다. 1945년부터는 소련과 북한 그리고 남로당에 의하여 대한민국에 반대하여 인민공화국을 세우고자 할 때 사용되었다. 그리고 대한민국에서 인민공화국을 세우는 것이 불

---

32) 「한겨레」, "뉴라이트 교과서엔 5.16은 혁명, 5.18은 폭동", 2013. 5. 3. 「한겨레」는 2013년 7월 16일 "이에 대해 권희영 교수는 그가 대표집필자로 참여한 교학사 교과서는 해당 기사 제목과 같이 이승만-박정희 독재를 미화하거나 역사적 사실을 왜곡하는 내용이 포함되지 않았다고 알려왔습니다"라고 반론보도를 하였다.
33) 「경향신문」, "편향된 눈으로 '편향' 말하는 뉴라이트 역사관", 2013. 5. 31.

가능하게 된 이후에도 인민혁명당, 남민전, 통혁당 등을 통하여 끊임없이 시도
되었다.

문제는 1989년 이후에도 이러한 시도가 지속적으로 이루어진다는 점이고, 앞
서 언급하였던 민중사학을 표방하는 역사학 연구자들과 단체들이 지금까지도
여전히 1989년 이전에 주창하였던 민중사학을 지금까지 신주 모시듯 받들고 있
다는 점이다. 그리고 이러한 사람들에 의하여 검인정 8종 중 7종 교과서가 집필
된 것이다. 이들 좌편향 교과서에서 민중사관이라는 이념 편향에 의하여 나타
난 몇 개의 사례를 들어보기로 한다.

"남과 북에 수립된 양측 정부는 각기 자신이 권력을 장악한 지역을 토대로
나머지 지역을 통합하겠다는 전략을 추진하였다… 38도선 일대에서도 크고
작은 무력 충돌이 빈번하게 일어났다… 소련은 중국과 함께 북한의 군사력
강화를 적극 지원하고, 남침 계획에도 동의하였다… 유엔군의 참전으로
전쟁은 국제전으로 확대되었으며…"[34]

6 · 25전쟁은 김일성이 기획하고, 모택동이 지원하고, 스탈린이 승인하여 일
어난 침략 전쟁임이 분명함에도 불구하고 위의 서술은 마치 남북한 서로 통합
하겠다고 하여 일어난 내전으로 규정한 것이다. 그리고 유엔군이 참전함으로써
국제전이 된 것으로 왜곡한 것이다. 즉 6 · 25전쟁의 전범인 북한, 중국, 소련에
면죄부를 준 것이나 마찬가지인 것이다.

---

34) 천재교육 한국사 교과서, p. 312.

1970년대 중반 들어 남침용 땅굴이 잇달아 발견되고, 1976년에는 북한의 판문점 도끼만행 사건이 일어났다. 박정희 정부는 남북한 간의 치열한 경쟁과 대결을 내부의 단속과 결속력 강화에 활용하기도 하였다.[35]

북한의 땅굴과 판문점도끼만행 사건조차 북한을 비판적으로 서술하기는커녕 "남북한 간의 치열한 경쟁과 대결"로 치부하였다. 더 나아가서 북한의 도발 사건을 "내부의 단속과 결속력 강화에 활용" 하기도 했다고 오히려 대한민국 정부를 비난한 것이다.

또한 미사일을 시험 발사하는 등 군사력을 강화하였으며, 핵을 개발하였다.[36]그러나 북한의 개발이 국제 문제로 등장하면서 남북 관계는 급속히 냉각되었다… 그러나 2008년 이후 북한의 미사일, 핵실험 강행, 연평도 포격 사건 등이 이어졌다.[37]

이상과 같은 서술이 전부이다. 천재교육 교과서는 북한의 핵과 미사일을 마지못해 가볍게 언급하고 북의 인권문제에 대해서는 완전히 침묵하고 있다. 도대체 이 교과서에서 학생들이 북한의 위협에 대하여 무엇을 배울 수 있다는 것인가?

---

35) 천재교육 한국사 교과서, p. 334.
36) 천재교육 한국사 교과서, p. 356.
37) 천재교육 한국사 교과서, p. 357.

① 친북 친소 반미

지금 7종의 좌편향 교과서 모두가 해방 후 인민위원회 운동을 긍정적으로 서술하고 있다. 교학사 교과서는 유엔 감시하의 남한 자유선거를 서술하고 소련에 의한 북한 공산화를 언급하였다. 반면 좌편향 교과서 5종은 미국은 직접통치, 소련은 간접통치를 했다고 하여 친소반미를 분명히 보이고 있다. 나머지 2종도 공산주의자들이 주도한 건국준비위원회를 긍정적으로 평가하여 결국은 인민공화국을 세우자는 인민위원회 운동을 긍정적으로 서술하고 있다. 이 역시 명확하게 반미를 주장하는 것이다.

이 같은 역사인식은 북한에서 간행된 선전물의 논리를 따르는 것이다. 1948년 11월 1일 북한 문화선전성에서 나온 선전물에서는, 소련은 "해방된 조선의 주인은 반드시 조선인민 자체"라 언급했고, 미국은 "군정을 실시하여 일제총독 통치기구를 그대로 답습"했다 하였다.[38]

② 대한민국 정체성 손상

뿐만 아니라 좌편향 교과서들은 대한민국의 정체성을 심각하게 훼손하고 있다. 2종의 좌편향 교과서(천재교육, 미래엔)는 한반도의 유일한 합법정부라는 것을 부정하고 남한에서만 유일한 합법정부라고 주장한다. 이는 유엔의 결의안을 왜곡, 부정하는 것과 동시에 대한민국 헌법을 부정하는 것이다.

이와 같이 좌편향 역사교과서는 민중사관으로 온갖 왜곡을 담은 채로 학생들에게 다가가려다가 철퇴를 맞았다. 교육부가 2013년 10월 21일 8종 교과서 829

---

38) 「북조선민주건설 사업에서 위대한 쏘련이 북조선인민들에게 준 정치경제문화상 방조」(1948).

건에 대하여 수정 권고를 내린 것이다. 이에 대하여 교학사 교과서는 수정을 수용하겠다는 입장을 밝혔지만 7종 교과서는 일부는 수정하고 일부는 거부하였다(10월 31일). 그렇다면 그 교과서들이 수정을 거부한 것들 중 핵심적인 사항은 무엇일까? 그것이 바로 인민민주주의 혁명 노선에 관련된 부분이라는 것을 지적할 필요가 있다. 이제 토지개혁을 예로 들어 그 점을 상세히 살펴보기로 하자.

7종 교과서 전체가 무상 몰수, 무상 분배라는 표현에 집착하고 있는데, 왜 이같은 일이 일어날까? 수정 요구를 거부하는 7종 교과서는 무엇에 근거하여 수정 요구를 거부하는 것일까? 어이없게도 이들이 거부하는 근거는 '근로 농민적 토지 소유권'이라는 개념이다. 이 개념을 누가 주장하였으며 누가 소개하였는가?

이는 북한의 김한주가 『토지개혁 후 조선 농촌의 토지소유 관계』[39]에서 주장한 것이다. 그리고 이를 김성보가 『남북한 경제구조의 기원과 전개 – 북한 농업 체제의 형성을 중심으로』[40]라는 제목으로 그대로 무비판적으로 소개하였다. 결국 북한의 주장을 여과 없이 그대로 받아들이면서 이를 근거로 하여 교육부의 수정 권고를 거부한 것이다.

그렇다면 '근로 농민적 토지 소유권'이라는 말은 어떤 개념인가? 김성보가 소개하듯 "북한의 토지관리정책이 좀 더 세밀한 수준에서 결정된 것은 1950년 1월 7일 내각 결정 제3호로 채택한 「토지행정에 관하여」를 통해서이다." 이에 따르면 토지는 분여경지 · 개간지 · 자작지 · 경작권지 등 네 종류이다.

북한에서 토지개혁 당시 가장 많은 비중을 차지한 것은 자작지였다(전 경지 면적의 44.5%). 그런데 농민의 자작지는 토지개혁의 대상이 아니었다. 단 토지개혁을 통하여 소유권이 제한을 받게 되었다. "매매 · 양도를 할 때 도(평양시) 인민위원회 위원장의 허가를 받아야 하며, 또한 매수자나 양수자는 반드시 경

---

39) 김한주, 『토지개혁 후 조선 농촌의 토지소유 관계』(평양 : 조선로동당출판사, 1953).
40) 역사비평사(2008).

작능력이 있는 자여야 한다는 규정을 두었다"라는 것이 바로 그것이다.

이제 다음으로는 분여지·개간지인데 이에 대해서는 매매·양도·저당이 금지되었다. 이 말은 소유권이 없다는 것과 같은 말이다. 한 가족이 가족의 힘으로 경작하지 못할 때는 인민위원회에 반환하도록 되어 있기 때문이다. 상속도 불가능하고, 이주나 전업 시에도 매각이 불가능한 토지이다. 그런데 이 토지에 어떻게 소유권이 있다는 것인가?

북한의 용어로 경작권지(부동토지)라는 말이 있기는 하다. 이는 "자작지나 분여지·개간지의 토지소유자가 직접 경작하는 것이 불가능하게 되어 도(평양시) 인민위원회에 반환한 토지 등 그 토지의 소유권자가 농민으로서의 권리를 행사하지 못하게 된 토지를 지칭하는 것"을 말한다. 이 토지는 토지가 부족한 농민에게 다시 분여하거나, 인민위원회에 귀속되었다.

그렇다면 북한의 토지개혁이란 무엇을 의미하는가? 그것은 지주의 토지를 무상 몰수하여 국유화하고 지주가 부리던 소작인을 국가가 부리는 소작인으로 변경한 것에 불과하다. 따라서 무상분배라는 것은 애당초 존재할 수 없었다. 소작농의 주인이 지주에서 국가(인민위원회)로 바뀐 것뿐이다. 북한의 토지개력의 궁극적 목표도 이에 그치는 것이 아니었다. 그나마 가지고 있던 경작권마저 박탈하여 집단농장의 농업노동자(노예)로 만드는 것이 궁극적 목표였던 것이다.

3. 자유민주주의와 보수주의 교육의 과제

대한민국 역사교과서의 실상이 이럴진대, 대한민국은 어떠한 과제를 안고 있는가? 무엇을 해야 하는가?

대한민국의 보수주의는 자유민주주의를 그 뿌리로 한다. 왜냐하면 대한민국은 '자유민주주인가? 인민민주주의인가?'의 역사적 투쟁에서 자유민주주의의 승리를 통하여 건국된 나라이며, 이는 제헌 헌법 이래로 절대 포기할 수 없는 대한민국의 가치로 그 전통이 유지되어 왔기 때문이다. 대한민국은 그러한 점에서 인민민주주의를 채택한 북한과는 근본적으로 추구하고 지키려는 가치가 다르다. 지금 현재 대한민국의 보수주의는 자유민주주의를 수호하자는 것 이외의 다른 것일 수가 없다. 따라서 대한민국의 역사를 가르치는 교육은 자유민주주의 정신에 입각해서 이루어져야 한다.

자유민주주의 정신에 입각한 교육은 근본적으로 20세기 이래의 세계사적 흐름과 맥을 같이 한다. 20세기의 세계는 두 차례의 세계대전을 치렀다. 제1차 세계대전을 통하여 군사력을 통하여 다른 민족과 국가를 지배하려는 제국주의 세력은 약화되거나 붕괴되었다. 제2차 세계대전을 통하여서는 파시즘과 군국주의 세력이 붕괴하게 되고, 지구상에 광범위한 식민지 해방의 운동이 일어나게 되었다. 전후에도 제국주의 질서를 유지하였던 소련은 1989년 동유럽의 혁명으로 종말을 고하게 되었다.

그 이후 동유럽에서는 공산주의 세력은 대거 약화되었으나 아시아에서는 중국을 위시한 몇 국가들이 아직도 인민민주주의라는 그릇된 이념에 입각한 체제를 유지하고 있다. 그중에서도 '조선민주주의인민공화국'이라는 국명을 가진 북한은 최악의 상황에서도 그 체제를 고수하고 있다. 그리고 인민민주주의적 전술로 대한민국마저 악의 축에 가담하게 만들려고 하고 있다.

이러한 상황에서 민중사관으로 대한민국의 학생들을 교육시킨다는 것은 북한의 사상적 침략에 대하여 사상적 무장을 해제시키는 것과 다를 바 없다. 자유민주주의의 가치에 대하여 부정적으로 생각하게 만들어서 대한민국에 대하여 분노하고 증오하게 만들어, 자신도 모르는 사이에 북한전체주의를 옹호하고 그에 의존하는 전체주의 노예화의 길을 가게 만드는 것이다.

그렇다면 보수주의 교육은 무엇을 어떻게 해야 하는가? 우선 제일 중요한 것은 민중사관이 잘못된 것일 뿐 아니라 반국가적이라는 것에 대한 분명한 인식이 학생들과 국민들 사이에 있도록 하여야 한다. 그리하여 민중사관이라는 망령된 이념이 학교와 사회에서 추방되도록 하여야 한다. 바로 이 같은 일에 대한 책임은 국가가 져야 한다.

현재 대한민국 한국사 학계의 가장 큰 문제점은 한국사학자들 다수가 민중사학에서 벗어나지 못하고 있다는 점이다. 물톤 한국사학자들 모두가 민중사학의 추종자라고 보기는 어려울 것이다. 학계의 분위기가 영향을 주어서 다른 생각을 가지고 있더라도 그것을 드러내놓고 표명하기가 어려운 점이 있을 것이다.

하지만 이제 대한민국 국사학계의 장래를 위하여, 그리고 무엇보다도 대한민국의 장래를 위하여, 민중사학을 과감하게 비판하고 그 굴레에서 벗어나야 한다. 그렇지 않다면 대한민국의 국사학계는 미래가 없다.

민중사학의 지속되는 동안 대한민국의 국사학계는 편하고 쉽게 학문을 하고 교육을 했다. 안으로는 문을 걸어 잠그고, 마치 쇄국정책을 쓰듯 세계의 학술적인 조류에 눈과 귀를 닫아버렸다. 오르지 국너의 정치적 상황에서 이익을 획득하고 기득권을 누리고 특정 정치 이념에 봉사하기만 하면 되었다. 그러나 바로 이 같은 행태야 말로 역사학이 죽는 길이다. 그리고 우리의 청소년을 잘못된 길로 이끄는 것이다.

국사학계의 양심선언이 나와야 한다. 과감히 민중사학을 떨치고, 자유민주주의 대한민국의 정체성을 회복하는데 앞장서야 한다.

한국 보수 원론

한 영 수

· 現 서강대학교 연구교수
· 영국 랭캐스터 대학 사회학 박사
· 독일 지겐 대학 사회학 박사

원론

CHAPTER V

보수문화의 이론적 토대

우리 사회는 전 세계가 주목할 만한 경제적 성장과 민주화를 매우 짧은 시기에 이루어낸 예외적인 국가임에도 우리 사회는 내부적으로 분열되어 있고 남북 간의 통일의 문제도 점점 풀기 어려운 과제가 되어 가고 있다. 이러한 배경에서 보수의 문화 토대의 확립은 우리 사회의 혼란을 수습하고 보수적 가치를 확립하고 수호하는데 매우 시급한 아젠더라고 할 수 있다.

보수문화의 이론적 토대

1. 서론

1980년대 우리나라의 지식인들은 군사독재 정권에 가장 격렬하게 저항하였고 민주화 과정에서 주도적 역할을 했다. 이들은 대부분 마르크스 계열의 진보이념에 경도되어 있었다. 그 와중에 1990년대 공산권이 갑작스럽게 몰락하는 세계사의 흐름 속에서 자유주의는 거스를 수 없는 큰 물결처럼 전 세계를 강타하였다. 사회주의의 몰락으로 인하여 우리나라의 많은 진보지식인 중 상당수는 본인들이 신봉하였던 진보이념을 버리고 보수적 정치이념으로 전향한 것처럼 보였다.

우리나라는 냉전체제의 종식과 더불어 세계화의 흐름을 가장 적극적으로 수용하였음에도 불구하고 이념적 정치지형에서 보수진영의 입지는 결과적으로 매우 취약해졌다. 상황이 이렇게 된 가장 큰 이유는 보수진영의 타락에서 그 원인을 찾을 수 있다. 현재 우리나라에서는 과거 냉전시기의 진영 논리에 빠져 적과 동지라는 이분법에 사로잡혀 그 틀에서 자신들의 이익을 추구하는 사이비들이 자신들이 보수임을 자칭하고 있다.

인권, 자유, 평등, 정의, 시장경제의 가치를 원칙으로 삼고 이러한 가치들을 끝까지 지키는 것이 보수 본연의 자세이다. 이를 외면하고 자신의 이익과 세력 규합에만 몰두하는 사람들이 보수라고 자칭하고 있다. 우리 사회에서 뚜렷한 정체성을 가지고 있는 진보진영에 비하여 보수진영은 그 정체성과 보수에 대한 이해가 분명하지 않다.

계급투쟁, 해방론, 그람시의 진지전, 프랑크푸르트의 비판이론 등 다양한 구색을 갖추고 있는 진보진영에 비하면 보수진영은 '종북'이니 '좌파'니 하는 수구적 프레임에서 안주하고 있는 것이 현실이다. 특히, 이와 같이 취약하고 낡은 프레임을 가지고서는 보수의 가치를 함양한 미래세대를 키워내는 것을 기대하기 어렵게 만든다.

이러한 배경에서 이 장에서는 보수의 진정한 모습을 찾기 위한 보수의 문화이론적 토대를 규명하는 것을 초점에 두고자 한다. 이를 위하여 보수의 문화적 이론에 대한 토대를 우선 마르크스 계열의 문화이론과 대비하여 소개한다. 이어서 근대 문명 및 자본주의 형성에 토대가 되었던 보수문화이론을 마르크스 계열의 문화이론과 비교하여 서술한다.

이 장은 문화의 개념, 근대적 문화이론, 좌파의 문화이론, 보수의 문화이론으로 구성된다. 첫째, 문화의 개념에서 문화라는 단어의 기원과 구성요소를 중심으로 문화의 개념을 간략하게 제시한다. 둘째, 근대의 문화이론에서는 근세의 독일과 영국의 문화이론과 고전사회학에서 문화를 접근하는 방식을 다룬다. 이어서 좌파의 문화이론에서 고전적 마르크스 이론과 프랑크푸르트학파, 그람시, 및 영국문화학파의 이론을 통하여 좌파세력이 문화를 바라보는 관점을 살펴본다. 마지막으로 보수의 문화이론에서는 막스 베버, 프로이트, 사무엘 헌팅턴과 프랜시스 후쿠야마의 문화이론을 고찰하고 이를 통하여 보수의 문화적 토대를 규명하고자 한다.

2. 문화의 개념

1) 문화의 기원

우선 문화의 개념을 고등학교 교과서의 수준으로 정의해보자. 문화는 인위적 산물로서 예술적이고 세련되고 교양을 지칭하는 인간의 정신적 가치와 사회의 구성원들이 후천적인 학습을 통해서 공유하고 있는 행동사고 방식 등 인간의 모든 생활양식의 총체를 의미한다. 문화는 일상적인 의미와 포괄적 의미로 나눌 수 있다. 일상적으로 교양과 예술을 지칭한다. 포괄적으로는 정치, 경제, 법, 학문, 예술, 도덕, 종교, 풍속 등 모든 인간의 인위적 산물임과 동시에 다수의 인간 집단이 공유하는 것을 의미한다.

하지만 문화의 개념은 이렇게 간단하게 파악할 수 있는 개념이 아니다. 영국을 대표하는 좌파 문화이론가 레이먼드 윌리엄스(Raymond Williams, 1921~1988)가 설명한 문화의 개념을 살펴보자. 레이먼드는 케임브리지대학의 연극과 교수로 재직하면서 문화 이론, 문화사, 텔레비전, 언론, 라디오와 광고를 포함한 영역에서 큰 영향을 끼친 연구업적을 남겼다. 현재 레이몬드는 현대 문화 연구의 개척자로 평가되는 인물이다.[1] 그가 남긴 저서 중 『키워드 (Keywords)』를 살펴보자. 『키워드 (Keywords)』는 그가 30년간의 연구를 키워드로 분류하여 키워드가 가지고 있는 문화사회적 연구의 성과를 백과사전적 형식으로 담아낸 독특한 형식의 저서이다.[2] 윌리엄스는 『키워드(Keywords)』 문화(Culture) 항목의 첫 문장에서 "문화는 영어에서 가장 복잡한 두 세 개의 단어 중 하나이다(Culture is one of the two or three most complicated words

---

1) Fred Ingris, *Raymond Williams* (London: Routledge, 1995).

2) Raymond Williams, *Keywords* (Oxford: Oxford University Press, 1983). 『키워드』는 '문화와 사회의 어휘집'이라는 부제를 가지고 있는 사회문화 분야에서 사용되고 있는 핵심 어휘들의 기원과 변화와 함께 현재적 의미를 제시하는 책이다.

in the English language)"라고 소개, 문화의 개념을 한 마디로 정의하기란 불가능하다고 단언하였다. 이와 같이 문화의 개념은 문화를 전문적으로 연구하는 학자조차 파악하기 쉽지 않은 주제다. 우선 문화라는 용어가 처음 등장하게 된 역사적 배경을 살펴보자.[3]

　문화의 개념의 어원을 살펴보면 문화는 '양육하다'라는 의미를 가지는 고대 로마의 라틴어 'colere'에서 기원한다. 라틴어 'colere'에서 파생되는 'cultura'라는 단어가 처음 사용되었다. 따라서 초기에는 문화 'cultura'는 농경문화에서 경작을 지칭하는 의미로 사용되었다. 이후 키케로[4](Marcus Tullius Cicero, 기원전 106년~43년 12월 7일)의 문헌에서 문화는 개인의 인격과 관련하여 사용되기 시작하였다. 키케로는 농사를 경작한다는 어휘에서 인격 혹은 영혼을 수양한다는 의미로 농사라는 단어를 은유적으로 사용한 것이다. 고대 문명사회에서 문화는 수렵과 채집과 같은 원시적이고 야만스러운 상황에서 벗어나 어떠한 장소에 정착하여 농업활동을 시작하는 것에서 출발하였다. 이를 계기로 가족과 공동체를 구성하고 이것이 확대되어 문명화를 이루는 과정과 밀접한 관계가 있음을 유추할 수 있다. 다시 말해서 문화는 자연 상태와는 구별되는 인간이 창조해낸 사물이나 현상을 지칭하는 것으로서 인간의 문명화 과정에서 인위적 산물들과 유기적으로 연관된 개념이다.

2) 문화의 구성요소

　현재 우리나라 중등교과과정에 따르면, 문화를 이루고 있는 구성요소는 ①기술적인 구성 요소(물질문화) ②제도적인 구성 요소(제도문화) ③관념적인 구성 요소(관념문화) 세 가지로 구분할 수 있다. 첫째, 물질문화는 인간이 환경에 적

---

3) 위의 책, p. 87.
4) 키케로는 로마시대의 정치가, 웅변가, 문학가, 철학자이다. 키케르가 남긴 라틴어 문체는 라틴어의 표범으로 평가받고 있다.

응하기 위해 만들고 사용한 물질적인 것들을 의미한다. 이러한 물질문화는 도구, 건축, 기술과 같이 인간이 생존에 필요한 생활수단 제공하는 기능을 담당한다. 둘째, 제도문화는 사회 구성원들의 행위를 규제하거나 관계를 규정하는 규칙, 규범, 원리 등을 지칭하고 가족, 종교, 정치, 경제 등과 같은 다양한 사회제도를 의미한다. 마지막으로 관념문화는 인간이 자기 자신, 자연, 사회 등에 대하여 품고 있는 지식, 신념, 가치 및 태도로서 신화, 전설, 철학, 언어, 문학, 예술, 종교, 도덕 등의 정신적 창조물이 대표적 예이다. 이러한 관념문화는 인간이 삶을 추구하는 데 필요한 궁극적인 의미와 목표를 부여함으로써 인간의 삶을 풍요롭게 하고 문명을 지탱하는 동기를 제공하는 역할을 담당한다.[5]

이와 같이 소개한 문화를 구성하고 있는 세 가지 구성요소는 보수와 진보의 문화이론의 구별에 매우 중요한 기준이 된다. 특히 마르크스의 문화이론은 물질문화에 우선적인 관심을 두고 나머지 요소를 등한시 하는 경향이 있다.[6] 따라서 보수의 문화이론은 마르크스주의자들이 물질문화에만 지나치게 몰입하는 태도를 거절하고 문화의 세 가지 구성요소의 개념과 기능에 대하여 균형 있게 접근하는 것이 핵심적 내용이라고 볼 수 있다.[7]

---

5) 이진석 외 13인, 『중학교 사회1』(지학사, 2013).
6) 마르크스의 이러한 입장을 '경제결정론(經濟決定論, economic determinism)'이라고 부른다.
7) 이러한 경제결정론에 반대하여 경제적 요소가 아닌 문화적 요소가 사회변동의 원동력이 될 수 있다는 입장으로 마르크스에 도전한 학자가 막스 베버이다. 이러한 배경에서 베버와 마르크스는 냉전시기 동안의 이데올로기 전쟁에서 반공진영의 고전적 이론의 토대를 제시한 고전사회학자로 평가받고 있다.

3. 근대적 문화 이론

1) 독일의 낭만주의

독일에서의 문화에 대한 개념은 낭간주의 사상가[8]들에서 그 기원을 찾을 수 있다. 독일의 낭만주의 사상가 고트프리트 헤르더(Johann Gottfried Herder, 1744~1803)[9]는 서유럽에서 계몽주의(Aufklärung)의 물결을 거부하고 독일의 민족 또는 국가 정체성을 구성하는 문화의 개념을 제시하였다. 이와 같이 독일의 문화는 공동체의 정체성으로서 교양의 개념과 관련이 있다고 볼 수 있다. 독일어권에서 교양(Bildung)의 의미는 문화와 밀접한 관계를 가지고 있다. 독일어에서 '교양(Bildung)'은 'Nachbild(모방)'와 'Vorbild(모범)'의 이중적 의미를 가지는 단어로서 개별 주체가 자신이 경험한 교육을 스스로 되돌아봄으로써 자율적으로 주체를 형성한다는 뜻을 내포하고 있다.

다시 말하면, 지배계급은 사적으로는 자신의 욕구와 자아를 실현하면서 공적으로는 인간의 자유와 평등과 같은 보편적 가치를 동시에 추구하는 문화적 소양으로 교양을 갖추어야한다는 것이다.[10]

---

8) 독일낭만주의(Deutsche Romantik)는 18세기 말엽게서 19세기 전반기 동안 독일에서 유행한 문화사조로서 프랑스로부터 유입된 계몽주의에 대하여 저항하면서 독일 고유의 둔화를 세우려는 문화운동이었다. 독일낭만주의는 프랑스 계몽주의에 저항하며 그들 자신의 힘을 의식하는 독일 낭만주의자들이 주도한 '질풍노도운동(Sturm und Drang)'에서 발단하였다. 특히 독일 낭만주의자들은 득일 민중문학의 부활을 시도하였다. 이러한 낭만주의 운동의 사례로소 그림 형제 야코프 그림(Jacob Grimm, 1785~1863)과 빌헬름 그림(Wilhelm Grimm, 1786~1859)의 『그림동화집(Kinder-und Hausmärchen, Grimms Elfenmärchen, 1812)』을 들 수 있다. 그림 형제는 독일의 민요 · 민화를 수집함으로써 『그림동화집』을 완성하여 독일국민군학 형성에 기여하였다.

9) 헤르더는 『언어의 기원에 관한 논문(Abhandlung über den Ursprung der Sprache, 1772)』을 발표하였다. 헤르더에 따르면 독일 사람들은 언어로부터 공통의 영혼, 본질, 민족적 특성을 발견하여 독일민족을 발전시켰다고 주장하였다. 이후 동화집을 편찬하였던 야곱 그림 또한 헤르더의 생각을 계승하는 언어기원이론을 주장하였다.

10) 홍은영 · 최치원, "문화적 실천으로서 독일의 정치교육 혹은 민주시민교육", 『유럽사회문화 제17호』, pp. 294-295.

이러한 독일 낭만주의 사상가들은 독일어에서 교양을 의미하는 'Bildung'에서 문화의 의미를 찾으려고 시도하였다. 우선 독일의 철학자 임마누엘 칸트(Immanuel Kant, 1724~1804)는 인간의 내면에 잠재하는 미성숙, 무지로부터 탈출하려는 용기의 부족상태에서 벗어나는 합리적 행동에서 계몽이 발생한다고 주장하였다. 이에 대하여 독일의 낭만주의 사상가 요한 헤르더는 칸트의 계몽주의 관념에 반발하면서 독일국민이 가져야하는 집단의 정체성을 의미하는 '국민문화'라는 것을 제시하였다. 헤르더는 칸트가 주장한대로 인간의 이성에 의하여 인간이 계몽이 되는 것이 아니라, 문화에서 기원하는 창의성도 인간의 문명화과정에서 상당한 역할을 한다고 보았다. 따라서 헤르더는 인간 내면의 정체성과 그가 속한 공동체와 공유하는 집단의식 등이 '교양(Building)'을 형성하고, 이것을 토대로 국민의 문화가 발전된다고 주장하였다.[11] 이러한 국민문화 전통은 독일의 고유한 문화적 요소로 자리 잡게 된다. 독일의 학자들은 헤르더와 칸트의 개념을 융합하여 독일 고유의 문화라는 개념을 근대화와 근대 교육의 도입 과정에 정착시켜 중요한 지적 전통을 성립하였다. 독일어권에서 문화는 계몽과 국민성이 결합되어 독일인을 문명화된 그룹으로 정의내리고 제3세계 지역을 원시 혹은 부족의 문화라는 개념이 등장한다.[12] 이와 같이 문명과 야만을 구별하여 바라보는 독일의 이분법적 문명관은 독일출생으로 미국으로 건너가 미국의 문화인류학을 성립한 프란츠 보아스(Franz Boas, 1858~1942)[13]로부터 근대 문화인류학의 출발점이 되기 시작하였다.[14]

---

11) 정대성, "헤르더의 계몽비판과 '표현'으로서 언어의 이념", 『철학논집』, 2016년 45호, pp. 173-197.

12) 안성찬, "전인교육으로서의 '인문학': 독일 신인문주의의 '교양(Bildung)'사상", 『인문논총』 1995년 제62집, pp. 99-126.

13) 보아스는 독일 베스트팔렌 출생으로 대학에서 물리학과 지리학을 공부하였다. 보아스는 1883~1884년 북극해의 배핀섬 원정에 참가하여 에스키모 조사를 수행하였다. 이후 그는 인류학으로 전공을 바꾸었고 북아메리카 인디언에 관한 현지조사를 하여 많은 업적을 올렸다.

14) 박지환, "19세기 독일 역사주의와 프란츠 보아스(Franz Boas)의 역사적 방법", 『사회과학연구』, 2016년 40권호 3호 pp. 113-133.

2) 교양으로서 문화

19세기 영국의 문학시인이자 평론가인 매슈 아놀드(Mathew Arnold, 1822~1888)는 문화를 "인간 사고와 표현의 뛰어난 정수(the best which has been thought and said)"라고 정의하여 교양의 의미로 사용하였다. 아놀드가 말하는 교양은 문학, 미술, 음악 등에 대한 지식의 습득과 실천을 통한 정신적 완성을 추구하는 것을 의미한다. 아놀드는 엘리트주의자로서 산업혁명 이후 물질적 풍요와 함께 대중문화 등장에 대해 불편한 시선을 가졌다. 따라서 그는 사회의 엘리트들이 교양 있는 문화를 주도하여 노동계급을 교육으로 각성시키고 엘리트 계급이 실행하는 교양의 문화를 모범으로 삼아 노동계급의 천박한 대중문화를 지양하고 문화적으로 복종하도록 주장하였다.[15]

지배계급의 교양으로 사용된 영국어서의 '문화'의 개념은 20세기 후반 미국의 대중문화의 영향력이 전 세계적으로 확대되면서 점차 약해지게 되었다.[16]

---

15) Mathew Arnold, *Culture and anarchy* (Oxford: Oxford University Press, 2016).

16) 독일의 문예비평가 발터 벤야민(Walter Benjamin, 1892~1940)은 『기술복제시대의 예술작품(Das Kunstwerk im Zeitalter seiner technischen Reproduzierbarkeit(1935)』에서 현대사회는 기술복제시대로서 사진기술의 발달과 철도의 발달을 통하여 예술의 본질적 변화가 발생하였다고 주장하였다. 벤야민은 사진기술의 발달로 인하여 기존에 회화예술이 가지고 있던 '아우라(Aura)'가 붕괴되었다고 설명하였다. 아우라는 예술의 원본이 갖는 신비한 분위기나 예술의 유일성을 의미한다. 이전에는 기득권적인 소수의 계층만이 '아우라'를 가지고 있는 예술작품을 독점적으로 소유하는 문화특권을 가지고 있었다. 이러한 문화특권은 대량 복제가 가능한 사진과 영상 기술의 등장으로 회화예술의 '아우라'의 소멸과 함께 점차 붕괴되었다. 대중들은 대량복제된 문화 상품을 향유할 수 있게 된 것이다. 이러한 벤야민의 주장은 보수의 문명론을 위협하는 좌파의 문화이론의 핵심적 논거가 되었다. 영국의 미술 평론가 케네스 클라크(Kenneth Clark, 1903~1983)는 1969년 영국 BBC에 방영된 다큐멘터리 『문명(Civilisation)』을 제작하였다. 클라크는 예술과 학문이 이루어낸 서구문명의 업적에 초점을 두었다. 1972년 영국 좌파 지식인 존 버거(John Berger, 1926~2017)는 클라크의 『문명』에 반발하여 좌파적 입장을 취하는 예술 다큐멘터리 4부작 『어떻게 볼 것인가(Ways of seeing)』를 제작하였다. 존 버거는 벤야민의 이론을 사용하여 클라크의 『문명』 보수적 입장이라고 비판하였다. John Berger, *Ways of seeing* (London: Penguin Books, 2008).

3)마르크스의 '토대 · 상부구조(Basis und Überbau)'

칼 마르크스(Karl Marx, 1818~1883)는 역사의 발전 단계에 있어서 사회는 물질적 기초를 이루는 생산관계를 의미하는 '토대(Basis)'와 이를 바탕으로 형성된 정치적, 법률적 제도나 사회적 의식 형태(종교, 예술, 도덕, 철학 등)와 같은 이데올로기적 산물을 의미하는 '상부구조(berbau)'로 나뉘어진다고 보았다.[17]

마르크스에 따르면 경제활동의 핵심 영역인 생산관계[18]는 전체적인 경제적 구조를 형성한다. 이러한 경제적 토대 위에서 상부구조인 법과 정치적 제도가 세워지고 일정한 사회적 의식 형태가 변화된다. 다시 말하면, 어떤 사회의 경제적 관계는 그 사회의 경제적 토대를 형성하고 이를 바탕으로 사회의식과 문화와 같은 상부구조의 변형을 초래한다는 의미이다. 따라서 마르크스주의자들은 사회의 이데올로기나 문화 등의 정신적 측면을 '허위의식(Falsches Bewußtsein)'으로 규정한다. 그들은 경제적 관계에 치중하는 물질적 토대로서 경제력에만 치중하는 입장을 가지게 되었다. 따라서 고전적 마르크스주의에서 문화의 역할은 경제관계에 비하여 부수적인 역할을 담당하고 상대적으로 크지 않은 것으로 치부된다.[19]

반면, 경제적 토대에만 치중하는 마르크스주의에서 벗어나 상부구조인 문화

---

17) Karl Marx, *A contribution to the critique of political economy* (Moscow: Progress Publishers, 1979).

18) 생산관계(Produktionsverhaltnisse). 생산관계는 마르크스의 경제이론에서 가장 중요한 개념 중 하나이다. 마르크스는 인간의 경제생산 활동을 '생산력'과 '생산관계'라는 두 가지 측면으로 나누었다. 여기서 '생산력'이란 인간이 생산을 위해서 자연물이나 자연력을 이용하는 인간과 자연과의 관계를 말하는 것이다. 반면에, 생산관계는 생산 과정에 있어서 인간과 인간 상호 관계를 뜻한다.

19) 교조적인 공산주의 국가인 소련과 중국에서는 문화를 등한시한 마르크스의 사상의 영향에 따라 문화인과 지식인에 대한 무자비한 탄압이 자행되었다. 그러나 서구의 마르크스주의자들은 문화를 경시하는 태도를 비판하면서 문화에 초점을 두고 자본주의를 전복하려고 시도하였다.

의 역할도 함께 주목하는 프랑크푸르트학파, 그람시, 영국문화연구과 같은 사상들이 20세기 서구에서 등장하였다.[20]

4) 에밀 뒤르켐(Emile Durkheim, 1858~1917)

에밀 뒤르켐은 독일의 칼 마르크스와 막스 베버와 함께 사회학의 성립에 공헌한 고전적 사회학자로서 인정받는 프랑스의 사회학자이다. 뒤르켐은 문화를 등한시한 마르크스와 구별되며, 원시 종교와 문화인류학을 대상으로 연구를 수행하였다. 또한 뒤르켐은 사회과학의 주요한 연구대상으로서 문화를 사회 연구의 중요한 토대로 구축하는데 큰 공헌을 한 학자이다.[2] 그는 종교와 교육이 문화에 밀접한 관계를 맺고 있음을 학문적 연구로 밝히는 역할을 하였다. 그의 저서 중『사회분업론』,『자살론』,『종교생활의 초보 형식』등이 널리 알려져 있다.[22] 그의 저서 중에서『자살론』을 살펴보면 뒤르켐이 문화와 개인에 미치는 영향을 어떻게 바라보았는지 살펴볼 수 있다. 뒤르켐은『자살론』에서 자살의 원인을 하나의 개별적 사건에서 바라브는 것이 아니다. 그는 전체적인 관점에서 한 사회의 일정한 기간 동안 일어나는 현상을 통해 고찰하였다. 다시 말해, 뒤르켐은 자살 경향을 개별적 사건으로서 사회의 주류에서 벗어난 비사회성·개인적 특성에 그 원인을 찾는 것이 아니라 사회적 관점에서 사회와 개인 간의 어떠한 관계가 있는지 규명하고자 하였다.[23]

---

20) Tom Bottomore, *A dictionary of Marxist thought* (Malden: Blackwell Publishing 1991), pp. 45-48.

21) 뒤르켐은 개인의 행동은 사회의 통제를 받기 때문에, 사회과학자는 자연과학의 방법과 비슷하게 사회를 연구할 수 있다고 보았다. 따라서 뒤르켐은 사회의 개인의 표견적으로 드러난 말보다는 그들의 의식 속에 숨겨진 사회적 현상을 설명을 찾아내는 방법을 시행할 것을 주장하였다.

22) Ken Thompson, *Emile Durkheim* (London Routledge, 2002).

23) 뒤르켐은 19세기 말 유럽의 여러 나라의 자료를 수집하였다. 뒤르켐은 이와 같이 수집된 정부 자료를 바탕으로 실증적 분석을 수행함으로써 사회과학 연구방법론에 기거한 인물로 평가받고 있다. 뒤르켐의 저서는 실증실제의 사례를 통하여 분석하는 사회과학의 특성을 잘 드러낸 연구라고 볼 수 있다.

또한 『자살론』에서 뒤르켐은 자살의 유형을 이기적 자살, 이타적 자살, 아노미성 자살로 나누었다. '이기적 자살'은 개인이 자기 자신을 스스로를 사회적으로 무가치하고 쓸모없는 존재로 인식하고 살아가는 이유를 찾지 못할 때 일어난다. '이타적 자살'은 사회가 인간에게 자살을 반드시 해야 하는 의무 또는 숙명으로 받아들일 수밖에 없는 조건과 상황에서 발생한다. 마지막으로 '아노미성 자살'은 기존의 가치관이나 생활형태가 갑자기 변하거나 무너지면서 발생하는 혼란(아노미) 상태에서 발생하는 자살을 의미한다.

이와 같이 뒤르켐은 자살의 원인을 개인적 차원보다는 사회문화가 개인에게 미치는 영향에 주목하여 설명하고자 하였다. 뒤르켐에 따르면, 종교적 신앙, 가족, 정치 집단, 직업군 등 다양한 사회적 환경이 개인에게 영향을 미치고 있다고 보았다. 다시 말해 뒤르켐은 종교, 가족과 국가와 같은 문화와 제도의 강화를 통하여 개인 자신이 사회에 속해 있다는 연대의식을 강하게 느끼게 되면 자살의 충동을 가지지 않게 된다는 입장이다.

따라서 뒤르켐은 개인이 소속감을 잃지 않고 연대의식을 가지도록 하는 교육을 강조하였다. 교육을 통하여 개인이 아노미상태에 빠지는 것을 막을 수 있고 누구나 공유할 수 있는 문화적 기반이 형성된다. 뒤르켐의 문화론은 서구의 사상이 개인주의에만 경도되어 있다는 오해를 불식하고 개인의 아노미를 적극적으로 사회가 통제할 수 있다는 이론적 근거를 제공한다고 볼 수 있다.[24]

5) 막스 베버의 프로테스탄트 윤리와 자본주의

막스 베버(Max Weber, 1864~1920)는 『자본주의와 프로테스탄트 윤리』로 널리 알려진 독일의 학자다. 베버는 앞서 서술한 마르크스와 대척점에 위치하는 학자로서 마르크스가 주장한 경제 결정론과 대비되는 이론을 제시하였다. 그는

---

24) Durkheim, *Suicide* (London: Routledge, 2002).

마르크스의 주장처럼 모든 사회의 변동이 물질적 또는 경제적 토대에서 결정되고 문화는 그러한 경제적 토대에 종속되는 것이라는 주장에 반대하였다. 오히려 문화는 경제적 질서에서 부수적 기능을 담당하는 것이 아니라 그 자체로서 사회변동을 일으키는 요인이 될 수 있다고 보았다.

이러한 주장을 토대로 베버는 그의 저서 『자본주의와 프로테스탄트 윤리』에서 서유럽에서 자본주의가 발전하는 과정에서 프로테스탄트 정신이 중요한 역할을 수행했다고 주장했다. 베버에 따르면, 칼뱅[25]이 주도한 프로테스탄트는 개인의 소명을 강조하고 자본의 축적을 긍정적으로 강조했고 물질적 성공은 바로 신의 은총의 표시로 보았다. 따라서 베버는 괴테의 소설에서 영감을 받아 프로테스탄트의 윤리와 자본주의 정신 사이의 '선택적 친화성'[26]이 있다고 보았다. 다시 말해 마르크스의 주장처럼 종교와 문화가 경제적 토대에서 발생한 것이 아니라 종교가 자본주의와 같은 경제적 토대를 구축할 수 있다는 것이다.[27]

이와 같이 막스 베버의 마르크스의 경제결정론에 대한 비판은 20세기 후반 냉전시기 미국이 제3세계 국가들 대상으로 실행한 대외정책의 '근대화(Modernization)'에 매우 큰 영향을 미친다.[28] 현재 마르크스의 문화이론에 대적하는 보수주의 문화이론의 출발점은 에밀 뒤르켐과 함께 막스 베버의 문화이론으로 규정할 수 있다.

---

25) 장 칼뱅(Jean Calvin, 1509~1564): 프랑스 출신의 개신교 신학자이며 종교개혁가이다.

26) 선택적 친화성(Die Wahlverwandtschaften). 막스 베버는 괴테의 연애소설 『친화력 (1809)』에서 영향을 받아 '선택적 친화성'이라는 개념을 도출하였다. 괴테는 화학 성분 사이의 친화작용을 남녀 간의 애정 관계에 적용시켰을 때 어떠한 결과가 나올 것인지를 소설로 작성하였다.

27) Max Weber, *The Protestant ethic and the sprit of capitalism* (London: Routledge, 2005).

28) David Harrison, *The sociology of modernization and development* (London: Routledge, 2005).

4. 좌파의 문화이론

1) 프랑크푸르트학파

프랑크푸르트학파는 1930년 독일의 프랑크푸르트대학의 막스 호르크하이머 (1895~1973) 교수가 사회연구소의 소장직을 맡게 된 시점부터 이 연구소를 중심으로 마르크스주의 연구를 추구한 다양한 학자들의 모임을 지칭하는 용어이다. 주요한 구성원으로 호르크하이머, 테오도어 아도르노(Theodor Adorno, 1903~1969), 헤르베르트 마르쿠제(Herbert Marcuse, 1898~1979), 에리히 프롬(Erich Fromm, 1900~1980), 레오 뢰벤탈(Leo Löwenthal, 1900~93), 프란츠 노이만(Franz Neuman, 1900~54), 오토 키르히하이머(Otto Kirchheimer, 1905~1965), 프리드리히 폴로크(Friedrich Pollock, 1894~1970), 발터 베냐민 (Walter, Benjamin, 1892~1940) 등이다.[29]

이들은 마르크스가 문화를 경제적 토대의 부속물로 여기는 태도를 비판하고 마르크스주의 영역에 문화연구를 본격적으로 도입하여 다양한 문화담론을 생성하여 20세기 후반 좌파 문화이론을 주도하였다.

프랑크푸르트학파 중에서 아도르노는 나치 독일에서 탈출하여 미국에서 망명생활을 하였다. 이 당시 아도르노는 대중문화를 비판적으로 분석하여 '문화산업론'이라는 개념을 제시하였다. 아도르노의 문화산업론은 문화를 바탕으로 한 문화적 가치(cultural value)를 지닌 문화 산업(culture industry)을 비판적 관점으로 논의하는 과정에서 등장하였다.

아도르노는 나치 독일이 문화를 산업화하여 대중을 설득하고 이를 이용해 전체주의 체제를 구축하는 것과 미국의 자유주의 경제체제에서 등장한 대중 문화

---

29) Tom Bottomore, *Frankfurt School and its critics (Key sociologists)* (London: Taylor & Francis Group, 2002).

사업 모두를 비판적으로 보았다.[30]

아도르노의 주장을 정리하면, 문화산업이란 소비자의 욕구를 생산, 통제, 훈련시키는 힘을 가진다. 다시 말해, 문화 사업은 대중의 의식을 조작하는 소비자의 욕구를 충족하면서 동시에 소비자의 욕구를 통제할 수 있는 힘을 가지고 있다고 보았다. 따라서 문화 산업은 다중문화의 소비를 촉진하는 산업적 차원 뿐 아니라 정치적 이데올로기 차원을 동시에 지닌 개념이다.

한편 프랑크푸르트학파[31]의 일부 학자들은 마르크스의 이론과 프로이트(Sigmund Freud, 1856~1939)의 정신분석학을 결합하여 자본주의 체제의 전복과 기존의 사회질서를 전복시키고 인간의 해방을 이룬다는 이론을 고안하였다.[32]

프로이트는 자신이 제안한 무의식 개념을 효과적으로 통제하는 것이 문명의 형성과 유지에 결정적 역할을 한다고 주장하였다. 다시 말해, 프로이트는 문명은 인간의 본능적 욕구를 억제하고 통제하는 과정에서 형성된다고 보았다. 인간의 문명은 인간 개개인의 본능을 억제함에 그 바탕으로 두고 있다. 인간이 누구나 의식과 무의식속에서 내포되어 있는 공격성과 성적 욕구를 억제하고 포기하는 과정에서 물질 및 정신적인 공통의 재산을 축적하였다. 이를 통하여 인간은 본능을 억압한 대가로 문명의 탄생이라는 보상을 받게 된 것이다. 이러한 억

---

30) Theodor Adorno, *Culture industry: selected essays on mass culture* (London: Routledge, 2015).

31) 프랑크푸르트학파(Frankfurt School)는 '비판이론(Kritische Theorie)학파'로도 불리는 독일의 마르크스 계열 학자들을 의미한다. 1923년 막스 호르크하이머(Max Horkheimer)는 프랑크푸르트에서 '사회연구소'를 설립하였다. 설립 당시 많은 맑스주의적 학자들이 연구소에 참여하였다. 이후 나치 정권의 유대인 숙청 작업이 시작되면서 프랑크푸르트학파의 많은 유태계 학자들이 독일을 탈출하였다. 이들은 미국에 정착하여 전후 서구 지성사의 중요한 위치를 차지하였다. 특히 프랑크푸르트학파의 자본주의 비판 정신은 1968년 학생 운동의 기폭제가 되었다.

32) 프랑크푸르트학파 학자 중 에리히 프롬과 허버트 마르쿠제는 프로이트의 정신분석학과 마르크스의 이론을 결합하려는 시도를 하였다. 1955년에 출간된 마르쿠제의 『에로스와 문명』과 1956년에 출간된 프롬의 『사랑의 기술』이 널리 알려진 저서들이다.

압에 적응하지 않고 사회에 저항하는 사람은 '범죄자'이거나 '정신병자'가 되는 것이다. 이러한 프로이트의 문명론에서 죄책감이라는 도덕적 개념의 작동이 매우 중요한 역할을 수행한다. 개인의 절제된 삶과 도덕성을 지키고 공동체의 번영을 추구하는 점에서 프로이트의 문명론은 보수주의 문화이론의 주요한 근거가 된다.[33]

그런데 1968년 유럽의 젊은이들은 기성세대의 가치체계와 사회질서를 부정하면서 체제전복을 시도하였다. 68혁명[34]은 미국의 히피 세대에게 큰 영향을 미쳤다. 특히 이들은 자유로운 섹스와 마약을 흡입하였다. 서구 문명을 지탱하였던 규율과 도덕을 정면으로 부정한 것이다.

이른바 68혁명이라 불리는 서구의 반체제 운동은 프랑크푸르트학파의 마르쿠제(Herbert Marcuse)가 이론적 근거를 제공하였다. 마르쿠제는 과거 프롤레타리아의 해방을 목표로 삼은 수많은 역사상의 혁명투쟁이 실패한 원인을 프로이트의 문명론에서 찾았다. 특히 마르쿠제는 혁명에 동조할 것으로 예상되었던 독일의 노동계급이 나치즘을 지지한 사실을 규명하기 위하여 인간 개개인의 심리적 차원의 분석이 필요하다고 보았다.

이러한 배경에서 마르쿠제는 프로이트의 문명 이론을 새롭게 해석하고 마르크스의 이론과 결합하여 새로운 해방론을 주장하였다. 마르쿠제는 프로이트의 주장처럼 인간이 본능을 통제하여 문명이 생성되었다면 역으로 인간이 본능적 욕구에 대한 억압에서 해방되면 자본주의 문명이 붕괴될 수 있다고 보았다.[35]

---

33) Sigmund Freud, *Civilization and its discontents* (New York: Dover Publications, 2015).

34) 68혁명(프랑스 5월 혁명)은 1968년 5월 파리 외곽에 위치한 낭테르 대학교에서 '여학생 기숙사에 남학생 출입을 허락하라'라는 학생들의 요구로부터 시작되어 유럽, 미국, 일본 등의 청년세대에 퍼진 일련의 사건을 말한다. 프랑스의 청년세대는 기성세대를 격멸하고 국가권력에 위한 개인에 대한 통제와 간섭을 거부하면서 방랑생활, 마약 흡입, 프리섹스 같은 도발적인 행위를 도발하여 기존의 질서와 도덕가치체계에 도전하였다.

35) Herbert Marcuse, *Eros and civilization: a philosophical inquiry into Freud* (Mass: Beacon Press, 2015).

마르쿠제는 그의 저서『에로스와 문명』에서, 자본주의 사회에서의 인간의 욕망은 인간 자신의 것이 아니라 자본주의 문명이 억압하고 통제하는 대상이 되는 것이다.

프로이트가 개인의 욕망을 억압하여 문명을 유지시킨다면 마르쿠제는 억압 없는 문명을 추구하여 기존의 질서를 파괴하려는 입장을 가졌다. 이러한 마르쿠제의 해방된 에로스로 자본주의 문명을 파괴하려는 움직임은 1970~80년대 우리나라와 일본의 문화 운동 특히 영화분야에서 그 영향력을 찾아 볼 수 있다.[36]

프로이트의 문명론에 따르면 가족이라는 제도 하에 절제한 성윤리는 가족을 지탱하고 문명을 지탱하는 역할을 담당한다. 반면에 마르쿠제의 해방론에 따르면 결혼한 여성이 남편을 버리고 자신의 성적 욕망의 충족을 위해 외도를 벌인다면 가족제도와 사회제도는 붕괴될 것으로 생각된다.

우리 사회에서도 이러한 성해방을 통한 가족 및 사회질서 파괴의 모습을 살펴볼 수 있다. 1970년대 호스티스가 주인공으로 나오는『영자의 전성시대』[37] 시리즈와 80년대 지속적으로 제작되었던『애마부인』[38]이 그 예로, 마르쿠제의 성해방론이 논리적 서사구조의 핵심이다.『영자』시리즈는 가난한 대학생이 유흥

---

36) 1960년대부터 1980년대까지 일본에서 남녀의 정사를 주로 다루는 영화들이 유행하였다. 이러한 영화장르물을 '핑크 영화(ピンク映画)'라고 부른다. Sharp · Jasper, *Behind the Pink Curtain: The Complete History of Japanese Sex Cinema* (Godalming: FAB Press, 2008).

37) 1975년 개봉한 김호선 감독의 '영자의 전성시대'는 농경사회에서 산업사회로 급변하던 시대에 지방에 거주하던 젊은 여성이 서울에 상경한 후 타락하는 과정을 다루는 영화이다. 영화는 주인공인 영자(염복순)가 가족들의 생계를 책임지기 위해 무작정 도시로 상경 후 식모, 버스 차장을 거쳐 유곽으로 흘러가 매춘부가 되는 과정을 담고 있다.

38) 애마부인(1982). 정인엽 감독작으로 한국영화 대표적 에로물의 상징이다, 1980년대 당시 전두환 정권은 대중의 정치적 관심을 약화시키려는 목적으로 3S(Screen, Sports, Sex) 정책을 도입하였다. 이러한 배경에서 통금해제 및 유흥업소 심야영업금지 해제와 함께 성 표현에 대한 영화 검열이 완화되고 심야극장 상영이 허가되었다. 이러한 분위기에 '애마부인'은 큰 인기를 끌었고 12편이라는 시리즈물로 제작되었다.

업 종사자 '영자'의 뒷바라지로 국가고시에 합격하여 출세를 하지만 영자를 버리고 조건이 더 좋은 여자와 결혼을 한다는 것이다.[39] 『애마부인』은 성공한 남자의 부인이 강한 성적 욕망 때문에 다수의 남자들과 시도 때도 없이 자유롭게 성관계를 맺는다는 내용이다.[40] 일본에서도 1970년대 '로망 포르노'라는 장르물인 비슷한 성격의 영화가 양산되었다.[41]고도 성장기의 동북아의 사회구조에 대한 저항을 68혁명 세대의 대부인 마르쿠제 성담론에 기대어 표현한 것으로 볼 수 있다.

2) 그람시의 헤게모니

안토니오 그람시(Antonio, Gramsci, 1891~1937)는 독일의 프랑크푸르트학파와 유사하게 마르크스의 이데올로기와 문화를 경시하고 경제결정론에만 치중하였던 한계를 벗어나 '헤게모니'[42]라는 독특한 문화이론을 고안한 이탈리아의 공산주의 사상가이다. 그람시는 이탈리아의 사르데냐의 작은 마을에서 일곱 형제 중 넷째로 태어나 토리노 대학에서 인문사회과학을 공부하였다. 이후 그람시는 이탈리아 공산당의 핵심 인물로서 무솔리니의 파시즘에 저항하였고 유럽의 좌파 세력에게 막대한 영향력을 끼쳤다.[43]

이러한 이유로 그람시를 두려워한 무솔리니는 1926년에 그람시를 체포하였고 그람시는 11년간 수감생활 중 건강이 심각하게 악화돼 1937년에 사망하였

---

39) 노지승 "영화 『영자의 전성시대』에 나타난 하층민 여성의 쾌락", 『한국현대문학연구』, 2008년 24호, pp. 413-444.

40) 이충민, 『한국영화에 나타난 여성외도의 재현 양상 연구: 1980년대 이후의 영화를 중심으로』, 한국외국어대학교 박사학위논문(2011).

41) 박규태 "현대 일본영화와 섹슈얼리티", 『일본비평』, 2014년 11호, pp. 164-195.

42) 헤게모니는 한 집단·국가·문화가 다른 집단·국가·문화를 지배하는 것을 이르는 말이다. 그람시는 부르주아계급이 노동자계급에게 행사하는 통제의 의미로서 헤게모니를 사용하였다.

43) Steve Jones, *Antonio Grasmci* (New York: Routledge, 2006).

다. 그람시는 감옥에서 쓴 글을 의미하는 『옥중수고(Prison Notebook)』를 남겼다. 그람시는 『옥중수고』에서 이탈리아의 역사와 정치를 분석하여 정통 마르크스주의 이론의 한계를 벗어나는 문화적 헤게모니, 교육, 경제결정주의 비판 등의 독창적인 이론을 전개하였다.

그람시는 기존의 마르크스가 '토대'와 '상부구조' 중에서 '토대'만을 양자택일하는 입장에서 발생하는 문제를 극복하려고 하였다. 다시 말해, 물질적 기반의 부수적인 문화적 상부구조의 역할을 규명하고자 하였다. 특히 그람시는 프롤레타리아 계급이 지배계급이 만들어낸 헤게모니에 종속되어 있는 이유를 파악하기 위하여 문화적 요소인 대중의 일상, 상식, 언어와 대중문학에 관심을 가졌다.

그람시는 '헤게모니'라는 독특한 개념을 제시하였다. 그람시가 말하는 헤게모니의 요지는 지배 계급과 피지배 계급이 물질적 이해관계를 두고 직접적인 투쟁을 하는 것이 아니다. 그람시가 주장하는 헤게모니는 자본주의 사회에서 물질에 대한 지배를 당연한 것으로 여기게 만드는 방법에 관하여 피지배계급이 저항을 한다는 의미이다. 헤게모니는 지배계급이 피지배계급에게 문화적으로 포섭하여 피지배계급이 지배에 대하여 '동의'를 하게 만드는 과정을 의미한다.

헤게모니 이론에 따르면, 문화는 권력자와 피지배 간에 투쟁의 장으로 정의된다. 지배계급은 문화의 헤게모니를 통하여 피지배계급의 저항을 누르고 피지배계급이 사회에 순종하도록 한다. 따라서 그람시는 사회주의 계급혁명을 성공시키려면 피지배계급이 자본주의 지배계급이 주도하는 이념적 헤게모니를 탈취해야한다고 보았다. 이를 위하여 그람시는 교육, 언론, 학계, 예술, 문화 등의 영역에 진지(陣地)를 구축하여 헤게모니 투쟁을 펼쳐야 한다고 보았다.

그람시는 이와 관련하여 기동전(機動戰, Maneuver warfare)[44]과 진지전의

개념(陣地戰, Position warfare)[45]을 제시하였다. 그람시는 1917년의 러시아혁명과 같은 계급간의 정면충돌을 기동전이라고 지칭하였다. 이와 반면에 그람시는 자본주의사회가 자리 잡은 서구사회에서는 러시아혁명과 같은 계급혁명 전략에 기반한 전면전이 불가능하다고 보았다.

따라서 그람시는 1차대전에서 사용되었던 참호전과 유사한 개념으로서 진지전의 개념을 제시하였다. 피지배계급이 사회의 각 영역에 침투하여 자본주의를 부정하는 이념을 장기간에 걸쳐 확산시키고 이데올로기의 주도권을 확보하는 것을 진지전이다.

그람시는 이러한 헤게모니의 확보를 위한 진지전의 승리를 위하여 문화영역에서 지식인의 역할을 강조하면서 '국민적─대중적' 개념을 제시한다. 그람시가 제시한 '국민적─대중적' 문화 개념은 이탈리아에서는 자국 내에서 대중적 인기를 확보한 문학이 왜 존재하지 않는가에 대한 질문에 대하여 그람시가 제시한 답변이다. 그람시는 이탈리아에서는 국민적─대중적 문학이 존재하지 않는 이유를 작가와 대중, 지식인과 국민─대중 사이의 유기적 통일이 존재하지 않기 때문이라고 보았다.

다시 말해 그람시는 이탈리아의 경우 '국민적(nazionale)'과 '대중적(popolare)'의 개념이 동의어로 사용되는 서구의 국민국가와 달리 별개의 개념으로 사용되고 있다고 보았다. 이탈리아의 작가는 대중으로부터 감정적 공감을 이끌어 내는 작품 활동을 하지 않다는 것이다. 그람시는 이러한 이탈리아 지식인들의 태도가 심각한 오류를 범하고 있는 것으로 보았다. 따라서 이탈리아 지식인들은 대중과 지식인의 유기적 통일을 구축하기 위하여 '국민적'─'대중적' 문화를 형성하고 대중의 지적 도덕적 개혁을 통한 헤게모니를 확보하는 문화운동

---

45) 기동전과 대비되는 용어로서 방어를 위주로 하는 전술을 말한다. 진지전에서는 진지를 구축하면 진지 안에서 적이 계속 공격케 함으로써 적 전투력을 와해 또는 소모케 하는 전술을 사용한다.

을 실시할 것을 주장하였다.[46]

3) 영국 좌파 문화연구

일반적으로 제2차 세계대전 이후 유럽의 지식인들은 사회주의에 대하여 환상을 가지고 있었다. 그들은 러시아혁명 이후 소련에서 실험 중인 사회주의체제가 타락한 서구의 자본주의를 대체할 수 있을 것이라고 기대하였다. 그런데 스탈린은 철권통치를 펼치면서 수많은 사람을 학살하는 혹독한 공포정치를 펼치었다. 오죽하면 스탈린 사후 소련 공산당 서기장에 취임한 흐루쇼프(Никита Сергéевич Хрущёв, 1894~1971)가 스탈린 통치 시기 동안 스탈린의 개인숭배와 이에 따른 부작용에 대하여 비판하였고 탈 스탈린정책을 추진하였다. 이에 더하여 소련은 헝가리를 무력 침공[47]하였고 수에즈 운하 사태[48]와 관련하여 영국과 프랑스를 협박하였다. 이와 같은 사회주의 종주국에서 일어난 일련의 사태들은 서방의 공산주의자들이 소련에 대하여 맹목적으로 지지를 계속해서 할 수 없는 상황이 되었다.

---

46) Antonio Gramsci, *Selections from the prison notebooks* (New York: International Publishers, 2004).

47) 1956년 헝가리혁명. 1956년 10월 23일 헝가리 수도 부다페스트에서 공산당 독재에 환멸을 느낀 헝가리 시민들이 반정부 투쟁을 시작하였다, 헝가리 시민의 민주화 운동은 일시적으로 성공하여 헝가리 공산당 독재정부를 붕괴시켰다. 이어서 새로운 탈공산주의 민주체제가 들어서는 상황이 발생하자 소련은 11월 4일 탱크 1,000대와 병사 15만 명을 헝가리에 투입해 반공산주의 시민혁명을 진압하였다.

48) 수에즈 위기(제2차 중동전쟁). 1956년 10월 29일부터 1956년 11월 3일까지 발생한 전쟁으로 수에즈 운하의 소유권을 쟁점으로 이스라엘, 영국, 및 프랑스의 동맹세력과 이집트가 벌인 무력충돌을 말한다. 1952년 7월 이집트에서 군부 쿠데타로 왕정을 붕괴시키고 정권을 장악한 나세르(1918~1970)는 범아랍주의(Pan-Arabism)를 제창하면서 강한 민족주의와 반서방주의적인 입장을 취혀였다. 이러한 배경에서, 나세르는 수에즈 운하를 국유화하였다. 이에 반발하여 영국과 프랑스는 이스라엘과 동맹을 맺고 이집트를 침공하였다. 그런데 미국과 소련은 영국과 프랑스의 군사행동을 중단하고 철군을 요구하였다. 이 고정에서 소련은 영국과 프랑스를 상대로 핵공격을 감행하겠다는 위협하였다.

이러한 흐름에서 영국의 좌파 지식인들은 새로운 사회주의를 모색하기 위한 목적으로 문화를 본격적으로 연구하게 된다. 우리에게는 페리 앤더슨(Perry Anderson, 1938~), 에드워드 톰슨(Edward Palmer Thompson, 1924~993)과 에릭 홉스봄(Eric Hobsbawm, 1917~2012), 레이먼드 윌리엄스(Raymond Williams, 1921-1988), 스튜어트 홀 (Stuart Hall, 1932~2014) 등의 저서들이 널리 알려져 있다.[49] 이들 영국의 좌파 문화연구자들은 전통적 공산주의에서 추종하는 경제결정론에 비판적인 태도를 취하였다. 그 대신 그들은 노동계급의 삶과 의식에 대한 경험을 강조하는 문화 분석에 주목하였다.

이상과 같이 살펴본 좌파의 문화이론은 초기 경제적 토대에 종속적인 역할에 한정하여 문화를 바라보았다. 따라서 그들은 복지제도를 수용한 자본주의 사회의 성숙과 서구 사회에서 프롤레타리아의 혁명적 계급의식의 형성이 부진하다는 한계점에 직면하게 되었다. 이러한 난관을 극복하기 위하여 주로 서구의 좌파 지식인들은 전통적 마르크스주의자들의 경제결정론을 비판하고 문화를 통하여 사회주의혁명을 꿈꾸는 이론들을 제시하였다. 이러한 서구 좌파의 문화이론은 과거 우리사회에 적극적으로 수용되어 우리 사회 곳곳에서 그 영향력을 발휘하고 있다. 과거 권위주의 통치시절 국가보안법이 강력하게 시행되던 시절에는 마르크스의 저작물은 관계 당국의 엄격한 검열과 통제 하에 있었다.[50] 이와 반면에 서구의 좌파 이론은 비교적 자유롭게 유통되었고 관계 당국의 규제도 엄격하지는 않았다. 이러한 이유로 우리 사회는 문화를 중요시 여기는 서구

---

49) Andrew Edgar and Peter Sedgwick, *Cultural theory: The key concepts* (London: Routledge, 2005); Stuart Hall, "Cultural Studies: Two Paradigms." *Media, Culture, and Society*(1980).

50) 일반적으로 마르크스와 엥겔스의 사상과 저서들은 필수적 서구의 대학의 교양 및 인문사회과학의 교과과정에 포함된다. 우리나라의 경우 군사정권 기간 동안 고전적 마르크스의 저서들은 금서로 통제를 받은 반면에, 서유럽의 마르크스주의 계열의 저서들은 비교적 자유롭게 유통되었다. 1987년 군사독재가 종식된 후에 마르크스 등의 고전적 저작물의 금서에서 해금되었다.

좌파의 이론이 지식인과 문화인들 사이에는 상당한 영향력과 함께 우리 사회에
곳곳에 뿌리를 내리고 있다.

5. 보수주의 문화이론

1) 근대화 이론

근대화 이론(Modernization theory)은 미국이 20세기 후반 제3세계 국가들
을 대상으로 시행했던 대외정책의 근간이 되는 이론이다. 다시 말하자면, 서구
에서 발생되었던 사회변동을 근대화 과정이라고 정의하고 이러한 문명적 변화
의 경험을 제3세계 지역에 이식하여 보편적이고 통합된 근대성(modernity)을
확보하는 것이 근대화 이론의 핵심이다. 이를 통하여 미국은 공산주의 혁명을
수출하려는 소련과 체제 경쟁에서 승리를 쟁취하고자 하였다.[51]

근대화이론의 탄생 배경을 살펴보면 제2차 세계대전 이후 미국은 영국을 대
신하여 서구 문명권의 패권적 지위를 물려받았다. 미국은 필리핀과 중남미 지
역을 제외하면 영국과 프랑스와 달리 아시아와 아프리카 지역에서 식민지를 지
배한 경험과 지식의 축적이 풍부하지 않았다. 이러한 배경에서 미국은 유럽의
근대화 과정에서 일어난 사회적 변화에 관한 고전적 사상가들의 이론을 바탕으
로 근대화 이론을 고안하였다. 유럽의 식민 지배체제는 제3세계 지역의 피식민
지를 서유럽의 문명보다 미개한 정신과 낙후된 제도를 가지고 있기 때문에 서
구의 통치 하에서 제3세계지역의 '문명화(文明化, civilization)' 과정이 진행되

---

51) Nils Gilman, *Mandarins of the Future: Modernization Theory in Cold War America: Modernization
Theory in Cold War America* (Baltimore: JHU Press, 2004)

고 있다는 논리가 내포하고 있었다.[52]

반면에, 미국의 근대화 이론은 미개한 사회를 문명화시킨다는 논리보다는 더 발달된 개념으로서 유럽의 근대역사를 [전근대]-[근대화]-[근대]의 단계를 거치면서 근대라는 보편성을 지닌 문명 공동체를 건설하는 것이 핵심 논리이다. 이러한 근대화 이론의 단계별 역사관은 마르크스의 사적 유물론에 대응하려고 만들어 낸 역사관이라고 쉽게 유추할 수 있다.[53] 특히 동북아 지역의 경우에는 높은 수준의 문화와 역사적 전통을 가지고 있기 때문에 서구가 아프리카에서 야만을 대상으로 시행한 문명화의 방법은 동북아 지역에서는 그대로 사용할 수 없었다.

이러한 배경에서 미국의 동북아지역에서 적용된 근대화 이론은 막스 베버의 자본주의 이론과 중국에 대한 담론에 기초를 두고 있다. 앞서서 막스 베버는 마르크스의 사적 유물론[54]과 대항하여 프로테스탄트 정신이 자본주의 발생에 기여하였다는 논제를 제시하였다. 이러한 베버의 주장은 서유럽에서만 근대 자본주의가 발생하고 다른 지역에서는 왜 그렇지 못하였는지를 종교가 사회에 미치

---

52) Francis Fukuyama, "Samuel Huntington's Legacy: Why his works on world order --political and otherwise— are still relevant today", *Foreign Policy*, http://foreignpolicy.com/2011/01/06/samuel-huntingtons-legacy/ (2011).

53) 근대화 이론의 가장 대표적 이론가인 로스토우 (Walt Whitman Rostow (1916~2003)는 국가경제의 발전과정은 5단계를 거쳐 발전해 나간다고 보았다. 그는 경제성장의 단계를 ①전통사회, ②도약을 위한 준비단계, ③도약단계, ④성숙단계, ⑤고도의 대중소비단계의 5단계로 구분하여 제시하였다. 특히 로스트는 자신의 경제성장 단계론을 발표한 저서의 부제를 '비공산당선언'라고 삼고 있듯이 '공산당 선언'을 저술한 마르크스와 엥겔스를 의식하고 있음을 분명히 하였다. Walt Whitman Rostow, *The stages of economic growth: a non-communist manifesto* (Cambridge: Cambridge University Press, 1960).

54) 사적 유물론. 마르크스 · 엥겔스는 생산관계의 변화에 따라 역사의 발전 단계를 ①원시 공동체적 생산 방식(原始共同體的生産方式) ②노예 소유자적 생산 방식(奴隷所有者的生産方式) ③봉건적 생산 양식(封建的生産樣式) ④자본제 생산 양식(資本制生産樣式) ⑤사회주의적 생산 관계(社會主義的生産關係) ⑥공산주의 경제(共産主義經濟) 순으로 발전한다고 설명하였다. 마르크스는 ②단계에서 ④단계까지 이르는 인류역사는 사유제를 체제를 무너뜨리기 위한 계급투쟁의 역사라고 규정하였다.

는 영향을 비교 연구하여 규명하려고 하였다.[55] 막스 베버가 저술한 종교사회학 저작 중에서 『유교와 도교』는 중국문명권에서 근대적 자본주의가 발생하지 못한 이유를 논증하고 있는데, 서유럽에서 자본주의가 발생하였는지를 규명하는 『프로테스탄트 윤리와 자본주의 정신』과 대비되는 논증을 펼치는 저서이다. 베버의 논지는 동북아의 유교문명권은 서구의 프로테스탄트 정신에 대응할 만한 정신적 토대가 부족하여 경제성장이 어렵다는 것이 그 핵심적 주장이다.[56]

그런데 흥미로운 점은 막스 베버의 근대화 이론이 우리나라에 유입되는 과정에서 베버의 패러다임에 의존하였던 미국의 근대화이론이 국내에 영향을 미친 것과 동시에 우리나라의 지식인들은 오쓰카 히사오(大塚久雄, 1907~1996)와 같은 일본의 학자들이 수행한 베버에 관한 연구를 직접 수용하였다는 것이다.[57] 1960년대 서울대학교 교수였던 최문환[58]과 황산덕은 1930년대부터 일본어로 번역되었던 베버의 저술과 일본학자들의 2차 문헌을 적극적으로 탐독하였다.[59] 이들은 정부의 관료로서 참여하여 정부가 추진하였던 국민교육헌장의 제정과

---

55) 막스 베버는 마르크스가 제시한 '생산양식 Produktionsweise' 거념에 필적하는 '생활양식 Lebensführung'을 제시하였다. 생활양식은 한 집단이 공유하는 구조적인 생활양식을 의미한다. 베버는 집단의 지배적인 종교에 따라 생활양식이 경제윤리에 어떻게 형성되는지에 대한 논지를 자신이 수행한 세계 종교사회학 연구의 핵심적 주제로 삼았다.

56) Max Weber, *Die Wirtschaftsethik der Weltreligionen – Konfuzianismus und Taoismus: Schriften, 1915–1920* (Tübingen: Mohr Siebeck, 1989).

57) Hisao Ōtsuka, *The spirit of capitalism: the Max Weber thesis in an economic historical perspective* (Tokyo: Iwanami Shoten, 1976).

58) 최문환 (1916~1975)은 서울대학교 경제학과 교수로서 서울대 총장을 역임하였다. 박정희 대통령은 집권 초기에 학계와 언론계와의 개인적 접촉을 가졌다. 매주 화요일에는 학계인사를 만났고 목요일에는 언론과의 모임을 가졌다. 특히 매주 화요일의 모임은 최문환 서울대 총장이 주도하여 '근대화문제연구회'라는 이름으로 박정희 대통령에게 학술 자료를 요약 및 번역하여 보고서 형식으로 제출하였다. 김종신, 『박정희 대통령과 주변 사람들』(서울: ㈜ 한국논단, 1963), pp. 20-21.

59) 최문환, 『막스 웨버 研究』(서울: 삼영사, 1977) ; 『(웨버의) 학문과 정치론』(서울: 문교부, 1963). 황산덕, 『막스 베버』(서울: 사상계사, 1960).

국민생활합리화운동에 지대한 영향을 끼쳤다.

　이와 같이 우리나라의 지식인들은 베버의 근대화론에 기초하여 전근대적 생활양식(Lebensführung)에서 벗어나 경제성장에 기여하기 위하여 합리성에 근거하는 능률적인 생활습관과 소비문화 등을 국민들이 받아들일 것을 주장하였다.[60] 이러한 대표적 사례를 들자면, 우리 사회는 전통적인 유교사회의 제례의식의 인습으로 인하여 관혼상제에 지나치게 많은 경비를 지출하는 풍조가 있었다. 이러한 사회적 풍습을 개혁하고자 과거 박정희 정부는 정부가 민간의 일상에 개입하여 제도적으로 관혼상제를 통제하였다.[61]

　이러한 근대화 담론은 보수주의 문화의 한 축을 이루게 되는데, 그 내용을 요약하면 합리성에 대한 기초한 경제성장의 추구, 유교적 제례의식과 개인의 과시 욕구를 억제하는 실질적인 경제활동에 기여하는 생활태도 등이다. 이러한 근대화 담론은 우리사회가 전근대사회의 주술성과 비합리적 생활관에서 벗어

---

60) "대한민국의 지식인들은, 예를 들자면, 보수와 급진세력 모두 막스 베버의 저명한 저서 『프로테스탄 윤리와 자본주의 정신』에서 비즈니스맨의 전형으로서 스스로 만들어낸 영적인 삶을 추구하는 '칼뱅교 유형'을 자주 떠받들었다. South Korean intellectuals, for example, both conservative and radical, have often held up the spiritually oriented, self-made 'Calvinist-type' of entrepreneur celebrated in the work of Max Weber, especially his famous *Protestant ethic and the spirit of capitalism*, as concrete historical models of exemplary businessmen" Carter, Eckert, (1990) "The South Korean bourgeoisie: a class in search of hegemony", *Journal of Korean Studies*, 7, pp. 115-148.

61) 정부에서 제공하는 '기록정보콘텐츠'에 따르면 1960년대 가정의례 준칙의 제정의 배경에 관하여 다음과 같이 서술하고 있다. "1960년대 말 조금씩 경제가 발전하고 산업화가 되어 가면서 소비적이고 화려한 가정의례가 늘어났다. 1969년 1월 16일 정부는 이러한 허례허식을 없애고 의식 절차를 합리화함으로써 낭비를 억제하고 사회기풍을 진작하기 위해 「가정의례에 관한 법률」을 시행하였고, 동법 시행령에 '가정의례준칙'을 넣었다. "전통이나 전래의 방법이란 마땅히 길이 보전되고 전승되어야 할 문화적 유산이기도 하나, 그것은 그 정신이 중요한 것이지 결코 형식적인 절차가 중요한 것은 아닙니다. 실제로 우리의 관혼상제만 하더라도 이를 존중하는 그 정신이 중요한 것이지 음복이나 다과가 많고 적고 하는 절차나 형식이 중요한 것은 아닙니다." 1969년 박정희 대통령이 발표한 「가정의례준칙 공포에 즈음하여」라는 담화문의 일부로 가정의례준칙이 왜 필요한지를 알려주고 있다. 이러한 취지를 담은 '가정의례준칙'은 1973년 대통령령으로 확정, 공포하였다.", 기록으로 만나는 대한민국, 가정의례준칙 , http://theme. archives.go.kr/next/koreaOfRecord/homeRule.do

나 근대화와 산업화를 빠른 속도로 진행한 압축성장의 문화적 토대가 되었다.

2) 문명화 과정

앞서 프로이트의 문명담론을 살펴보았다. 개인의 충동과 성적욕구를 통제하는 것이 문명 형성의 핵심적 개념임을 살펴보았다. 이러한 프로이트의 문명담론을 실증적 연구로서 증명한 독일의 학자가 있다. 독일의 사회학자 노르베르트 엘리아스(Nobert Elias, 1897~1990)의 『문명화 과정』에서 프로이트의 영향력을 다시 확인할 수 있다. 엘리아스는 실증적 사료분석을 통해 중세에서 근대까지 서구사회의 문명화 과정을 총체적으로 규명하였다. 엘리아스는 유럽의 중세에서 야만적이고 거친 인간의 충동을 통제하는 인간 유형이 탄생되었다고 보았다. 다시 말해, 인간은 동물처럼 수치심도 없이 본능대로 살았다. 그런데 중세 후기 이후 특히 서유럽에서 인간의 본능적 충동을 통제하는 능력이 증가하였다. 엘리아스는 이러한 본능통제를 내면화하여 자기 스스로를 통제하는 과정을 문명화 과정이라고 하였다.[62] 이와 같이 프로이트의 문명론은 막스 베버와 함께 보수 및 자본주의 문화이론을 지지하는 중요한 기초적 이론이다.[63]

3) 헌팅턴의 문명충돌론과 프랜시스 후쿠야마의 신뢰사회

사무엘 헌팅턴(Samuel Huntington, 1927~2008)과 프랜시스 후쿠야마(Francis Fukuyama, 1952~)는 우리에게 『문명의 충돌(Clash of civilizations)』

---

62) Norbert Elias, *Über den Prozeß der Zivilisation* (Frankfurt: Suhrkamp, 2010).
63) 참고로 독일인 민속학자 한스 페터 뒤르 (Hans Peter Duerr, 1943~)는 5권의 연작 저서인 『문명화과정의 신화 Der Mythos vom Zivilisationsprozeß』에서 엘리아스가 전개한 문명화과정의 이론이 한낱 '신화'에 불과하다고 정면으로 반박하였다. Hans Duerr (1988-2002) *Der Mythos vom Zivilisationsprozeß Band I-V*. Frankfurt: Suhrkamp.

과 『역사의 종말(The end of history and the last man)』으로 널리 알려진 미국의 학자들이다. 헌팅턴과 후쿠야마의 저서들은 문화에 대한 논쟁적인 개념들을 제시하였다. 이러한 개념은 보수주의 문화이론의 토대로서 주목할 가치가 있다.

우선 헌팅턴은 21세기의 국제정치에서는 지난 20세기와 달리 주요한 갈등이 정치, 경제적인 요소가 아니라 상이한 문명들 간의 충돌로 인하여 발생할 것이라고 전망하였다. 헌팅턴에 따르면 '문명의 충돌(Clash of civilizations)'은 서로 다른 종교를 믿는 문명 간에 충돌이라고 볼 수 있다. 그는 지난 세기에는 세계정치질서의 이데올로기적 구분에 따라 진영을 나누어 무력충돌이 발생하였다고 보았다. 헌팅턴은 이와 다르게 21세기에는, 종교의 정체성에 따라 상이한 종교를 믿는 집단 혹은 문명이 서로 충돌할 것이라고 보았다. 여기서 말하는 문명의 개념을 살펴보면, 헌팅턴은 문명과 문화를 동일한 것으로 보고 있다. 다시 말해 헌팅턴이 말하는 문명과 문화는 모든 사람들의 총체적 생활 방식을 의미하기 때문에, 문명은 크기가 커진 문화로서 사회 전 세대들이 우선적으로 중요성을 부여한 가치, 기준, 제도, 사고방식을 포함한다.

문명은 가장 광범위한 문화적 실체로서 언어, 역사, 종교, 관습, 제도 등과 같은 공통적 요소와 사람들의 정체성을 규정하는 주관적인 자기정체성을 동시에 포괄한다. 문명에 속한 개인은 광범위한 수준의 공동체로서 문명을 인식함으로써 개인의 정체성을 인식할 수 있다.[64]

한편, 미국의 사회과학자 프랜시스 후쿠야마(Francis Fukuyama)는 '역사의 종언'이라는 테제로 우리에게 잘 알려져 있다.[65] 후쿠야마는 냉전시대에 자유진영과 대립하였던 소련의 공산주의 이데올로기가 패망함에 따라 정치 경제적으로 자유 민주주의가 완전한 승리를 거두게 되어 이를 대체할 새로운 이념이 등

---

64) Samuel Huntington, *Clash of civilizations* (New York: Simon & Schuster, 1996).

65) Francis Fukuyama, *The end of history and the last man* (London: Penguin, 2012).

장하기 어렵다는 주장을 하였다. 다시 말해 민주주의 제도는 지난 세기 다른 역
사적 승리를 이루어 내었다.

이를 계기로 민주주의만이 전 세계로 확산될 수 있는 유일한 이념으로 남게
되었다. 그러나 한 사회가 단순히 민주주의의 제도를 수용한다고 해서 사회적
안정과 번영이 자동으로 보장되는 것은 아니다.

이러한 맥락에서 후쿠야마는 『트러스트』라는 저서를 출간하여 사회가 가지고
있는 신뢰의 정도의 중요성을 학문적으로 분석하였다. 후쿠야마에 따르면, 신
뢰는 국가의 경제적 번영에 영향을 미치는 문화적 요소로서 '사회적 자본'의 축
적의 기초가 된다. 따라서 사회적 신뢰가 축적된 사회는 자유로운 경제활동을
보장하기 위한 규제와 사회적 거래비용을 낮추는 역할을 직접 하게 된다. 이러
한 고(高) 신뢰사회에서 대규모의 기업집단이 쉽게 등장하고 고도로 발달된 자
본 시장이 형성된다. 반대로 사회적 신뢰가 브족하여 가족과 같은 사적인 네트
워크에 지나치게 집착하고 폐쇄적 배타주의가 팽배한 저(低) 신뢰사회에서는
사적 네트워크의 외부영역에 속하는 다른 사람들과는 신뢰관계를 형성하기 어
렵다. 따라서 이러한 저 신뢰사회는 타인과 함께 비즈니스를 하기 어려운 사회
적 요건으로 인하여 대규모 기업보다는 가족이 운영하는 소규모 기업이 더 번
성하는 사회가 되는 것이다. 후쿠야마는 독일, 일본, 미국 등을 신뢰도가 높아
서 사회적 자본의 형성이 쉬운 사회로 분류하고 남부유럽, 중국, 한국 등은 반
대로 낮은 신뢰사회라고 보았다.[66]

이상과 같이 헌팅턴과 후쿠야마의 이론을 정리하면 문화는 결국 문명 또는
경제적 번영을 이루기 위한 중요한 요소로 개인과 공동체 간의 확고한 정체성

---

66) Francis Fukuyama, *Trust: the social virtues and the creation of prosperity* (New York: Free Press,
1996). 후쿠야마는 그의 저서에서 한국을 저신뢰사회로 분류하였다. 우리나라는 사회적 자본의 축적이 쉽지 않은
사회임에도 불구하고 대규모 기업 집단이 등장한 예외적 사례라고 설명하였다.

을 확립하는 것이 중요하게 작동한다.[67] 공동체 내의 유대는 혈연과 사적 연대를 뛰어 넘는 높은 신뢰에 기반한 문화적 자본축적이 토대임을 확인할 수 있다.

6. 결론

우리나라는 지난 세기 중국대륙의 유교적 정치사상, 불교와 샤머니즘이 결합된 기복적이고 주술적인 농경문화와 서구의 자유민주주의, 산업화 및 기독교가 유입된 근대화문화 사이에 충돌을 경험하였다. 이에 더하여 지정학적인 이유로 대륙세력과 해양세력이 충돌하였고 자유진영과 공산진영간의 이데올로기 간의 대립은 아직도 끝나지 않고 있다. 헌팅턴의 이론에 따르면 우리나라는 중국문명, 서구문명, 러시아 문명과 일본문명이 경계를 하고 있기 때문에 가장 위험한 문명 간의 충돌 공간이다.

이러한 배경에서 우리 사회는 전 세계가 주목할 만한 경제적 성장과 민주화를 매우 짧은 시기에 이루어낸 예외적인 국가임에도 우리 사회는 내부적으로 분열되어 있고 남북 간의 통일의 문제도 점점 풀기 어려운 과제가 되어 가고 있다. 이러한 배경에서 보수의 문화 토대의 확립은 우리 사회의 혼란을 수습하고 보수적 가치를 확립하고 수호하는데 매우 시급한 아젠더라고 할 수 있다.

우선 좌파의 문화이론은 과거 정통 마르크스주의의 경제결정론의 한계에서 벗어나 문화를 자본주의체제의 전복과 개인의 해방을 목표로 다양한 이론과 전

---

67) 헌팅턴은 2000년 출간된 저서 『Culture matters』의 서문에서 대한민국과 아프리카의 가나가 1960년대 비슷한 수준의 경제력을 가지고 있었다는 점에 놀라움을 드러냈다. 그는 30년이 지난 후 산업화된 대한민국과 여전히 낙후된 가나와의 격차를 설명하는데 문화가 중요하다고 주장하였다. Samuel Huntington, in Harrison, Lawrene and Samuel Huntington ed., *Culture matters: how values shape human progress* (New York: Basic Books, 2000).

술들이 개발되었음을 알 수 있다. 이러한 좌파의 문화이론은 우리 사회에 이미 상당한 영향력을 발휘하고 있고 젊은 세대에게 확산 중으로, 개인주의 및 소비 성향과 연계되어 그 영향력을 계속 유지할 것으로 예상된다.

반면에 우리나라 보수진영의 문화이론은 이념적으로 부실하거나 전근대적 유교 혹은 군사정부의 권위주의로 오인 되어 온 경향이 있다. 이러한 경향을 반성하면서 본 장에서 보수문화 이론즤 토대를 프로이트의 문명담론, 막스 베버의 근대화 이론, 헌팅턴의 문명론, 후쿠야마의 신뢰사회 등의 여러 개념을 바탕으로 다음과 같이 정리해보았다. 첫째, 보수의 문화는 합리성을 바탕으로 문화적 가치와 경제적 번영사이의 균형을 추구하는 태도를 가져야 한다. 이를 통하여 경제적 기반에도 불구하고 문화적 소양이 결핍된 천민자본주의의 덫을 피할 수 있고 문화와 경제의 불균형이 바로 마르크스주의의 천박함의 본질임을 각성하고 이를 경계해야 한다. 둘째, 보수의 문화는 프로이트 문명 담론처럼 개인의 원초적 충동과 성적 욕망을 통제하는 절제된 삶을 추구하는 것이다. 문란한 성도덕과 통제되지 않는 충동으로 인한 폭력성은 문명을 파괴하고 공동체의 가치를 망치는 가장 빠른 길이다. 따라서 보수는 정치경제적인 측면에서 경제적 성장과 국가안보의 가치를 우선 시 두는 것과 더불어 건전한 성도덕과 충동을 억제하는 절제된 사회적 태도의 실천을 해야 한다. 이는 바로 사회와 문명을 이끌어가는 엘리트가 가져야 하는 자질이다. 마지각으로 보수의 문화는 개인과 사회공동체를 연대하여 생존과 번영을 추구하는 문명의 형성을 지향하여야 한다. 문화가 모여서 크고 강력한 문명이 되는 것이다. 따라서 보수는 개인과 사적 연대를 넘어서 사회적 신뢰를 축적하여 문화적 자본을 형성하여 강력한 문명을 이루어 내는 것을 지향하여야 한다.

한국 보수 원론

자유민주주의의 현재와 미래

이 춘 근

· 한국해양전략연구소 선임연구위원
· 美 택사스대 대학원 정치학 박사

CHAPTER VI

국제정치로 보는 한반도, 그리고 통일

미국과 중국의 갈등이 점점 심각해지고 있는 한반도 주변 국제 환경에서 우리나라는 특히 전략적으로 올바른 선택을 하지 않으면 안 된다. 올바른 선택을 위해 우리들은 미국과 중국의 대권 경쟁이 어떻게 전개될 것이며 궁극적인 승자가 누구인지 정확히 알 필요가 있다.

국제정치로 보는 한반도, 그리고 통일

들어가는 말

　오늘의 대한민국은 국제정치의 산물이다. 국제정치적 변수를 빼놓고는 우리나라의 어떤 일도 거의 설명할 수 없을 정도다. 우리나라가 조선말 국제정치에 제대로 대응하지 못해 청·일전쟁 및 러·일전쟁의 전쟁터가 되어 국토가 유린당했던 일, 1905년 이래 국권을 잃고 1910년 일본의 식민지가 되어 나라 잃은 백성이 되고 말았던 일, 일본에서 해방되었지만 우리가 승리의 주역이 되지 못한 결과 국토가 두 동강 나게 된 일, 그 이후 오늘까지 70년 이상 북한에게 시달리며 살아오는 일, 북한의 핵과 미사일 위협이 두려워 고고도미사일방어체계 (THAAD)를 배치했다고 중국으로부터 이토록 행패를 당하고 있는 일, 그리고 자원도 빈약하고 시장도 작은 우리나라가 세계 10대 무역 국가로 성장했고, 경제적인 면에서는 세계 10위권의 결코 작지 않은 나라로 성장한 일, 그럼에도 불구하고 이웃 강대국들의 틈바구니 손에서 어렵게 살고 있는 일 등은 모두 국제 정치학적 지식이 없이는 설명될 수 없는 것들이다.

국토의 분단 상태, 중국의 부상, 일본의 강대국화, 세계 2위의 군사력을 가진 러시아, 그리고 한반도 및 아시아 국가와 세계 제일의 강대국 미국이 만들고 있는 국제 구조는 대한민국의 운명을 좌우하는 결정적인 요인들이 아닐 수 없다. 세계적 차원의 미·소 냉전 와중에서 남북한은 각각 양 진영의 첨단지역으로서 가장 혹독한 냉전(Cold War)의 전쟁터가 되었으며 이 과정에서 6·25전쟁 (1950년)이라는 열전(熱戰, Hot War)도 발생, 우리 국민의 10분의 1이 생명을 잃기도 했다.

1990년 세계적인 차원에서는 냉전체제가 종식되었지만 한반도에서는 냉전이 종식되지 않았다. 오히려 냉전의 주요 원인이었던 이념 갈등은 한반도에서는 오히려 더욱 치열한 형태로 나타나고 있는 중이다. 2001년 테러전쟁의 시대가 시작된 이후 우리나라 역시 테러리스트들의 주요 표적이 되고 있다. 우리나라 사람들 대부분은 2001년 9월 11일 뉴욕의 세계무역 센터에서 한국 사람도 18명이나 죽었다는 사실을 알지 못하고 있다.

이처럼 한국의 운명은 국제정치에 의해 좌우되고 있지만 보통 한국 사람들은 물론, 국가를 이끌어 가는 지도자급의 한국인들도 국제정치의 냉혹한 현실을 잘 이해하고 있다고 보기 힘들다. 국가의 지도자급 인사들이 '전쟁이냐 평화냐' 라며 북한 핵문제의 궁극적 해결을 원하는 국민들을 오히려 윽박지르고 있다. 평화와 전쟁의 개념도 구분할 줄 모르는 무식한 일이 아닐 수 없다.

보통 사람들의 수준에서 본다면 전쟁과 평화는 정반대의 개념이며, 당연히 평화를 선택하고 전쟁을 회피해야 한다. 그러나 국가지도자급 인사들에게서 전쟁과 평화는 같은 차원의 개념이 아니다. 전쟁은 '수단'이며 평화는 '목표'다. 그래서 국가의 지도자들은 평화라는 '목표'를 위해서 전쟁이라는 '수단'을 사용할 수 있다는 각오와 전략을 가지고 있어야 한다. 헌법이 대통령을 군 통수권자, 군 최고사령관이라고 규정한 이유는 바로 수단으로서의 전쟁을 총 지휘해야 할 사람이 있어야 우리나라가 진정한 평화를 누릴 수 있다고 믿었기 때문이다.

우리나라 사람들은 체질적으로 선하기 때문에, 혹은 국제정치에 대해 천진난만하기 때문에 국제정치의 냉혹한 진실을 이해하는 데 상당히 더디다. 불행한 일이지만 국제정치는 혼자 하는 것이 아니라 다른 나라와 '함께' 하는 것이다. 우리가 아무리 선의를 가지고 있어도 다른 나라가 그렇게 생각하지 않으면 우리는 위험에 처해질 수 있다. 소련 공산혁명의 주역이었던 레온 트로츠키는 "귀하는 전쟁에 대해 별 관심이 없으실 것입니다. 그렇지만 전쟁은 귀하에게 관심이 많지요"라고 말했다. 전쟁은 원치 않는다고 회피할 수 있는 문제가 아닌 것이다. 우리가 원해서 임진왜란이 발발한 것이 아니다. 우리는 원치도 않았고 관계도 없었지만 러·일전쟁과 청·일전쟁의 주요 전쟁터는 우리나라 땅이었다. 우리나라의 전신인 조선은 힘이 너무나 약해 다른 나라들이 전쟁을 할 때 자기들 땅에서가 아니라 우리 땅에서 싸우는 것도 막을 수 없을 정도였다. 힘이 없었기 때문에 당하는 고통이었고 힘을 증강하면 해결되는 문제다. 어떤 사람들은 힘이 없어도 외교를 잘하면 된다고 한다. 낭만적인 이야기다. 프리드리히 대왕은 "군사력이 동원되지 않은 외교는 마치 악기가 없는 음악회와 같다"고 말한 바 있었다. 힘이 센 나라는 외교에서도 이기기 마련이다. 강대국들은 외교 협상을 전개할 경우에도 군사력을 동원해서 상대방을 위협한다. 주로 막강한 군함을 외교관과 함께 보낸다. 상대방은 강대국 군함의 위세에 눌려 외교적인 타협안을 모색할 수밖에 없다. 국제정치의 역사에 항상 나타나는 이 같은 사례들을 통칭 포함외교(砲艦外交, Gun Boat Diplomacy)라고 부른다. 결국 외교도 힘이 있는 나라가 잘 할 수 밖에 없다는 말이다.

이 장에서 필자는 우리나라 국민들에게 국제정치를 '현실적'으로 보아야 한다고 호소하고자 한다. 국제정치란 양과 사자가 '함께 노니는' 그런 동네가 아니다. 국제정치는 사자가 양을 잡아먹는 약육강식(弱肉强食)의 논리가 지배하는 영역이다. 너무 냉혹하게 보는 것 아니냐고 반문할 사람이 있을지도 모른다. 국제정치는 냉혹한 것이라는 말에 의구심을 품는 사람들은 우리나라가 이웃 강대국들에게 얼마나 많은 침략을 받았는지의 역사를 다시 살펴보아야 할 것이다. 결국 나라를 통째로 남에게 빼앗긴 적도 있었다.

우리나라가 미국처럼 막강한 국력을 가진 나라라면 국제정치를 냉혹하게 보지 않아도 된다. 강대국이라면 국제정치를 이상주의적 혹은 낙관적으로 생각해야 할 필요도 있다. 그러나 우리의 처지는 그렇지 않다. 세계 4대 강대국을 이웃으로 하고 있고, 언제라도 대한민국을 자신의 손아귀에 넣으려는 인류 사상 최악의 포악한 전체주의 정치 집단인 북한 김 씨 왕조와 상대해야 한다. 우리나라가 국제정치를 낭만적으로 생각한다는 것은 천진스러운 일일뿐만 아니라 위험한 일이다.

이 장은 크게 3가지 주제에 대해 논하고자 한다. 우선 우리나라 사람들은 왜 국제정치학을 반드시 공부해야만 하는가에 관한 규범적 설명을 제시하고자 한다. 국제정치학이 왜 한국인의 필수과목이어야 하는가? 국제정치 현상을 올바로 읽기 위해 우리는 어떤 시각을 가져야 하는가? 등에 대해 이야기 할 것이다.

다음으로 오늘날 한반도 주변의 국제정치 도습에 대한 설명을 제시하고자 시도할 것이다. 한반도가 처한 지정학적 위치, 과거의 역사, 현재 한반도 주변 국제정치의 역학 구도 등에 대한 이해가 필요하다. 특히 북한 문제가 중요하며 중국과 미국의 갈등 문제도 우리나라의 앞날에 운명적으로 중요한 영향을 미칠 요소들이다. 미국과 중국의 갈등이 점점 심각해지고 있는 한반도 주변 국제 환경에서 우리나라는 특히 전략적으로 올바른 선택을 하지 않으면 안 된다. 올바른 선택을 위해 우리들은 미국과 중국의 패권 경쟁이 어떻게 전개될 것이며 궁극적인 승자가 누구인지 정확히 알 필요가 있다. 현재의 국제정치 상황에 대한 올바른 이해와 분석 시각을 가지는 것은 우리나라가 올바른 준비 태세, 즉 전략을 수립하는데 필수적인 지식을 갖추는 일이 될 것이다.

더욱 중요한 주제 중 하나는 북한 및 통일에 관한 문제다. 북한 문제의 해결은 우리나라의 국제정치 및 국가안보상의 고통을 일거에 해결할 수 있는 방안이다. 그렇기 때문에 가장 어려운 일이기도 하다. 북한 문제가 막바지 고비에 도달했다는 느낌이 드는 시점이다. 북한은 왜 저토록 핵무기에 집착하고 있는지에 대해 이해해야 한다. 우리 국민들 다수는 북한이 '체제보장'을 위해 핵을 보유하려 한다고 잘못 알고 있다. 결론부터 말하자면 아니다. 북한은 한반도 전체를 자신이 주도하는 통일, 즉 한반도 전체를 김 씨 왕조가 지배하는 곳으로 만들고자 한다. 북한의 핵전략은 핵전략 이론의 진수(眞髓)를 제대로 이해하고 있는 바탕 위에 성립되어 있는 것이다. 북한의 핵전략은 궁극적으로 대한민국을 북한이 접수하기 위한 고도의 전략임을 이해할 때 올바른 대처 방안이 나올 수 있다. 북한 문제를 궁극적으로 해결한다는 것은 통일을 이룩하는 일이다. 물론 통일 이후에도 우리는 주변국으로부터 오는 위협에 대처하기 위해 노력해야 할 것이지만 당장 발등의 불과 같은 북한 문제부터 해결하는 것이 급선무가 아닐 수 없다.

이 글을 작성하는 2017년 여름 동안 한반도는 전쟁 직전의 위기 상황이 지속되었고, 이 같은 위기는 가을이 된 지금 오히려 더욱 심각한 방향으로 진행되고 있는 중이다. 미국의 전략이론가 로버트 리트웍(Robert Littwak) 박사는 2017년 무렵의 한반도 상황을 '서서히 진행되는 쿠바 미사일 위기'(A Slow motion Cuban Missile Crisis)에 비유했다. 세계대전을 각오했던 케네디 대통령의 단호함 때문에 쿠바 위기는 전쟁 직전에서 끝날 수 있었다. 미국은 북한의 핵폭탄이 미국 본토를 공격하는 상황을 결코 허락하지 않을 것이다. 반면 김정은의 북한은 무슨 일이 있어도 미국 본토를 공격할 수 있는 핵미사일과 폭탄을 가져야만 한다. 두 가지 결코 양립할 수 없는 국가전략들이 충돌을 향해 마주보고 달리는 중이다. 결국 문제는 해결될 것이며 국제정치학의 일반이론은 북한이 원하는 바를 얻지 못할 것이라고 말해준다. 국제정치는 본시 힘의 정치(Power politics)이며 강한 나라가 약한 나라의 요구에 굴복한 적은 없었다.

한반도의 위기가 해소되고 통일을 이룩하는 날은 결국 오고야 말 것이다. 대한민국의 자유민주주의체제가 승자가 되어 통일한국은 자유민주주의 국가여야 한다는 것은 말할 필요도 없다. 우리는 통일된 이 나라의 국호가 '조선민주주의인민공화국'이 되는 일, 혹은 통일된 국가의 체제가 공산주의 독재체제가 되는 일은 결코 허락하지 않을 것이다.

통일을 이룩한 후 우리는 그때도 국제정치 문제에 노심초사 해야만 한다. 한반도의 지정학적 운명이 국제정치를 무시할 수 없게 만들고 있기 때문이다. 통일을 이룩한 후에도 우리는 주변의 강대국들과 경쟁과 협력을 하지 않을 수 없다. 이 같은 상황에서 당당하게 사는 길은 우리나라도 강한 나라가 되는 것이다. 가능하면 미국, 일본과 같은 수준의 강대국이 되려고 노력해야겠지만 최소한 주변 강대국들에 휘둘리지 않을 만큼의 국력은 가져야 한다. 우리는 지난 수천 년 동안 약소국으로 살아왔지만 앞으로도 그렇게 살 수는 없다. 과거 힘이 약해 우리는 중국에 스스로 복속하고 살았다. 중국의 사신들 앞에서 우리나라 왕들은 눈치를 보고 쩔쩔 매야 했다. 중국 사람들 중에는 한국을 과거 중국의 속국처럼 대하는 사람들이 아직도 적지 않다. 놀라운 것은 우리나라 사람들 중에도 중국의 말을 잘 들으면 평화롭게 살 수 있다고 생각하는 사람들이 있는 것 같다. 국제정치의 본질을 오해한 처방이다.

우리가 자유롭게 살 수 있을 경우에만 평화는 의미가 있다. 우리의 독립과 자존이 무시당하는 경우 우리는 차라리 전쟁을 택해야 한다. 노예가 주인에게 매를 맞지 않고 있는 상황을 평화라고 말 할 수는 없지 않겠는가? 그래서 지금 우리는 당당한 통일 강대국의 길로 나갈 수 있는 방안을 강구해야 한다. 이 같은 목적을 위해 우리는 국제정치학을 공부해야만 하는 것이다.

1. 한국인의 필수과목 국제정치학: 올바른 현실 분석을 위한 시각과 이론

1) 가장 중요한 국가이익은 국가의 생존

한국과 한국 국민들은 세계 어떤 나라의 국민들보다 국제정치에 의해 운명이 크게 좌우되었고 지금도 마찬가지 상태에 있는 나라이고 사람들이다. 상대적으로 힘이 약했던 우리 선조들은 강대국의 틈바구니에서 살아남느라 무던히도 고생했다. 한국이 강대국들로 둘러싸여 있다는 지리적, 정치적 사실은 우리 민족과 국가가 예나 지금이나 심각하게 대처하지 않으면 안 될 운명적 고려사항이다. 그래서 국제정치학은 한국 국민들의 필수과목이라 말해도 되는 것이다.

오늘날 냉전시대가 끝나고 세계화의 시대라고 불리는 시대가 도래 했지만 한반도에는 아직도 냉전적 갈등이 지속되고 있다. 북한이 공산주의 이념을 아직도 고수하려고 하며 이에 물들은 세력들이 대한민국 내부에도 적지 않은 것 같다. 이미 공산주의 혹은 사회주의 국가이기보다는 봉건적 전제국가로 변질된 북한은 세계에 홀로 남아 공산주의를 지키겠다고 저러고 있다. 오래 전 공산주의를 포기한 중국은 경제 및 군사 강대국으로 급속히 성장하고 있고, 일본 역시 세계 제3위의 국력을 보유하고 있는 나라다. 북한의 지속적인 도발은 향후 일본이 더욱 막강한 군사강국이 될 수 있는 조건들을 제공하는 있는 꼴이다.

그동안 한반도 안보의 기둥이었던 미국은 최근 셰일석유 혁명, 제4차 산업혁명을 주도하며 다시 막강한 패권국으로 등장하고 있다. 미국이 너무 막강해지고 있다는 사실은 미국 국민들로 하여금 국제정치에 대한 흥미를 잃게 할 정도다. 최근 미국에서는 혼자서도 잘 살 수 있는 미국이 아직도 국제문제에 개입해야 하느냐의 문제를 가지고 논쟁이 야기될 정도다. 국가안보의 큰 부분을 미국에 의존하고 있는 한국은 당연히 미국이 국제문제에 적극 개입하는 입장을 취하는 것이 유리하겠지만 그것이 우리 마음대로 될 일은 아닐 것이다.

이 같은 상황에서 우리가 택해야 하는 가장 중요한 국가전략은 국가의 생존문제를 더욱 확실하게 챙기는 일이다. 국가도 개인과 마찬가지로 건강하게 오래 사는 일이 중요하다. 개인의 건강과 생명은 국가에게는 국가안보다. 국가의 생존을 국제정치학에서는 국가안보(國家安保, national security)라고 말한다.

국가들 사이에는 국내정치처럼 구성원들을 복종시킬 수 있는 권위를 가진 법률과 제도가 존재하지 않는다. 즉 국제사회는 질서를 담당할 경찰도 법원도 법도 없다. 국가들은 자신보다 위에 있는 어떤 권위도 인정하려 하지 않는다. 그래서 국가들이 가지고 있는 주권(主權)은 최고이자 독립적인 권리라고 말한다. 국가를 궁극적으로 제압할 수 있는 국제법은 없다. 2016년 7월 12일 국제상설중재재판소는 남중국해에 대한 중국의 주장을 모두 부정하는 만장일치의 판결을 내렸다. 그 날 시진핑 주석은 중국인민해방군 해군에게 전투태세 준비 명령을 내렸고, 중국 국민들은 상설중재재판소의 판결을 조롱했다. 이 같은 상태에서 중국의 막가파식 행동을 제어할 수단은 솔직히 '미국 해군력 외에는 없다'고 말해도 될 것이다.

주권을 가진 국가들이 모여 이룩한 사회를 '무정부사회(無政府社會)'라고 말한다. 무정부 상태를 의미하는 'anarchy'라는 영어 단어는 '왕이 없는' 이라는 의미를 가지고 있다. 즉 상부 권위에 의한 질서유지가 불가능한 사회라는 말이다.

무정부 사회란 마치 미국 개척시대의 서부에서 보여 졌던 것처럼 개인이 스스로 자신의 재산과 생명을 지키지 않을 수 없는 곳을 의미한다. 국가들은 남들에게 핍박을 당할 경우 가서 호소할 수 있는 권위 있는 상부 조직이 없는 국제사회에서 살아가야하기 때문에 힘이 없으면 이웃 나라에게 생명도 재산도 뺏기게 된다. 결국 국제정치에서는 국가안보가 가장 시급한 일이 될 수밖에 없는 영역이 되고 마는 것이다.

물론 '무정부 상태'가 끊임없는 전쟁 상태 혹은 무질서한 혼돈 상태를 의미하는 것은 아니다. 국내정치는 법에 의해 질서와 안전이 유지되지만 무정부 상태인 국제정치 영역에서는 '힘의 균형'에 의해 질서와 안정이 유지되는 것이다. 국제정치 혹은 무정부 상태에서도 질서는 유지될 수 있는데 그 질서는 '힘에 의한 질서'다. 6·25한국 전쟁 이후 북한이 한국을 다시 침략하지 못한 것은 대한민국과 한미동맹의 힘 때문이었지 휴전즈약이라는 종이 몇 장 때문이 아니었다. 국가들은 이웃 나라의 힘이 증강 될 경우 그것과 균형을 이룩하기 위해 자신의 힘을 증강 시키려 노려하지 않을 수 없다. 힘을 갖추는데 실패한 나라들은 힘을 증강시키는데 성공한 이웃 나라들의 희생물이 되곤 하는 것이다.

또한 우리나라는 국가안보가 다른 나라들보다 더욱 불리한 지정학적 처지에 놓여 있다는 현실을 이해해야 한다. 우리나라는 스위스와 같이 천애의 산맥으로 둘러싸여 있어 적의 공격을 회피할 수 있거나, 필리핀처럼 바다 위에 있어 적의 공격으로부터 안전하지 못한 상태다. 바로 이웃에 있는 세 나라인 중국, 일본, 러시아는 종합 국력이 각각 세계 2, 3, 4위라고 말할 수 있는 나라들이다. 특히 3대국 모두는 우리나라 땅덩어리에 대해 영토적인 이익(territorial interest)[1]을 가지고 있다는 사실을 유념해야 한다.

2) 국제정치 영역은 한국경제 번영의 기초

　우리나라 사람들이 국제정치를 잘 이해해야만 하는 이유는 오늘 우리나라를 세계 10위권의 경제대국으로 만든 계기가 바로 국제정치적인 것들이기 때문이다. 2016년 기준, 우리나라의 경제력은 세계 11위, 군사력은 세계 9위였다.[2] 1960년대 이전 우리는 국력 측면에서 세계 최하위권에 속했다. 한국과 자주 비교되는 나라가 아프리카의 가나(Ghana)라는 나라다. 1960년대 초반 한국과 가나는 경제력이 비슷했다. 필리핀, 인도네시아 등은 우리나라보다 훨씬 잘 사는 나라들이었다. 1961년 당시 필리핀의 1인당 국민 소득은 우리나라의 10배 정도에 이르렀다. 오늘 200개가 넘는 지구 위의 나라들 중에 우리나라가 경제력, 군사력에서 세계 10위권에 도달했다는 것은 우리나라의 과거 역사를 자랑스러운 역사로 볼 수 있게 만드는 강력한 근거다. 대한민국을 훼손하려는 사람들이 대한민국을 태어나지 말아야 했을 나라라고 말하지만 진정 태어나지 말아야 했을 나라는 김정은 1인의 목숨을 나머지 2,300만 국민의 목숨보다 더 중시하는 북한이 아닐 수 없다.

　한국의 영토와 인구는 각각 세계 109위, 25위다. 인구, 땅의 넓이, 자연자원 등 국력의 자연적 조건만으로 계산한다면 우리의 국력은 기껏해야 아직도 세계 50~60위 수준에 머물고 있을 것이다. 아무리 우리 국민의 지적 능력이 우수하고 부지런하고 열정적이라 해도 작은 영토, 척박한 자연자원 등의 한계를 쉽게 넘을 수 없을 것이기 때문이다. 그런데 우리는 그동안 '국제적'으로 행동했다.

---

1) 즉 한국의 영토에 탐욕을 가지고 있다는 의미다. 이웃나라들은 그래서 먼 나라보다 언제라도 훨씬 위험하다고 말하는 것이다.

2) 2016년도 GDP와 국방비 지출 규모로 측정한 순위.

외국에서 돈을 빌려왔고, 외국에서 빌린 돈으로 열심히 공장을 짓고, 물건을 만들어 다시 외국에 내다 팔았다. 수많은 젊은이들이 외국에 공부하러 나갔고 선진국의 학문을 배워왔다. 세계를 향해 나갔고, 국제적 자유무역주의에 순응한 결과 오늘 우리는 세계 10위권의 경제대국 반열에 오를 수 있게 되었다. 우리나라 사람들은 세계평균 보다 약 18배 정도(무게 기준) 외국에서 들어온 물건을 많이 활용해서 먹고 살고 있는 나라다. 그런 나라 사람들과 정치가 중에 자유무역을 반대하는 사람들이 있다는 사실이 놀랍고 한심하다.

우리 국민들이 먹는 식품의 75% 정도는 외국에서 수입해 온 것이며,[3] 우리가 타고 다니는 자동차는 거의 100% 외국에서 수입한 기름을 쓰고 있다. 우리가 읽는 책, 우리가 사용하는 컴퓨터 등 우리 국경 밖에서 온 것들을 일일이 예를 들 필요가 없다. 또한 우리나라에서 생산된 모든 것들이 지구 방방곡곡 없는 데가 없다. 우리나라의 대형회사들 중 하나인 삼성, 현대 등은 만든 물건의 60~70% 이상을 해외에 내다 판다.

강대국이란 간단하게 말하자면 국민들이 잘 먹고 잘 사는 나라를 말한다. 고상하게 말한다면 국민들이 부유하며 안전하게 사는 나라가 강대국이다. 우리나라도 그런 나라가 될 수 있다. 그런 나라가 되기 위해 우리는 계속 외국과 거래해야 한다. 부유해지기 위해서 우리는 세계와 거래해야 하며, 안전하게 살기 위해서도 외국과 거래해야 한다. '우리 민족끼리'가 아니라 '세계와 함께'라야 우리는 지금보다 더 부유하고 더욱 안전하게 살 수 있는 나라가 될 수 있다.

3) 국제정치를 감정적, 낭만적 관점에서 이해하는 한국인

국제정치에 관한 높은 수준의 이해는 한국을 위해 정말 필수적인 일임에도

---

3) 우리나라의 식량 자급률은 대략 25% 정도다.

불구하고 한국인의 평균적인 국제정치적 감각은 실망스런 수준이라 말 할 수 있다. 그러다보니 우리나라의 정치가들은 국제정세의 냉혹함에 제대로 대처하지 못했다. 조선 왕조의 수많은 왕들은 이 나라 백성들이 중국이나 일본의 노예와 같은 비참한 삶을 살 수밖에 없게 한 궁극적 책임을 져야 할 사람들이다. 나라가 강했다면 환향녀(還鄕女)[4]는 무엇이고 위안부는 무엇인가? 국제정치의 영역이 어떤 영역인지를 웅변적으로 말해주는 금언 중에 "국제정치에는 영원한 적도 영원한 친구도 없다. 다만 영원한 이익이 있을 뿐이다"[5]라는 말이 있다. 이 말에 친근감을 느끼거나 그렇다고 쉽게 동의할 한국인은 아마 별로 없을 것이다. 그만큼 우리나라 사람들은 좋은 의미에서 볼 때 순진하다고 말할 수 있다.

국제정치를 '이해타산'이기보다는 '감정'으로 생각한 결과 우리나라 사람들은 국제정치를 선과 악, 올바름과 사악함 등 가치지향적으로 생각한다. 올바르게 행동하고 자비롭게 행동하면 이웃나라가 감명을 받고, 착해질 것이며 우리에게도 잘 대해줄 것이라고 생각한다. '햇볕정책'이라는 우리나라 정부가 1990년대 중반 이후 가장 중요한 대북정책으로 시행하고 있는 정책은 한국인의 정서가 깊이 반영된 지극히 한국적인 외교정책이다. 결국 북한의 핵무장이 돌이키지 못할 수준이 된 이후 비로소 햇볕정책이 실패한 정책이라고 인식하는 국민이 많아졌지만, 국제정치의 현실에 의거할 경우, 햇볕정책은 애초부터 성공할 가능성이 별로 없었던 정책이었다.

국제정치를 선과 악의 영역으로 판단하다보니 우리나라 사람들은 "아무리 나

---

4) 한국 젊은이들은 일본의 위안부에 대해서는 분노하지만 중국이 우리나라 수많은 소녀들을 노리개감으로 끌고 갔던 사실을 잘 모른다. 중국은 여인들이 늙고 못쓰게 되면 조선으로 돌려보냈다. 이 불쌍한 조선의 여인들은 조선사회가 환향녀, 즉 고향으로 돌아온 여인들이라고 불렀으며 아주 나쁜 사람들로 취급하기도 했다.

5) 영국의 정치가, 외교관 파머스던 경(Lord Palmerston)이 처음 말했다고 전해지지만 미국의 조지 워싱턴 대통령이 유사한 언급을 훨씬 오래 전 대통령 고별사에서 한 적이 있다.

쁜 평화라도 전쟁보다 낫다"라고 말한다. 국제정치에서 전쟁은 '수단'일 뿐이다. 무슨 일이 있어도 반드시 피해야만 할 '목적'은 아닌 것이다. 우리나라 사람들이 진정 "평화 이외의 대안은 없다"라고 말한다면 우리는 앞으로 싸움도 하지 않은 채 나라를 일본에 내준 이완용 같은 사람을 비판할 수 없을 것이다. 그리고 무슨 일이 있어도 전쟁은 안 된다고 한다면 그 말은 핵을 보유한 북한에 굴종하며 살아야 한다는 말일까 궁금하다.

우리나라 사람들이 국제정치를 낭만적, 정서적으로 이해하고 있다는 사실은 앞으로 확실하게 교정되어야만 할 일이다. 국제정치 게임의 규칙(rule)을 정확히 알고 그렇게 행동해야 우리는 국제정치의 험난한 파도를 보다 효과적으로 헤쳐 나갈 수 있을 것이다.

2. 한반도의 지정학과 국제정세

1) 21세기에도 불안정한 우리나라의 안보 상황

20세기가 시작되는 1901년 세계는 대단히 평화로웠다. 그런 20세기도 지나고 보니 전쟁의 세기라고 일컬을 정도로 험악한 시대이었다. 지금 우리가 살고 있는 21세기는 2001년 9월 11일 발발한 대규모 테러사건과 더불어 시작되었다. 9 · 11테러사건은 21세기 역시 20세기만큼이나 힘든 세기가 될 것을 예고한다. 21세기가 시작된 이래 2017년인 지금까지 세계 인류는 '테러전쟁의 시대'라는 긴장과 우울의 시기를 살고 있다. 한반도의 경우 그 긴장과 우울은 정도가 더욱 심하다. 한반도에서는 테러전쟁이라는 새로운 유형의 위험은 물론 국가 간의 전쟁이라는 고전적인 위험까지 그대로 남아 있는 상황이다. 세계는 새로운 전쟁의 시대 혹은 반테러전쟁의 시대(age of anti-terror warfare)로 접어들었지만 한반도는 테러전쟁의 시대와 전통적인 국가간의 전쟁 시대가 함께 존재하고 있는 것이다.

2017년 한반도는 언제라도 전쟁이 날 수 있을 정도로 상황이 더욱 나빠졌다. 이미 대한민국 전 지역을 핵 공격할 수 있는 능력을 갖춘 북한은 곧 미국 본토를 공격할 수 있는 핵미사일을 보유하기 직전 단계에 도달했다. 그러나 이를 결코 허용할 수 없는 미국의 트럼프 대통령은 당장이라도 북한을 무력 공격할 태세다. 한국의 대통령은 이 같은 엄중한 상황에서 "한국의 할 일이 거의 없다"며 여러 차례 무력감을 표시하기도 했다. 진정 우리나라가 지금 할 일이 거의 없다면, 북한이 핵을 만드는 지난 수십 년 동안 한국은 과연 무엇을 어떻게 하고 있었는지 자책(自責)하지 않을 수 없다. 그리고 우리의 목표가 북한의 핵을 진정 제거하는 것이라고 한다면, 우리는 최후의 각오도 해야 하는 것이 올바른 일일 수밖에 없는 상황에 도달했다. 북한의 핵 위협 앞에서 노예처럼 살다가 김정은이 이 나라를 통일하는 모습을 결코 용인할 수는 없는 일이기 때문이다. 북한 문제를 다루기에 앞서 한반도를 영속적으로 안보불안 상황에 빠지게 하는 지정학적 요인부터 이야기 해 보자.

2) 지리(地理)는 국제정치학의 불변적 요인

국가들의 외교정책을 분석할 때 반드시 고려해야만 할 사항은 그 나라가 어디에 위치하고 있느냐의 문제, 즉 지정학적 문제이다. 지리적 요인이 국제정치에 미치는 영향이 얼마나 큰 것인가는 우리나라의 역사를 대충 훑어보아도 분명하게 알 수 있다. 한반도는 지리적으로 너무 중요한 곳, 즉 요충지(要衝地)에 있기 때문에 항상 국제정치의 핵심에 있을 수밖에 없는 운명이었다. 한반도는 바다에서 보면 대륙으로 올라가는 디딤돌이며, 대륙에서 보면 바다로 뛰어 들 수 있는 스프링보드처럼 보인다. 한반도는 그 지리적 조건이 이웃 강대국들에게 대단히 매력적이다. 그 결과 한반도는 예나 지금이나 강대국들이 늘 충돌하던 지역이 되고 있다.

이미 시작된 미국과 중국의 갈등이 앞으로 더욱 본격적으로 전개된다면 한국의 지정학적 중요성은 더욱 높아질 것이며 미국과 중국의 이익은 운명적으로 한반도에서 충돌하게 될 것이다. 미국과 중국 그 어느 편이라도 한반도 전체를 장악할 수 있다면, 이는 상대방에 대해 결정적으로 유리한 전략적 고지를 장악하는 것이 되기 때문이다.

현실주의 국제정치학의 대가인 시카고 대학교의 미어셰이머(John J. Mearsheimer) 교수는 "아무리 막강한 강대국이라도 바다 건너편에 있는 적과 싸워 이기는 것은 거의 불가능한 일"이라고 주장했다. 다만 "적국의 영토와 이어진 곳에 자국의 기지를 얻을 수 있다면" 이 문제를 해결할 수 있을 것이라고 주장했다. 미국과 중국의 갈등이 지속될 경우 한반도 특히 중국과 육지로 이어진 북한이 중국에게는 물론 미국에 어떤 의미를 가지게 되는 것인지 심각하게 고려해야만 하는 이유가 여기에 있다. 만약 미국이 중국과 전쟁을 벌일 경우 '북한'이라는 중국과 접해 있는 영토가 미국의 대중국 군사작전에 얼마나 결정적으로 중요한 기지가 될 수 있을 지를 생각해 보아야 한다.

1895년 일본과 중국이, 1904년 일본과 러시아가 아시아의 패권을 두고 전쟁을 벌였을 때 그 주요 전쟁터가 된 지역은 한반도였다. 평화를 원한다고 평화가 오지는 않는다. 평화는 안보의 수단이 아니라 결과다. 힘이 없으면 자기 땅에서 남들이 싸우는 것도 막을 수 없다는 것이 역사의 교훈이다. 한반도는 21세기에도 그 지정학적 중요성이 그대로 남아 있다. 우리는 미국이 북한을 무력공격하면 한반도에 전쟁이 날지 모른다고 걱정하고 있다. 북한이 핵을 만드는 것은 미국과 싸우기 위한 것이고 북한의 핵은 동족인 우리를 향하는 것이 아니라고 오히려 두둔해 왔던 사람들은 지금 어떤 논리와 이유 때문에 미국이 북한을 공격하면 북한은 한국을 공격할 것이라고 말하는지 모르겠다.

3) 미·중 패권 경쟁과 한반도

한국 주변에 있는 나라들은 대개 고래에 비유되는 강대국들이다. 그리고 한국은 새우에 비유된다.[6] 이 비유는 특정 개인의 비유가 아니라 세계의 일반적 비유가 되었을 정도다. 한국은 물론 지금은 과거처럼 약한 나라는 아니지만 아직도 주변 강대국들과 비교하면 우리의 국력은 상대적으로 약하다. 특히 중국의 급격한 부상은 중국이 미국의 패권에 도전하는 형국을 만들고 있는데 이는 우리나라에게 심각한 안보 및 경제 불안을 초래할 수밖에 없는 불리한 일이다. 미국과는 동맹으로서 국가안보를 의지하고, 중국과는 이웃으로 최대의 경제관계에 놓여 있는 우리나라가 중국과 미국이 갈등상황으로 빠져 들어갈 경우 처하게 될 입장은 지극히 난처하다. 두 나라가 평화적으로 문제를 해결한다는 것은 우리의 소망일 뿐 국제정치의 역사와 현실은 미국과 중국이 궁극적으로 패권 경쟁, 최악의 경우 전쟁에 빠져 들어갈 수도 있다는 현실을 잘 알려준다.[7]

중국은 아시아의 패권국으로서 천년 이상 한반도에 대해 종주권을 가지고 있었던 나라였다. 한국 전체를 자국의 종속국으로 생각한 중국은 자신의 힘이 약해진 19세기 중엽 이전까지 한국을 자신의 일부분처럼 생각했다.

러시아의 남진을 방지하기 위해 조선에게 '연미방'(聯美邦), '결일본'(結日本), '친중국'(親中國)(미국을 끌어들여 우방으로 삼고, 일본과 좋은 관계를 맺으며, 중국과 친하게 지냄) 함으로써 스스로 강해져야 한다(自强)는 전략을 제안했던 중국인 황준헌(黃遵憲)은 "강희, 건륭제 당시 조선은 무슨 일이든지 중국의 말

---

6) 예로서 강성학 교수의 저서 『새우와 고래싸움: 한민족과 국제정치』(박영사, 2004) 등 많은 학자들과 전문가들이 이 같은 비유를 즐겨 사용한다.

7) John J. Mearsheimer, *Tragedy of Great Power Politics*; 이춘근 역, 『강대국 국제정치의 비극(개정판)』(김앤김북스, 2017), 제 10장; Graham T. Allison, *Destined for War: Can America and China Escape* (Boston: Houghton Mifflin Harcourt, 2017).

을 듣지 않는 것이 없어 내지(內地, 즉 중국 본토)의 군현이나 다름이 없었다"[8] 라고 말했다. 황준헌뿐만 아니라 중국의 관리들은 모두 조선을 중국의 일부라고 확신하고 있었다. 일본주재 청나라 외교관으로서 19세기 말엽의 동북아시아 국제정치를 이해하고 있던 황준헌은 한반도 주변의 강대국들이 호시탐탐 조선에 대한 영토야욕을 보이고 있다는 사실과 중국이 허약하다는 사실을 인식하고 한반도를 미국에게 넘겨주는 것이 중국에게는 가장 좋은 일이 될 것이라고 생각하고 있었다.

중국과 더불어 러시아, 일본도 모두 한반도에 대해 영토적 이익(territorial interest)을 가지고 있는 나라다. 한반도 주변의 3대 강국인 일본, 중국, 러시아는 모두 한반도에 대해 상업적, 전략적 이익은 물론, 한반도가 자국 영토의 일부가 되었으면 하는 야망을 가진 나라들이다. 중국과 일본은 지금 이어도, 독도를 각각 자신들의 땅이라고 주장하며 우리를 괴롭히고 있는 중이다. 그들이 원하는 게 이어도, 독도뿐이겠는가?

1949년 건국한 중국이, 건국 후 겨우 1년밖에 안 된 1950년 가을, 한국군과 유엔군이 압록강에 도달하자 100만 대군을 파견, 당시 세계 최강의 미국을 향해 전쟁을 감행했다는 사실은 중국이 한반도를 얼마나 중요하게 생각하고 있는가를 말해주는 단적인 사례다. 중국은 순망치한(脣亡齒寒), 즉 '입술이 없어지면 이가 시리다'라는 은유법으로 한국에 개입했다. 실제로 중국이 생각하는 한반도는 입술과 잇몸으로 비유될 수 없을 정도로 중요하다.

중국은 역사의 오랜 기간 동안 한반도 전체를 자기 영향권 아래 두었었다. 그러나 한국에 대한 중국의 영향력이 사라졌을 때 중국은 한반도를 발판으로 중국 본토를 공격하는 일본제국주의를 몸소 경험했다. 한반도 전체가 적대적 세

---

8) 황준헌 · 조일문 역, 『조선책략』(건국대학교 출판부, 1977), p.11.

력의 영향권 아래 들어갈 경우, 한반도는 '중국의 뒤통수를 가격할 수 있는 망치'와 같은 역할을 했다. 중국은 한반도 전체가 또 다시 중국의 잠재적 적대세력의 영향력 아래 들어가기를 원하지 않는다. 중국이 다 쓰러져 가는 북한을 저토록 망하지 않도록 해야 한다고 생각하고 있는 이유가 바로 여기에 있는 것이다.

더 나아가 중국이 최근 급격히 시도하고 있는 동북공정(東北工程) 역시 중국이 한국의 영토에 대해 인식하는 지정학적 관심에서 나오는 것이다. 중국은 궁극적으로 한반도 전체를 자신의 영향권에 둘 수 있을 때 일본, 미국 등 해양세력의 위협은 물론 러시아와 같은 다른 대륙세력의 위협도 줄일 수 있다고 생각한다.

4) 일본이 인식하는 한반도 : 통일된 한반도는 일본의 심장을 겨누고 있는 단도(短刀)와 같다

일본 역시 한반도에 대해 영토적 이익이 많은 나라다. 일본은 16세기 말엽 '명나라를 치러 갈 터이니 길을 빌려 달라'는 명목으로 조선을 침략했던 나라다. 길을 빌리자는 일본의 요구는 말이 되지 않는 것이었지만, 일본은 한반도의 지정학적 의미를 정확하게 인식하고 있었다. 일본은 자신이 한반도를 장악하고, 한반도를 일본 육군의 대륙 공격을 위한 전진기지로서 사용할 수 있다면, 그것은 마치 일본 육군이 직접 중국의 본토를 공격하는 일만큼이나 전략적으로 유용한 일이라고 생각했다. 실제로 1910년 한국을 합병한 후, 일본은 한국을 발판으로 삼아 대륙으로 뻗어나갔다. 일본이 만주를 점령하고 만주국을 건설한 일, 중국 본토에서 중국군을 압도하는 전쟁을 일으킬 수 있었던 일 들은 모두 한반도가 제공한 전략적 역할을 기반으로 한 것이다. 한국은 일본의 대륙 진출을 위한 스프링보드 그리고 병참기지의 역할을 담당했었다.

모든 전쟁의 승패는 결국 육군에 의해 결정된다고 주장하는 미어셰이머 교수는 아무리 막강한 강대국이라도 바다 건너편에 있는 강대국과 싸운다는 것은 정말 어려운 일이라고 주장했다. 수십만의 육군을 바다 건너 적국의 영토에 상륙시킨다는 일은 현대의 기술을 가지고도 어려운 일이다. 바로 여기서 한국이 얼마나 중요한 전략적 요충지인지에 대한 전략적 분석이 나온다. 반도국가인 한국은 해양국가들이 대륙국가를 공격하는 데 결정적으로 중요한 기지를 제공해 줄 수 있는 나라라는 점이다. 한국과 친하게 지낼 경우, 혹은 한국과 동맹을 체결할 경우, 일본과 같은 해양국가는 적대적 대륙국가의 국경선 바로 앞에 자신의 육군을 전개할 수 있게 되는 것이다. 일본이 어느 날 중국과 본격적 대결 관계에 들어가게 된다면 일본은 어떤 일이 있어도 한반도 전체에 대한 자신의 영향력 확대를 도모하고자 노력할 것이다.

중국이 통일된 한반도가 해양세력의 영향권 아래 들어갈 경우 이는 '중국의 뒤통수를 공격할 수 있는 망치와 같다'는 논리를 역으로 적용한 것이 일본이 한반도에 대해 가지는 지정학적 관점이다. 일본은 '통일된 한반도가 대륙세력의 영향권 아래 들어갈 경우 이는 일본의 심장을 겨누는 단도와 같다'고 인식한다. 한반도의 자연 지리적 모습이 실제로 중국과 일본에게 그렇게 인식되기에 충분한 모습을 하고 있다. 일본도 중국과 마찬가지로 한반도 전체가 자신의 영향권 아래 들어가는 것을 대 한반도 정책의 궁극적 목표로 삼을 것이다.

5) 미국과 한반도

미국은 20세기가 된 후 비로소 동북아시아에 관심을 가지기 시작한 나라다. 미국은 지리적으로 멀리 떨어져 있기 때문에 한반도에 대해 영토적 관심과 이익은 별로 없는 나라다. 미국의 한반도에 대한 관심은 주로 전략적, 상업적인 것이다. 미국은 그 자체 영토의 방대함 때문에 식민지를 직접 경영한다는 공격적 제국주의의 필요성을 심각하게 느끼지 않는 나라다. 미국은 냉전기간 중 소련과 대결을 벌일 때에도 공격적인 전략이 아니라 봉쇄(containment)라는 특이한 형태의 방어 전략을 택했다.

미국은 동북아 지역에서 한국보다는 일본을 훨씬 더 중요하게 생각했다. 그래서 미국이 말하는 봉쇄란 일본이 공산주의 국가가 되지 않는 것을 의미하였다. 미국이 한국을 보는 관점은 '만약 한국이 공산주의 영향권 아래 들어가는 경우 일본의 방위가 가능할까?'라는 질문에 근거하는 것이었다. 그렇게 될 경우라도 일본의 방위는 가능하다고 믿는 미국사람들은 한국을 미국이 지켜주지 않아도 된다고 생각했다. 한반도 전체가 공산권의 영향력 아래 들어갈 경우 일본의 방위는 불가능해질 것이라고 우려하는 사람들은 한반도에 반드시 개입해야 한다고 주장했다. 미국사람들이 판단하기에 한반도는 상황에 따라 포기해도 괜찮은 지역이었다. 한국이 중요하다고 생각하는 사람들일지라도 한국 그 자체가 아니라 미국이 사활적(死活的)으로 생각하는 국가이익인 일본의 방위를 위해서였다.

1945년 일본과 전쟁을 하던 와중에 일본의 군사기지역할을 하던 한반도의 38도 이남 지역을 점령했던 미국은 1948년 한국의 정부가 수립을 지원한 이후, 1949년 한국에서 미군의 완전철수를 결정, 약 500명 정도의 고문단을 남겨 놓고 떠났다. 6·25전쟁이 발발한 직후 미국은 다시 한국에 개입했고, 그 이후 지금까지 주한미군이 주둔하고 있으며 한국과 미국은 동맹국이 되었다. 그러나 미국이 생각하는 한반도의 가치가 미국에게 사활적인 것은 아니었기 때문에 주한미군 철수 주장이 자주 거론되었다. 주한미군을 전면 철수해야 한다고 주장한 카터 대통령, 또 항상 그렇게 주장하는 미국의 케이토(Cato)연구소는 한국에서 미군이 철수한다 해도 미국의 사활적 이익인 일본을 지키는 것은 충분히 가능하다고 생각하고 있다.

최근 미국의 한반도에 대한 지정학적 관점에 약간의 변화가 나타나고 있다. 냉전이 종식된 후 미국이 인식하는 한반도의 가치는 냉전시대보다 더욱 낮아지고 있었는데, 중국의 부상으로 말미암아 미국이 생각하는 한국의 지정학적 가치가 다시 중요한 것으로 격상되기 시작했다. 미국은 중국의 위협을 어떻게 인식하는가에 따라 한국에 대한 개입의 정도를 달리할 것이다. 한국의 대외정책은 바로 강대국들의 한반도에 대한 이 같은 이익관계를 우리에게 최대한 유리한 방향으로 끌어가기 위한 지침이어야 한다.

미어세이머 교수는 한국 독자들을 위한 자신의 저서 서문에서 중국이 미국을 위협할 수 있을 정도의 강대국으로 부상하지 못할 경우 미국은 아시아에서 손을 뗄 것이라고 말함으로써 오늘 미국이 보는 한반도에 관한 인식 역시 한반도 그 자체로부터 나오는 것이 아니라 한반도 주변의 강대국인 중국을 염두에 둔 것임을 분명히 하고 있다. 현실주의적 국제정치학의 관점에서 볼 때 틀리지 않는 말이다.

다만, 미국은 이웃인 중국 혹은 일본과 달리 한반도의 통일을 구조적으로 반대할 이유가 전혀 없는 나라이다. 한반도가 통일 되는 것이 오히려 미국에게 좋은 전략적 구조가 형성 되는 것으로 볼 수 있는 나라다. 지정학적으로 보았을 때 통일된 한반도는 미국과 우호적인 국가가 될 것이다. 원교근공(遠交近攻), 즉 먼 나라와 교류하고 가까운 나라와 전쟁을 한다는 국제정치 역사상 불변의 진리는 통일된 대한민국도 중국, 일본보다는 미국과 좋은 관계를 유지함으로써 안보문제에 대처하게 될 것임을 말해 준다. 미국 역시 통일된 한반도를 활용함으로써 중국과 일본을 견제(control)할 수 있고 그럼으로써 미국이 아시아에서 향유하고 있는 패권적 지위를 오랫동안 지킬 수 있으리라 생각한다. 이처럼 미국만이 한반도의 통일에 대해 오히려 지지하는 입장에 설 수 있는 강대국이다. 베를린 대학의 한국인 교수인 박성조 박사는 지정학적 권력 정치적 관점에서 보았을 때 "미국의 지원이 없다면 한국의 통일은 절대 불가능하다"[9]고 단언할 정도다.

대한민국의 국가대전략 제1의 목표는 평화통일을 이룩하고 주변 강대국들에게 휘둘림 당하지 않는 견실한 국가로 성장하는 것이다. 이 같은 우리나라 대전략 목표에 반대하지 않는 나라가 미국이라는 사실을 알아야 한다. 물론 미국이 우리들처럼 애틋하게 한반도의 통일을 원하는 것은 아니다. 그러나 미국은 통일된 한반도는 미국과 우호적이 될 수밖에 없을 것이며 그럴 경우 미국은 한국을 활용, 아시아를 통제할 수 있는 전략적 이익을 확보할 수 있다고 생각한다. 바로 이 같은 사실 때문에 미국은 한국의 통일을 방해할 이유가 없으며 우리는 미국의 힘을 활용, 통일의 방법을 강구해 볼 수 있는 것이다.

---

9) 박성조, 「한반도 붕괴: 위기의 남북관계 그 새로운 전략과 해법」(서울: 랜덤하우스 중앙, 2006), p. 12.

3. 북한 해방과 통일

1) 통일은 곧 북한 주민 해방이다

국토가 분단되어 있다는 사실은 우리 민족의 고통이 지속되고 있음을 의미한다. 더욱이 사상과 체제가 다르며 인류사상 최악의 독재정권이 지배하는 북한과 함께 지낸다는 것은 지난 70년 동안 끊임없이 지속된 고통이 아닐 수 없었다. 분단이 해소되어야만 우리의 고통과 아픔이 궁극적으로 해결된다. 이 절의 제목을 북한 '해방' 이라고 붙인 이유가 있다. 북한 주민들의 삶이 너무나 불쌍하기 때문이다. 보도블록 공사를 잘못했다고 공무원을 현장에서 쏴 죽이며, 특별한 죄도 없는 고모부를 반역자라며 비행기를 격추시키기 위한 고사포로 쏘아 죽이는 김정은 정권의 포악상은 이미 도를 넘은 지 오래다. 김정일이 죽은 지 일주일 만에 간행된 2011년 12월 31일자 이코노미스트지는 김정은을 표지 사진으로 게재했는데 그 표지에는 '김 씨에 대해 이야기할 필요가 있다'(We need to talk about Kim)라는 큰 글자가 적혀 있다. 본문에는 "김정은이 영원히 생존할 수는 없다. 어떻게 그를 교체할 것이냐에 관한 논의는 –지역의 안정을 위해서뿐만 아니라 북한의 잊혀진 그리고 처절하게 살고 있는 인민들을 위해– 빠르면 빠를수록 좋다"[10]고 말하고 있으며 최근 미국 국가안보 보좌관 맥 매스터 장군은 김정은 정권을 "깡패이자 잔인한 정권"(Rogue and Brutal)이라고 묘사했다.[11] 즉 우리가 한반도를 통일한다는 것은 폭정 아래 신음하는 동포를 구하는 일이 아닐 수 없다. 그래서 한반도 통일은 북한 해방과 동의어가 될 수 있는 것이다.

---

10) *The Economist*, December 31, 2011.
11) *Fox News*, August 7, 2017.

2) 통일의 난해함

국제정치에서의 이상형은 하나의 민족으로 하나의 나라를 건설해 사는 일이다. 우리는 이상을 이루기 위해서라는 고상한 목표라기보다는 현실이 너무나 절박하기 때문에 통일을 이루어야만 한다. 북한 정권이 너무나도 적대적이어서 언제라도 심각한 위협이 되기 때문이다. 적어도 동족을 협박하기 위해 핵무기를 만든 나라는 없었다. 북한은 결국 자신이 원하는 통일을 이룩하겠다고 핵폭탄까지 만들며 저러고 있는 것이다.

분단은 우리에게는 문제의 시작이었지만 일본이나 중국, 넓게 보아 대륙세력과 해양세력의 이웃나라들에게 한반도의 분단은 일종의 문제해결(problem solving)이었다. 어차피 한반도 전체에 대해 영향력을 행사할 수 없다면 적대적인 상대방이 한반도 전체에 대해 영향력을 행사하는 것을 막으면 된다. 중국도, 일본도, 구 소련도, 미국도 한반도 전체를 장악하기 위해서는 심각한 전쟁을 치러야 한다는 사실을 깨달았다. 6·25전쟁 당시 보였던 미국의 행동, 중국의 행동은 한반도 전체가 적대적 세력의 수중에 들어가는 것은 어느 나라도 결코 용납할 수 없다는 것을 증명해 보였다.

이처럼 냉혹한 국제정치적 변수들을 고려할 때 한반도 통일은 사실상 요원하다. 혹자는 한반도의 '중립화'를 통해 통일이 가능할 것이라고 믿는다. 문제는 한반도의 지정학적 위치가 한반도의 중립화를 허락할 정도로 별 볼일 없는 곳이 아니라는 점이다. 한국이라는 땅덩어리에 대해 주변의 강대국이 그처럼 유혹을 받고 있는데, 한국이 막강한 능력도 없는 상태에서 중립을 유지한다는 것은 불가능할 뿐 아니라 위험한 일이다. 조선은 중국편도 일본편도 러시아편도 아니고 그들이 전쟁을 벌일 때 누구편도 들지 않았던 완전 중립이었다. 그러나 일본, 중국, 러시아군은 청·일전쟁과 러·일전쟁의 주요 전투를 조선의 영토에서 벌였던 것이다. 그런 판국에 우리나라가 무엇을 믿고 어떻게 중립국이 될 수 있다는 말인가?

우리나라의 통일은 3절 우리나라 주변국들의 지정학적 관심에 대해서 논할 때 이미 지적했듯이 한반도의 통일에 적대감이 없을 뿐 아니라 한반도의 영토에 대한 야욕이 없는 미국의 힘을 빌리는 것이 가장 바람직하다.

통일은 주변 강대국들인 일본과 중국, 특히 중국의 반대를 극복해야 가능하다. 한국전쟁 당시 한반도가 통일될 것을 두려워한 중국은 100만 대군을 파견했을 정도다. 이런 반대를 극복한다는 것은 쉬운 일은 아니다. 그러나 불가능한 일은 아니다. 국제정치의 역학 관계를 잘 이용하면 이룩할 수 있는 일이다. 그리고 우리에게 유리 한 역학 관계가 형성 될 수 있는 상황을 만들기 위해 우리는 국제정치 현상을 잘 이해하기 위해 노력해야 하는 것이다.

3) 통일강대국의 꿈을 이루자

우리는 세계 어떤 나라 국민들보다 국제정치의 어려움 때문에 고생하며 살아왔다. 주변강대국들의 직접적인 공격도 수백차례 당했음은 물론 그들이 싸울 때에 유탄도 우리가 맞았다. 그러다가 우리는 전혀 원하지도 않았지만 나라가 쪼개지는 황당한 일도 당했다. 그리고 같은 민족끼리 전쟁도 했다. 민족보다는 계급을 앞세운 북한 공산주의자들이 일으킨 전쟁 때문에 수백만의 무고한 백성들이 죽어갔다. 그 전쟁은 아직도 끝나지 않았다. 휴전 이후에도 남북한은 수많은 무력 충돌을 이어오고 있으며 결국 북한은 핵폭탄까지 만들다가 이제 미국의 무력 공격 위협 앞에 놓일 지경이 되었다.

이 같은 고통을 해소하는 것이 통일을 하려는 이유다. 통일은 복잡하고 고상한 목적을 이루기 위해서 하는 것이 아니다. 우리의 원초적인 고통을 경감시키기 위해 하는 너무나도 당연하고 자연스러운 일이다. 한민족이 나뉘어 사는 것도 편치 못한 일이며 더욱이 한 쪽 상대방이 세계 최악의 독재자가 지배하는 나라라는 사실을 더 이상 감내할 수도 없는 일이다.

다행스럽게도 오늘의 북한이 하는 행동은 죽음을 앞둔 잘못된 체제의 단말마(斷末魔)적 행동이다. 이 과정을 잘 통제할 수 있다면 우리나라는 꿈에도 그리던 통일시대를 맞이할 수도 있다는 희망이 보이는 시점이다. 우리가 바람직한 미래를 맞이할 수 있으리라는 세계적인 국지정치학자의 미래 예측을 소개하면서 이 장을 마치고자 한다.

"한국은 역동적인 국력을 보유하고 있다. 북쪽에 무슨 일이 발생하든 국력은 유지될 것이다. 통일 후 10년은 고통스럽겠지만 길게 보라. 북한의 땅과 자원, 값싼 노동력에 남한의 기술·자본·리더십이 합쳐지면 엄청난 시너지가 발생한다. 난 늘 한국이 통일됐을 때 만주가 어떻게 될지 궁금하다. 중국은 내부를 통제하기에 급급할 것이다. 러시아도 극동아시아에서 영향력이 약화되고 있다. 일본은 거리가 너무 멀다. 한국이 통일되면 만주 지역에서 큰 기회가 열릴 것이다. 통일이 되면 한국은 강대국이 될 것이고 일본에 가시(thorn) 같은 존재가 될 것이다. 죽일 정도는 아니지만, 충분한 위협이 된다는 뜻이다."[12]

---

12) 미국의 국제정치학자이자 미래를 연구하는 세계적인 학자 조지 프리드맨(George Friedman) 박사의 말이다. 그는 미래 국제정치에 관한 여러 권의 역작을 저술했다. 그는 만주는 2040년 무렵 한국의 땅이 될 수 있을 것 같다며 한국의 미래를 밝게 전망하고 있다. 「조선일보」, 2011. 5. 28; 「문화일보」, 2014. 10. 24. 인터뷰.

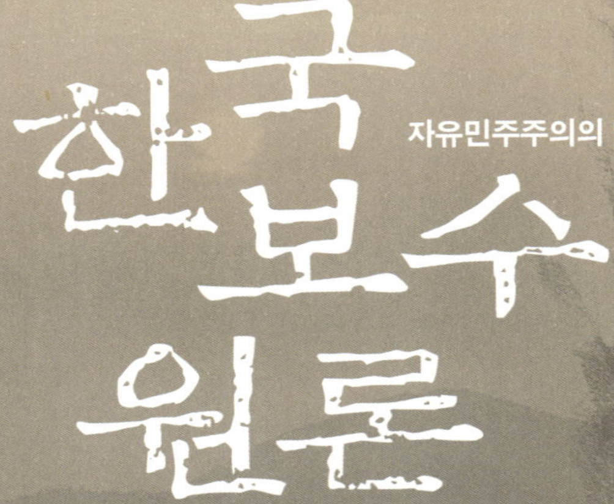

자유민주주의의 현재와 미래

한국 보수 원론

문 순 보

· 前 세종연구소 연구위원
· 現 한국국가정보학회 이사
· 성균관대학교 정치외교학과 박사

원론

CHAPTER

VII

북한의 대남 전략과 국가안보 정립 방향

대한민국의 국가안보가 심각한 위기에 직면해 있다. 주변 강대국들이 자국의 국익을 추구함에 따라 우리의 국가안보는 방향성을 잃고 표류하는 신세가 되고 있다. 대한민국의 국가안보를 위해 우리는 북한에 대해 군사력의 우위를 확보하는 등 공세적이고 적극적인 안보전략을 수립해야 할 뿐 아니라 자유민주적 기본질서를 수호하려는 의지를 확고히 다져야 한다.

북한의 대남 전략과 국가안보 정립 방향

1. 서론

대한민국의 국가안보가 풍전등화의 위기에 처했다. 북한 당국이 한반도 공산화를 위한 총력전에 돌입했기 때문이다. 북한 당국은 군사적/비군사적 수단을 총동원하면서 대한민국을 공산화하려는 야욕을 노골적으로 드러내고 있다. 북한 당국은 군사적 수단으로 핵무기와 미사일 위협을, 비군사적 수단으로 한국 사회의 분열과 혼란을 부추기고 있다. 이에 따라 대한민국은 현재 '6 · 25전쟁 이래 최고의 위기'[1]에 직면하게 됐다.

---

1) 이 말은 2017년 7월 9일 G20 정상회의 차 독일을 순방 중이던 문재인 대통령이 트뤼도 캐나다 총리와의 정상회담에서 한 얘기다. "文 '6 · 25 이후 최고의 위기'… 중 · 러 북핵 공조는 실패" 〈TV 조선〉, 2017. 7. 9, http://news.tvchosun.com/site/data/html_dir/2017/07/09/2017070990003.html, 검색일: 2017. 9. 4.

북한 당국의 대남전략 목표는 한반도 공산화다. 이 점은 2016년 5월 6일 36년 만에 개최된 노동당 7차 당대회에서 명확히 나타났다. 당시 이틀에 걸쳐 사업총화 보고를 하던 김정은은 5월 8일 "조국의 자주적 통일을 이룩하려는 것은 조선노동당의 확고한 결심이며 의지"라고 밝혔다.[2] 김정은은 집권 후 네 차례의 핵실험(2017년 9월 현재)과 수십 차례에 걸친 다양한 미사일 발사 실험을 통해 한반도 공산화를 위한 무력 확보에 열을 올리고 있다.

북한 당국은 자신들의 핵보유가 미국의 압살책동 때문이라며 미국의 위협으로부터 스스로를 보호하기 위한 자위적 차원에서 핵개발에 나서게 됐다고 주장한다. 그러나 미국과 북한 당국의 첨예한 대립과 갈등의 본질은 결국 북한의 한반도 공산화 야욕에 있다. 북한 당국은 미국이 대북 압살책동을 벌이고 있기 때문에 자신들은 미국 본토를 직접 타격할 수 있는 핵탄두 장착 대륙간탄도미사일(ICBM)을 개발함으로써 자위권을 확보하려 한다고 주장하지만, 기실은 미국을 이 땅에서 떠나게 함으로써 한반도 공산화라는 자신들의 최종 목표를 손쉽게 달성하려는 계략에 다름 아니다.

북한 당국은 비군사적 수단을 통한 공산화 노력도 부단히 진행 중에 있다. 북한 당국은 한국 내 자신들의 노선에 동조하는 세력을 이용하여 남남갈등을 일으키고 사회혼란을 부추겨 정부를 전복시키려는 공작을 추진하고 있다. 구체적으로 북한 당국은 한국 내부에 지하당 조직 및 자신들에게 우호적인 세력을 심어놓음으로써 이를 발판 삼아 한반도 전체의 적화 통일을 획책하고 있다.

이처럼 북한 당국의 군사적/비군사적 위협으로 인해 한국의 국가안보는 여느 때보다 위태롭고 심상치 않다. 이 같은 문제의식 하에 본문에서는 먼저 국가안보의 개념을 살펴보고(2장), 북한의 대남전략과 다른 나라에서 이뤄졌던 공산주의의 정치공작 사례들을 알아본 뒤(3장), 한국 국가안보의 현주소(4장)를 짚

---

2) 『NEWSIS』, "[北7차당대회] 北, 對南 주도권 확보 의지 내비쳐", 2016. 5. 8, http://www.newsis.com/ar_detail/view.html/?ar_id=NISX20160508_0014069978&cID=10301&pID=10300, 검색일: 2017. 9. 4.

어볼 생각이다. 마지막 5장에서는 북한의 위협에 대한 대응방안을 제시하는 것으로 결론을 대신토록 하겠다.

2. 국가안보의 개념

1) 국가안보의 중요성

안보는 안전보장(安全保障)의 준말로 그 사전적 의미는 침략에 대해 국가의 안전을 지키는 일[3]이다. 이 말을 좀 더 넓은 의미에서 생각하면 안보란 자신의 생명과 재산과 자유에 위해(危害)를 가할 수 있는 모든 환경으로부터 안전한 상태를 유지하는 것이라 할 수 있다. 여기서 '모든 환경'의 범주에는 외부의 위협뿐 아니라 내적 요인도 포함된다. 예컨대 몸이 허약하여 병에 잘 걸리는 사람은 자신의 건강관리를 소홀히 하여 자기안보에 실패하고 있다고 할 수 있다.

이렇게 볼 때 안보라는 개념은 만에 하나 있을 지도 모르는 최악의 상황에 철저히 대비하는 것이라 할 수 있다. 그 개념상 보수적인 의미를 지니고 있는 것이다. 따라서 여기엔 어떠한 유연성도 개입할 공간이 없다.

흔한 예를 하나 들어보자. 우리가 잘 아는 이솝 우화 가운데 '늑대와 양치기 소년' 이야기가 있다. 양치기 소년의 여러 차례에 걸친 거짓말에 마을 사람들은 짜증이 나고 소년을 불신하게 됐다. 실제 늑대가 나타났을 때 마을 사람들은 양치기 소년의 "늑대가 나타났다"는 외침을 듣고 그 말을 믿지 않았다. 결과는 참혹했다. 마을의 양들은 모두 늑대 밥이 되고 만 것이다. 어린이를 상대로 하는 이 우화가 안보와 관련하여 지니는 교훈은 심대하다. 이 우화는 늑대라는 외부

---

3) 이기문 감수, 『동아 새國語辭典』(서울: 동아출판사, 1999), p.1551.

의 적이 존재한다는 조건은 항상적인 것이라 할 수 있기 때문에 양치기 소년의 장난이라는 변수가 개입한다 하더라도 마을 사람들은 항상 늑대의 공격에 대비하고 있어야 한다는 시사점을 던져주고 있다. 여기서 좀 더 나아간다면 마을 사람들에겐 양치기 소년까지도 경계해야 할 안보의 대상으로 간주할 수 있다. 내부 분열 세력으로 규정할 수 있기 때문이다.[4]

국가안보도 마찬가지다. 국가안보란 국가가 대내외적 위협으로부터 보호받는 안전한 상태를 말한다. 국가안보는 일차적으로 국가를 구성하고 있는 핵심적인 국가이익을 국내외 위협으로부터 지키는 것이다. 국가이익은 국가가 반드시 지켜야 할 정치적 · 경제적 · 사회문화적 핵심가치를 말한다.

그런데 보통사람들은 안보하면 '나와는 상관없는 일이다'는 반응을 보이는 것이 일반적이다. 먹고 살기도 바쁜데 그런 것까지 신경 쓸 여유가 없다는 것이다. 또한 평화 속에서 성장한 젊은 세대들은 안보하면 '딱딱하다,' '수구꼴통이다'는 부정적인 인식이 강하다. 그러나 안보는 결코 일반 국민과 상관없는 일이 아니다. 또한 안보는 수구니 보수니 하는 이념과는 무관한 것이다. 모든 나라에서 당연히 중시되어야 할 '이념을 초월한 가치'라는 것이다.

국가안보는 공기처럼 소중한 것이다. 누구나 공기를 들이마시면서 숨 쉬고 있지만 공기의 고마움을 느끼지 못한다. 그러나 공기가 없으면 한시도 살 수 없다. 공기가 없어지는 일은 없기 때문에 걱정할 필요가 없지만, 안보가 무너지면 모든 것이 무너진다. 안보가 무너지면 우리의 생명과 재산이 위협 받는 등 모든 것이 끝장난다. 경제적으로도 엄청난 타격이 온다. 당장 주식시장이 폭락하고 외국자본이 이탈하는 등 경제에 치명타가 된다. 주택가격도 폭락하고 환율도 급등하며 물가가 뛰어올라 모든 사람이 경제적으로 고통 받게 된다. 유학 간 자녀들에 대한 송금부담도 급증하게 된다.

---

4) 김충남 · 문순보, 『민주시대 한국안보의 재조명』(서울: 오름출판사, 2012), pp.19-20.

안보 위기는 전쟁이 터졌을 때 가장 단적으로 발생한다. 예컨대 6 · 25전쟁 당시에는 민간인 사망자, 행방불명자, 부상자가 한국에서만 100만 명이 넘었다. 군대에서 사망하거나 부상당한 사람도 수십만에 달했다. 주택을 비롯하여 모든 가재도구가 불타버린 경우도 많았다. 학교가 불타서 어린이들이 야외교실에서 수업을 했고, 철도와 도로 등이 파괴되었기 때문에 그로 인한 고통도 이만저만이 아니었다. 그리고 대다수 국민이 엄청난 가난으로 고통 받았다. 임진왜란 7년 전쟁 동안에는 조선의 인구가 4분의 1쯤 줄어들었다고 한다. 왜군에 의해 살해되고 굶어 죽고 병들어 죽었기 때문이다.[5] 병자호란 당시에는 수십만이 포로로 잡혀 노예로 팔려 나갔다. 이처럼 안보가 무너지면 누구보다도 보통사람들이 희생의 대상이 됐다. 안보는 생존의 문제이기 때문에 악용되어서는 안 되지만 동시에 이를 경시하려는 발상에서도 벗어나야 한다. 국가안보는 국가의 기능 중 최우선 순위에 두어야 한다. 분명한 점은 조그마한 실책도 안보에는 치명적인 결과를 초래한다는 것이다. 요컨대 안보란 만분의 일의 불확실성(만일)에 대비하는 것이며 이것이 온전히 작동하지 않을 경우 발생할 수 있는 위험성은 엄청난 결과를 초래할 수 있다.[6]

2) 정치안보의 개념

냉전이 종식되고 전통적인 군사안보의 중요성이 크게 줄어들면서 안보 개념은 경제, 사회, 자원, 환경보건, 테러, 국제범죄, 사이버 공격 등을 총망라하는 포괄적 안보(comprehensive security) 개념으로 확대됐다. 이에 따라 배리 부잔(Barry Buzan)을 중심으로 한 코펜하겐 학파는 안보의 영역을 군사안보, 정

---

5) 임진왜란 당시 왜군에 의한 참상은 이선호, 『이순신의 리더십: 국가안보 위기와 지도자의 사명』(서울: 팔복원, 2011), pp. 35-49를 참조.
6) 김충남 · 문순보, 앞의 책, pp.21-24.

치안보, 경제안보, 사회안보, 환경안보 등 5개 영역으로 나누고 있다.[7] 이 가운데 정치안보는 한국처럼 남북으로 분단되어 이질적인 이념으로 대치하고 있는 나라에서 중요하게 다뤄져야 할 부분이다.

정치안보란 국가의 주권이나 체제이념에 대한 위협에 대응하는 것이다. 북한의 체제전복 위협에 직면해 왔다는 점에서 정치안보는 한국 국가안보의 핵심요소로 중시돼야 한다. 한국의 정치안보와 관련된 위협은 어느 나라보다 크지만 이에 대한 방어체제는 취약점이 적지 않다. 한국은 분단된 국가기 때문에 북한이 '민족'이라는 감성 요소를 이용하여 이념 공세를 취한다면 대응하기 어려운 점이 많은 것이다.[8] 남북한의 정치이념은 상호 대립적일 뿐 아니라 각기 한반도 전체를 대표하는 체제라고 주장하기 때문에 공존이 불가능한 제로섬(zero-sum)적 관계다. 한국의 경우 평화 통일을 지향하고 있는 반면, 북한의 대남전략은 대한민국의 파괴를 통한 적화통일을 최고의 목표로 삼아 왔으며 이 점은 현재도 변함이 없다.

외부의 이념적 침투 공세가 있더라도 이를 각아낼 튼튼한 방어체제가 있다면 우려할 것이 없다. 걱정스러운 부분은 과연 우리 국민 절대 다수가 대한민국 체제에 대한 확신과 대한민국에 대한 자부심과 애국심을 느끼고 있으며, 정부와 사회가 북한의 이념적 공세에 대한 대응태세를 갖추고 있느냐 하는 점이다.

지금 대한민국은 국가 정체성을 부정하는 '내부의 적'에 의한 심각한 도전에 직면해있다. 대한민국의 역사와 국가 정통성을 둘러싸고 국론이 분열돼 있고 학교에서는 제대로 된 현대사 교육을 하지도 못하고 있으며 대북정책, 한미관계, 주요 대외정책 등에 관해 심각한 남남갈등을 겪고 있다. 이 같은 정치적 분

---

7) Barry Buzan · Ole Wæber · Jaap de Wilde, *Security: A New Framework for Analysis* (Boulder, CO: Lynne Rienner, 1998); Ralf Emmes, "Securitilization", in Alan Collins, ed., *Contemporary Security Studies* (New York: Oxford University Press, 2007), p. 110.
8) 김충남 · 문순보, 앞의 책, p.307.

열과 갈등은 양극화로 인한 사회적 갈등보다 더 심각한 문제가 되고 있다.

지난 시기 햇볕정책으로 한국 내에서 남북관계 개선과 통일에 대한 기대가 높아지면서 북한에 대한 태도가 급변하게 됐다. 북한의 대남 통일전선활동에 유리한 분위기가 조성됐고, 북한은 이 같은 분위기를 이용하여 대남 통일전선 활동을 적극 전개했다. 이에 따라 과거 지하에서 활동하던 친북좌파세력이 전면에 나서 적극적인 활동을 벌였다. 그들은 영화, 텔레비전 드라마, 소설, 인터넷 등을 통해 반(反)대한민국, 반미 및 친북 이념을 적극적으로 확산시켜 왔다. 그들이 영향력을 확대하면서 이라크 파병 반대, 맥아더 동상 철거 시도, 평택 미군기지 건설 반대, 한미 자유무역협정(FTA) 반대 등 대대적인 반미운동이 고개를 들었다.

"성(城)은 외적이 아니라 내부의 분열에 의해 무너진다"는 말이 있듯이 한국은 지금 심각한 적전분열 양상을 노정하고 있다. 급진좌파세력의 반체제활동으로 대내외에서 동시에 도전을 받고 있는 것이다. '남조선혁명'을 위한 북한의 끈질긴 공세로 우리 사회의 친북좌파세력의 역량이 크게 강화되어 정치, 언론, 종교, 교육, 문화예술 등 사회 각 분야에 자리 잡고 있을 뿐 아니라 이들은 공개적이며 적극적으로 북한을 대변하고 있다. 이들의 활동은 심각한 남남갈등을 유발하여 우리의 안보역량을 약화시키고 있으며 정부의 대북정책에도 무시 못 할 영향을 미치고 있다. 한국 국가안보의 위기는 실로 정치안보의 취약성에서 비롯되고 있다고 해도 과언이 아니다.

3. 북한의 대남전략과 타국에서의 공산주의 정치공작 사례

1) 북한의 대남전략

① 남조선혁명 역량 강화를 통한 한반도 공산화

북한의 대남전략이란 북한정권의 목표인 '전 조선의 김일성·김정일주의화와 인민대중의 자주성 완전 실현(공산주의 건설)'을 달성하기 위해 한국에 전개하는 모든 실천적인 행동지침을 말한다. 즉, 전 한반도의 적화통일을 위한 지침이다. 북한에서는 대남전략을 '남조선혁명전략'으로 호칭하고, 대남공작부서에서는 '대남사업'이라고 통칭한다.[9]

북한은 대남사업과 통일문제를 인식함에 있어 '선 남조선 혁명, 후 조국통일'이라는 2단계 사회주의 혁명 접근방식을 택하고, '남반부'에 대해 여하한 방법으로도 혁명을 해야 할 의무와 권한을 갖고 있는 것으로 믿고 있으며, 민족해방(미군철수)과 인민민주주의혁명(정권 탈취)을 목표로 집요하게 대남혁명역량의 강화에 치중해오고 있다.[10]

북한의 대남공작 지침은 1964년 2월 27일 노동당 중앙위원회 제4기 8차 전원회의에서 채택한 '전조선 혁명을 위한 3대 혁명역량 강화 노선'에서 찾을 수 있다.[11] 3대 혁명역량이란 북한 내부의 사회주의혁명 역량 강화, 남한 내부의 사회주의혁명 역량 강화, 국제사회주의혁명 역량 강화를 말한다. 현 상황에서 '3대 혁명역량'을 평가해보면, 북한은 극심한 경제난 등 국내외적인 상황으로 인해 북한 내부혁명 역량강화를 도모하기엔 한계가 있다. 국제혁명 역량 강화도 사회주의권의 붕괴로 기대할 수 없는 상태다. 따라서 북한 당국이 가장 비중을 두고 있는 노선은 '남한사회주의혁명 역량 강화' 노선이다.

북한의 대남공작 지침은 남한사회주의혁명 역량 강화 노선에 잘 나타나 있다. 이는 남한 내 민주주의 운동 지원, 남한 인민의 정치사상적 각성, 혁명당과 혁명의 주력군 강화 및 통일전선 형성, 그리고 반혁명역량 약화 등으로 집약된다.

---

9) 유동열, "북한의 대남전략과 통진당: 북한의 대남정치공작과 '진보전당금작'", 『북한의 대남전략과 정치공작』(자유민주연구원 세미나 자료집, 2014. 11. 24), pp. 4-5.

10) 서명구 외, 『알기 쉬운 남북관계 지식』(서울: 기파랑, 2011), p.71.

11) 유동열, 앞의 글, pp. 10-11.

북한이 '남조선혁명' 역량 강화를 위해 전개해왔던 노력들 가운데 대표적인 것이 지하당 구축이다.[12] 그들이 구축해온 지하당은 조선노동당의 전위(前衛)당이다. 지하당은 '남조선혁명'의 주력군 편성에 주도적 역할을 하는 동시에 결정적 시기에는 폭력혁명을 이끌어나갈 혁명의 참모부 역할을 할 것으로 기대되고 있다. 또한 지하당은 '남조선혁명'이 북한의 소행이 아니라 남한 내에서 일어난 것으로 위장하려는 의도에서 전개되는 사업이기도 하다.

② 통일전선전술과 안보 위해세력의 등장

'한반도의 공산화'라는 목표를 달성하기 위해 북한의 대남전략은 다음과 같은 전술 노선을 운용하고 있다. ① 남한의 혁명여건을 조성하면서 ② 연공 및 용공 정권을 수립하고 ③ 북한 주도의 적화통일을 실현하려는 '민족해방 민주주의혁명'[13]을 중심개념으로 설정하고 있다.[14] 이 같은 노선은 '통일전선전술'에 잘 나타난다.

통일전선은 세계 각지의 공산주의자들이 혁명투쟁에서 주적 제거를 위해 시종 활용해 온 동맹전술이다.[15] 북한에서는 1980년 제6차 당대회 시 대남전략의 중심 개념으로 자리를 잡았다.

---

12) 한기홍에 따르면, 북한의 지하당 구축 사례로 대표적인 것은 통혁당 사건(1968), 중부지역당 사건(1992), 구국전위 사건(1994), 민혁당 사건(1999), 일심회 사건(2006), 왕재산 사건(2011) 등이 있다. 한기홍, 『진보의 그늘』(서울: 시대정신, 2012).

13) 북한 조선노동당 규약에는 그간 노동당의 당면목적으로 '전국적 범위에서 민족해방인민민주주의혁명의 과업을 수행한다고 규정돼 있으나, 지난 2010년 9월에 개최된 노동당 제3차 대표자회에서 개정 된 노동당 규약에는 '인민'이라는 단어가 빠져 '민족해방민주주의혁명의 과업을 수행한다'는 내용으로 수정됐다. 그 이유는 탈냉전 후 북한이 과거처럼 '인민'이라는 용어를 당당하게 슬로건으로 제시하고 대남혁명을 공세적으로 전개해 이를 성공시킬 만한 자신감이 떨어졌기 때문인 것으로 해석된다. 김동식, 『북한 대남전략의 실체』(서울: 기파랑, 2013), pp. 168-169.

14) 서명구 외, 앞의 책, p.71.

15) 앞의 책, pp.77-79.

통일전선전술은 레닌(Vladimir Lenin)이 1920년에 저술한 『공산주의의 좌익 소아병』이라는 책자에서 기원하고 있다. 정적을 연합해서 약화시키고 마지막에는 연합 세력도 제거하라는 내용이 핵심이다. 예컨대 월맹(베트콩)은 적화 통일 직후 월남(베트남) 내 친(親) 월맹 세력과 월맹 내통 세력을 가장 먼저 제거했다. 이처럼 통일전선전술은 적화혁명을 목표로 하는 연합·동맹 전술로, 적을 혼자 힘으로 타도하기 어려울 때 투쟁 대상이 같은 다른 세력과 공동 전선을 형성하여 일단 투쟁 대상을 타도한 이후 제휴한 다른 비공산세력들을 단계적으로 제거하여 최종에는 핵심 주체세력만이 권력을 장악하는 것이다.

원래 통일전선전술은 중국 공산당이 중요시했고 그 모범을 보여줬다고 할 수 있다.[16] 중국 공산당은 국민당을 계급적으로 적대시했으나 일본 제국주의의 침략을 반대하기 위해 홍군(공산당 군대)을 제8로군의 명칭으로 국민당 군대에 편입시켜 서로 협력하는 방침을 취했다. 이것이 일제 침략을 반대하는 국공합작을 내용으로 하는 통일전선이다. 중국 공산당은 국공합작과 통일전선을 간판으로 내걸고 국민당 정부의 방조를 받아가면서 홍군을 강화하고 당세를 급격히 확대하는 데서 커다란 성과를 거뒀다. 일본이 투항할 때 쯤 되어 수항(受降) 문제를 둘러싸고 국·공 양당은 대립하기 시작했고, 항일전쟁 승리 후 마오쩌둥(毛澤東)은 공산당의 전략적 임무를 무산계급이 영도하는 인민 군중의 신 민주국가를 건설하는 것으로 제시했다.[17] 급기야 중국 공산당은 본토에서 국민당 세력을 몰아내고 중국을 공산화하는 데 성공했다. 요컨대 마오쩌둥의 공산당은 주적인 일본 제국주의를 타도하기 위해 자신들과 경쟁 관계에 있는 장제스의 국민당과 연합전선(국공합작)을 펼쳐 주적인 일본을 먼저 몰아낸 뒤, 마지막으로 국민당까지 중국 본토에서 축출하여 공산 혁명을 이뤄내는 통일전선전술의

---

16) 황장엽, 『변증법과 변증법적 전략전술』(서울: 시대정신, 2009), pp. 171-172.
17) 이도기, 『현대 중국공산당의 이해: 역사·지도사상·영도』(서울: 통일신문사, 2008), p. 111

'모범적' 사례를 보여줬다.

북한의 대남전략에 있어서도 이 같은 통일전선전술에 따른 대남공작이 여실히 나타났다. 북한은 자신들만의 세력으로 힘이 부족할 때 주적(한국 정부, 매판자본가, 반동관료, 지주, 우익세력 등)에 반대하는 모든 세력(급진 좌경그룹, 반한(反韓) 재야세력)과 일시적으로 동맹하여 연합동맹세력으로 주적을 약화, 타도시킨 후 자신들을 지지하는 핵심 세력 외에는 모두 단계적으로 제거한다는 전술을 구사해왔다.

예컨대 북한은 1960년대부터 반미 구국전선, 반파쇼 민주연합전선 구축을 시도했고, 1970년대에는 남조선 민족해방전선, 1980년대에는 구 통일혁명당을 한국민족민주전선(민민전)으로 위장 출범시켰다.

1990년대에 들어와서는 '전민족적 통일전선' 형성을 위해 매년 8 · 15를 전후하여 범민족대회를 개최하고 친북 반한의 범민련, 범청학련 등을 결성했으며, 정계와 경제계, 종교계, 학계, 노동계, 문화예술계, 언론계 등 사회 각 분야의 고위층까지 연계시키려는 상층 통일전선 형성을 시도했다. 북한은 한국 사회에 학생, 노동자, 농어민 등 하층 통일전선은 기초가 상당히 갖춰져 있다고 확신하고 있는 듯하다.[18]

북한이 통일전선 형성의 대상으로 삼는 연합세력은 건전한 국민들의 관점에서 볼 때에는 '안보 위해세력'이다. 이들은 북한의 대남적화전술에 동조하고 있기 때문이다. 이들은 북한 당국의 조직적이고 체계적인 공작에 의해 형성되기도 하고, 혹은 자생적으로 등장하기도 한다. 그러나 이들을 공히 '종북(從北)세력'이라 부를 수 있다.

종북세력은 북한 체제는 물론 북한의 지도사상인 주체사상과 김일성 · 김정일 · 김정은으로 이어지는 3대 세습 등 북한의 모든 정책과 노선을 무조건 지지

---

18) 서명구 외, 앞의 책, p.79.

하고 추종할 뿐 아니라 북한의 대남혁명노선을 충실하게 받드는 세력이라고 할 수 있다. 북한 입장에서 볼 때 종북세력은 그들이 얘기하는 '남조선혁명의 주력군'이며 '남조선혁명역량을 구성하는 핵심세력'이라고 표현할 수 있을 것이다.[19]

2) 타국에서의 공산주의 정치공작

① 베트남: 베트콩의 통일전선전술에 의한 멸망 [20]

베트남 전쟁 당시 베트콩은 베트남의 취약점을 이용하여 베트남 사회를 분열과 혼란에 빠뜨리기 위해 '통일전선전술'을 활용했다. 통일전선은 공산주의 혁명전쟁의 3대 마기(魔器)인 '강력한 당 조직', '통일전선', '무장봉기' 가운데 하나로 공산혁명의 핵심 전술이다.[21]

베트콩은 민족주의자로 위장하여 공산주의 냄새를 풍기지 않으면서 대중 속에 파고들어 사회혼란을 조성했다. 그들은 "지주의 토지를 몰수해 경작자에게 분배한다"는 주장보다는 "제국주의자와 민족 반역자들의 토지를 몰수해 가난한 농민들에게 분배한다"는 구호를 내거는 등 고묘한 방법으로 농민들의 환심을 샀다. 그들은 민족주의자로 자처하던 지식인, 학생, 노동자 등 불만계층을 포섭하여 세력을 확장했다. 그 가운데는 공산당에 이용당하는 줄 알면서도 반정부 활동을 하는 이들도 있었다.

1960년 12월에 결성된 베트남 민족해방전선(NLF, 베트콩)은 베트남 사회에

---

19) 김동식, '북한의 대남공작과 국내 종북세력', 『북한의 대남전략과 정치공작』, 자유민주연구원 세미나 자료집, 2014. 11. 24, p. 81; 이와 관련하여 과거 한국으로 망명한 노동당 최고위 간부였던 황장엽은 한국 진보세력의 일부가 김정일에 대한 충성을 맹세하고 김정일의 지시에 따라 행동하고 있다고 주장한 바 있다. 황장엽, 『황장엽 回顧錄』 (서울: 시대정신, 2006), p. 398.
20) 이 부분은 김충남 · 문순보, 앞의 책, pp.213-224게서 재인용.
21) 앞의 책, P.216.

침투하기 위해 공산세력이 결성한 연합전선 조직이었다. 공산당의 명칭도 그 정체를 감추기 위해 인민혁명당이라 했고, 급진사회당, 민주당 등 자매정당도 급조됐다. 농민, 학생, 노동자, 여성단체 등에 전위조직을 만들어 세력을 확대했다. 그들은 민족주의자를 표방했을 뿐 아니라 민주화 구호를 부르짖으며 정부와 군대, 그리고 사회 각 분야에 침투했다. 그릇된 민족주의와 반미주의에 세뇌당한 종교인, 지식인, 학생들은 연일 반정부 및 반미 시위를 벌였다. 베트콩의 적화통일 전략은 "베트남에서 침략군(미군)을 몰아내고 민중봉기를 일으켜 인민민주주의 정권을 수립한 후 무력으로 해방시켜 통일을 달성한다"는 것이었다. 이것은 북한이 시종일관 견지하고 있는 '남조선해방' 전략과 조금도 다르지 않았다.

당시 베트남에는 베트콩의 사주를 받은 공산당원과 인민혁명당원 5만 여 명이 암약하고 있었다. 이들은 민족주의자, 평화주의자, 인도주의자로 위장한 채 시민단체와 종교단체를 장악하여 미군철수를 주장하고 폭력시위를 벌이는 등 사회혼란 조성에 앞장섰다. 전선에서 치열한 전투가 벌어지고 있는 순간에도 그들은 미군철수운동과 반전시위를 전개했다. 1967년 월남 대통령 선거에 출마한 유력한 야당 후보 쭝 딘 쥬(Truong Dinh Dzu)는 선거유세에서 "동족상잔의 전쟁에서 시체가 산을 이루고 있다. 이처럼 외세를 끌어들여 동족들끼리 피를 흘리는 모습을 우리 조상들이 하늘에서 내려다보면 얼마나 슬퍼하겠는가?"라며 민족감정을 부추기고 반미의식을 조장했다. 종교인들도 월남 군인들에게 동족인 월맹군을 향해 총을 쏘지 말고 미군을 향해 총을 쏘라고 선동했다. 대통령비서실장과 법무부장관 등 정부의 핵심인물이 간첩으로 활동했고 공군 전투기 조종사가 작전 중 기수를 돌려 대통령궁을 폭격하는 일이 벌어지기도 했다.

천주교 신부와 불교 승려 등이 주도한 '평화 회복 및 반부패 운동'에서는 반정부 학생단체와 시민단체들이 연합해 투쟁을 벌였으며, 여기에 공산당 프락치들이 대거 침투해 이 운동은 거대한 반정부 반체제 세력으로 변질됐다. 반체제 및 반정부 단체들은 수십 개의 언론사를 설립해 반정부 여론을 확산시켰다. 전쟁 중인 나라에 전쟁영웅은 없었고 반정부운동 주모자들이 영웅시됐다. 적과 전쟁을 하는 것이 아니라 정부와 반정부세력 간에 전쟁이 벌어지고 있었던 것이다. 이처럼 베트남의 패망은 베트콩의 침략 못지않게 '내부의 적'에 의해 촉진됐다. 베트남 국민들은 민주주의든 공산주의든 관심도 없었고 전쟁에 지쳐 빨리 끝나기만 기다렸다.

적화통일 이후 베트콩은 베트남 지역에 대한 대대적인 숙청작업에 들어갔다. 흥미로운 점은 베트콩 공산주의자들이 "한번 반역한 인간은 또 다시 반역한다"는 논리를 내세워 민주를 외치며 극성맞은 데모를 벌여 베트남 공산화를 도운 지식인, 학생, 종교인 등을 가장 먼저 처형했다는 사실이다. 그 후 공산주의자들은 반공인사들과 베트남의 고위층, 그리고 부유층을 숙청했다. 베트남의 군인과 경찰은 무장 해제되고 수용소에 보내졌다. 350만 명이 재교육이라는 명분으로 '인간개조 학습소'에 끌려가 인간개조를 당했다. 베트남의 공무원과 지도층 인사, 언론인, 정치인들은 모두 치포돼 수감됐고, 대부분 살아 돌아오지 못했다. 맞아서 죽고, 굶어서 죽고, 병들어 죽었던 것이다. 공산화 이후 베트남에는 정치적 탄압과 경제난을 이유로 조국을 등진 수많은 보트 피플(boat people)이 생겨났다. 많은 베트남 국민들이 자유를 찾아 소형 선박을 타고 목숨을 건 탈출에 나섰던 것이다. 그 숫자는 116만 명 정도며, 그 가운데 바다에 빠져 죽거나 해적에게 살해당한 숫자가 11만이나 됐고, 해외 탈출에 성공한 사람은 약 95만 명 정도로 집계됐다.

② 독일: 동독 슈타지의 침투와 전투적 민주주의를 통한 극복

냉전 시기 동독 공산주의자들은 서독 사회에 광범위하게 침투해 있었다. 통일 이후 해제된 동독 비밀경찰 슈타지(Stasi)의 기밀문서에 따르면, 슈타지는 서독의 반공 보수정치인들을 매장시키려는 공작을 했고 브란트(Willy Brandt) 총리의 보좌관 귄터 기욤(Gunther Guillaume)도 동독의 거물간첩이었으며, 심지어 녹색당의 정책까지 슈타지가 배후조종했다. 뿐만 아니라 동독 공산주의자들은 미남공작원을 내세워 서독 정치인의 여비서들을 포섭하고 학생운동에 침투하여 학생들의 반미시위를 조종했는가하면, 서독의 대학을 동독 첩자 양성소로 이용했고 여성 테러리스트를 유럽의회 의원으로 당선시키기까지 했다. 슈피겔(Spiegel), 슈테른(Stern) 등 주요 언론들도 슈타지 공작에 놀아나는 등 동독의 간첩활동은 서독 사회에 광범위하게 확산돼 있었다.[22]

그럼에도 서독은 베트남의 경우처럼 무너지지 않았다. 그 까닭은 서독이 자유민주주의 체제의 방어에 대단히 적극적이었기 때문이다.

서독 지도자들은 자유민주주의 체제는 자유를 파괴하려는 세력에 대해 전투적이어야 하며 이를 위한 보호 장치가 없을 경우, 극좌 및 극우 급진주의 세력에 의해 유지되기 어렵다는 뼈아픈 교훈을 바이마르 공화국의 실패로부터 배우게 됐다. 서독은 독일연방공화국 기본법(헌법) 제정과정에서 헌법보호 장치를 도입했다. 연방공화국 기본법 제21조는 정당의 목적이나 활동이 자유민주적 기본질서를 침해 또는 거부하거나 독일연방공화국의 존립을 위태롭게 하는 경우 이를 위헌이라 규정하고 해산토록 규정했다.

1956년 연방헌법재판소는 독일공산당을 위헌정당으로 판정하고 해산시키면서 '전투적 민주주의(streitbare Demokratie)'라는 개념을 처음 사용했다.[23] 본래 '전투적 민주주의'는 나치 집권 시기인 1937년 뢰벤슈타인(Karl Löwenstein)이 이론적 구상을 제기한 이후 1940년대에 만하임(Karl Mannheim)이 전체주의와 자유방임주의 양자를 극복하는 민주주의 이론을 발전시킴으로써 구체화된 것이다. 이에 따르면, 모든 정치적 신조들이 무제한 허용되지 않고 민주주의

---

22) 후베르투스 크나베, 김주일 역, 『슈타지 문서의 비밀』(서울: 월간조선사, 2004)를 참조.

23) 박광작, "전투적 민주주의, 독일의 경우: 반체제 운동경력자에게 공직취임을 금지", 『월간조선』(2003. 8), p. 84. 서독 정부는 1951년 '사회주의 제국당'이 서독 헌법을 위반한다고 판단한 후 연방헌법재판소에 정당활동의 금지와 해체를 신청했다. 이 정당은 명칭을 바꿔가며 살아남았지만 서독 정부는 계속 위헌 신청을 하며 추적했다. 결국 좌파정당의 후신인 '독일공산당'은 해체됐다.

에 대적하는 정당활동과 조직구성이 금지돼야 한다는 것이다.[24] 다시 말하면, 자유민주주의를 수호하기 위해서는 적대세력에 대해 적극적으로 대응해야 한다는 개념이다.

이에 따라 서독의 기본법에는 "그 목적과 활동 등이 헌법적 질서에 반하는 단체는 금지된다"고 규정돼 있다.[25] 위헌으로 판결된 단체에 대해서는 '기본권 상실 조항'이 마련돼 있다. 상실되는 기본권에는 의사 표현의 자유, 출판의 자유, 집회의 자유, 결사의 자유, 서신, 우편, 전신의 비밀, 재산권 등이 포함됐다. 1964년 제정된 '사회단체규제법'에 따라 위헌으로 판정된 단체들은 해산됐다. 통일 이전까지 공산세력의 영향 하에 있다가 해산된 단체는 50개로 그 회원은 6만 여 명이었다. 이 밖에도 독일연방공화국의 존립과 자유민주주의적 기본질서를 파괴하는 세력을 다스리기 위해 형법, 헌법보호법, 사회단체규제법, 테러저지법 등 다양한 국가안보법제가 마련됐다.

뿐만 아니라 서독 정부는 '급진주의자들에 대한 결의(일명: 급진주의자 훈령)'를 헌법보호 조치로 채택해 위헌(違憲) 세력이 공공부문에 침투하는 것을 봉쇄했다. '급진주의자 훈령'은 헌법상의 자유민주주의적 기본질서를 옹호한다는 보증을 제시하는 사람만이 공직에 임용될 수 있고 공무원은 직무 내외를 막론하고 자유민주주의적 기본질서를 위해 적극 노력할 의무를 갖는다는 정신에 바탕을 두고 있다. 이 훈령에 따라 독일민족당(NPD)과 같은 극우 급진정당 및 공산계열의 정당과 사회단체의 구성원들은 연방헌법재판소의 위헌 결정 없이도 공직부문 임용에서 제외됐다. 일례로 좌익 학생운동 조직이 상당한 세력을 확보하고 있었던 1972년 8월부터 1976년 2월까지 총 428명의 공직지원자가 자유민주주의적 기본질서에 대한 충성심에 의혹이 있다는 이유로 임용에서 배제됐다.

---

24) 평화문제연구소, 『독일 분단을 넘어 초일류로』(서울: 평화문제연구소, 2011), p.27.
25) 서독의 기본법상 '방어적 민주주의'를 규정한 구체적인 내용에 관해서는 앞의 책, pp.31-51을 참조.

서독은 1987년까지 약 350만 명의 취업희망자의 적격성을 심사해 약 2,250명
에 달하는 위헌성분 지원자들의 임용을 거부하기도 했다. 이미 취업한 사람도
반체제 성격의 좌익단체나 그 위장단체에서 활동한 사실이 밝혀지면 대부분의
경우 해임 조치를 당했다.[26]

③ 중국: 국민당 정부의 사상전에서의 패배

앞서 언급한 바와 같이 중국의 공산화는 공산당의 입장에서 볼 땐 통일전선
전술의 성공적 관철이었지만, 국민당 입장에서 볼 땐 뼈아픈 사상전에서의 패
배였다. 장제스(蔣介石)는 본토에서 공산세력에 패배하게 된 주요 원인이 공산
당과의 사상전에서 실패했기 때문이라고 결론짓고 타이완에서 체계적인 이념
교육을 실시한 바 있다.

중국 본토에서 공산세력의 승리는 일본의 침략으로 국민당 정부군이 약화된
틈을 탔기에 가능했다. 중·일전쟁이 없었다면 중국공산당은 중국 대륙을 지배
하지 못했을 수도 있다. 그러나 공산당과 국민당 지도자에게 존재했던 커다란
차이도 공산 세력의 승리를 설명하는 중요한 요인이 된다. 장제스가 군사지도
자로 군사전략에 치중했던 반면, 마오쩌둥은 혁명가로 정치 전략에 치중했다는
것이다.

마오는 공산혁명이라는 정치적 목적을 위해 비정규전인 게릴라전을 주요 수
단으로 활용했다. 그는 "전쟁은 한 순간도 정치와 분리될 수 없다. 정치는 무혈
의 전쟁이고, 전쟁은 유혈의 정치이다. 정치권력은 총구로부터 나온다"고 하는
등 정치우위론을 폈다. 따라서 혁명투쟁의 군사적 측면보다도 정치·심리적 측
면을 더욱 중시했다. 마오에게 있어 적의 군대를 격파하고 정부를 타도하는 것

---

26) 박광작, 앞의 글, p.89.

은 다음 단계의 과업이고 가장 기본적인 노력은 민중의 지지를 얻어 그들을 동원하는 것이었다. 그는 "공산세력은 고기고 민중은 물"이라 비유하면서 물 없이는 고기가 살 수 없다는 논리를 폈다. 공산세력은 민중의 지원을 획득하고 민중을 혁명세력으로 포섭하는 동시에 현존 정부로부터 그들을 격리시키는 데 초점을 맞추었다. 그래서 그들은 민중을 대상으로 정치교양 내지 선전선동 활동을 적극적으로 전개했던 것이다.[27]

신해혁명 후 국민당 정부는 새로운 국민국가 건설에 나섰으나 전쟁, 혼란, 빈곤 등으로 어려움에 직면했다. 군벌들이 여러 지역을 통치하고 있어서 그들을 타도해야 했고 일본의 침략전쟁에도 국력을 쏟아 부어야 했다. 따라서 국가체제를 정비하고 민생을 개선할 여력이 없었다. 그리고 새로 건립한 국가의 체제이념도 불분명했고 또한 그것을 다수 국민들에게 이해시키지도 못했다.

반면 공산당 세력은 현실을 타파하는 공산주의 이데올로기를 제시했을 뿐 아니라 농지개혁 등을 통해 그것을 실천적으로 보여줬기 때문에 농민들의 지지를 받을 수 있었다. 또한 외세 배격을 위한 민족통일전선[28]을 주장함으로써 국민당 정부의 공세를 무력화시키며 마침내 공산혁명에 성공했던 것이다.

4. 한국의 국가안보 현실

현재 대한민국의 국가안보는 총체적 위기를 겪고 있다. 대외적 위협으로는 중국의 고고도미사일방어체계(THAAD) 보복으로 인한 경제안보의 위기, 일본

---

27) 이선호 · 정광선, 『한국 국방의 세계화』(서울: 팔복원, 1996), pp.55-72.
28) 마오쩌둥의 공산당과 장제스의 국민당 간에 벌어졌던 권력투쟁 당시 중국공산당이 구사했던 민족통일전선에 관해서는 헤럴드 로버트 아이작, 정원섭 · 김명환 역, 『중국혁명의 비극』(서울: 숨쉬는책공장, 2016), "20장 새로운 민족통일전선", pp. 603-643을 참조.

과의 역사 문제로 인한 외교안보의 위기 등도 무시하지 못할 사안들이나 이 글에서는 지면 관계상 대외적 위협으로 북한의 군사 위협만을 다루기로 한다. 대한민국이 직면하고 있는 대내적 위협 요인으로는 '안보 위해세력'에 의한 정치안보의 약화를 살펴볼 것이다.

1) 대외적 위협: 북한의 핵/미사일 위협 [29]

최근 들어 북한의 핵, 미사일 위협은 한·미 양국에 커다란 위협을 제기하고 있다. 북한의 미사일 능력은 현재까지는 불확실하지만 시간이 흐를수록 미 본토에 커다란 위협이 된다고 평가되고 있으며[30] 2016년과 2017년 북한은 한국을 향해서도 위협적인 남침 의사를 노골화하고 있다. 심지어 키신저(Henry Kissinger) 전 미 국무장관은 7년 전에 이미 북한 핵무기로 인해 세계적으로 핵무기가 확산되면 세계의 대참극이 벌어질 수 있는 상황이 올 수 있다고 경고한 바 있다.[31]

이 같은 시나리오가 전개된다면 그것은 한국이나 미국의 안보까지 위협하는 대재앙이 될 것임에 틀림없다. 2017년 10월 현재 북한은 여섯 차례 핵실험을 강행했다. 현재와 같은 추세대로라면 북한은 2020년까지 100여 기에 달하는 핵무기를 보유할 수 있을 것이라는 전망도 나왔으며,[32] 지금 핵개발을 중단시키지 못한다면 5년 후 북한은 최대 140기의 핵폭탄을 보유하고 장거리 핵 타격 능

---

29) 이 부분은 필자의 졸고, "공세적 대북 안보전략의 실행 조건: 북한의 핵, 미사일 위협에 대한 대응을 중심으로", 국가안보전략연구소, 『국가안보와 전략』, 2017년 여름호, 제17권 2호(통권 66호), pp.171-176에서 인용, 보완했음을 알려둔다.

30) 전경웅, "발사준비 마친 북 대륙간 탄도미사일", 『미래한국』, Vol. 542, pp.70-73.

31) 『조선일보』, "北核 용납 땐 세계 대참극 초래", 2010. 3. 12.

32) Joel Wit and David Albright, "North Korea's Nuclear Expansion", *New York Times*, February 27, 2015.

력도 지니게 될 것이라는 주장도 등장했다.[33] 2013년 2월 12일 북한이 3차 핵실험을 강행하고 3월 31일 노동당 중앙위원회 3월 전원회의에서 이른바 '경제건설과 핵무력건설의 병진노선'을 발표[34]하자 그 해 4월 12일 미 텍사스대 수리(Jeremi Suri) 교수는 뉴욕타임스에 발표한 기고문에서 한반도 위기를 해결하기 위해 북한이 미사일을 발사하기 전에 지상에 존재하는 미사일과 이동식 발사대를 정밀 폭격하여 무력화시켜야 한다고 주장했지만,[35] 미국은 북한 핵의 고도화를 사실상 방치했으며 그로부터 4년이 지난 현재까지 북한은 추가 핵실험을 세 차례 더 실행하며 핵탄두의 소형화, 경량화, 다종화라는 그들의 목표에 점점 다가서고 있는 실정이다.

　핵무기를 운반하는 투발수단인 미사일 능력의 개발에 있어서도 북한은 위협적인 행보를 이어가고 있다. 2017년 1월 1일 신년사에서 김정은은 "대륙간탄도로켓(대륙간 탄도미사일, ICBM)의 시험발사가 마감단계에 이르렀다"[36]며 그간 인공위성이라고 주장하던 장거리미사일 개발의 실체를 고백했다. 북한이 개발 완료 단계에 있다고 주장하는 대륙간탄도미사일은 한국과 미국 등 국제사회에서 'KN-08(사거리 1만 2,000km)[37]'으로 칭하는 것과 그 신형인 'KN-14(사거리 9,000~1만 km)' 미사일 등 두 종류이다.[38] 북한은 이 두 미사일에 핵탄두를 장착하여 미국 본토를 공격하겠다는 의지를 노골화하고 있다.

---

33) 장롄구이, "북핵문제와 한반도 통일", 「KINU 통일+」, 통일연구원　2016년 겨울호, p. 73.

34) "조선로동당 중앙위 2013년 3월전원회의", 「조선중앙통신」, 2013. 3. 31.

35) Jeremi Suri, "Bomb North Korea, Before It's Too Late", *New York Times*, April 12, 2013, http://www.nytimes.com/2013/04/13/opinion/bomb-north-korea-before-its-too-late.html, 검색일: 2017. 4. 3.

36) 「연합뉴스」, "北김정은 '2017년 신년사' 전문", 2017. 1. 1, http://www.yonhapnews.co.kr/bulletin/2017/01/01/0200000000AKR20170101045500014.HTML?input=1179m. (검색일: 2017. 4. 15).

37) 북한 명칭은 '화성-13호'이다. 일부 군사전문가들은 '북한제 노동-C' 미사일이라고 부르기도 한다.

38) 북한의 대륙간 탄도미사일의 성능, 개발 역사, 발사준비 단계에 관한 자세한 내용은 전경웅, 앞의 글을 참조.

이와 관련하여 존 메케인(John McCain) 미 상원 군사위원장은 북한이 자체 개발한 미사일에 핵탄두를 장착해 미국으로 쏠 수 있으며 이는 한국을 넘어 미국에 대한 위협임을 강조했다.[39] 제임스 울시 전 미 중앙정보국(CIA) 국장도 3월 29일 의회전문지 더 힐 기고문에서 북한이 핵 전자펄스(EMP) 공격으로 국가 기간시설을 파괴할 경우, 장기적으로 미국인 90%가 기아, 질병, 범죄 등으로 목숨을 잃을 수 있다며 미국은 핵무기 등 어떤 수단을 써서라도 북한을 선제타격할 태세를 갖춰야 한다고 강조했다.[40] 북핵 능력의 고도화에 따라 미국 인사들의 안보불안이 가중되고 있음을 보여주는 대목이다.

북한은 1960년대부터 탄도미사일 개발에 본격적인 관심을 갖기 시작한 후 현재까지 다양한 종류의 탄도미사일을 개발, 실전배치하고 있다. 특히 최근에는 잠수함발사탄도미사일(SLBM)의 능력을 획기적으로 개선하는 작업에 몰두하고 있는 것으로 알려지고 있다. 잠수함발사탄도미사일은 그 은밀성 때문에 탐지와 대비가 어려워 미국뿐 아니라 한국의 안보에도 위협적인 무기로 분류된다.

〈표 1〉 북한 주요 탄도미사일 재원

구분	KN-02	스커드-B	스커드-C	노동	무수단	대포동 1호	대포동 2호 (개량형)	KN-08
길이(m)	6.4	11.25	11.25	15	12	25	30	18
직경(m)	0.65	0.88	0.88	1	1.5	1.8	2.4	2
사거리 (km)	120~140	300	500	1,300	3,000~4,000	2,500	6,700 이상	5,000~6,000

---

39) 『조선일보』, "한반도, 6·25 이후 가장 민감… 中은 사드보복 말고 김정은 통제해야", 2017. 3. 16, A6면.

40) 『조선일보』, "美, '中압박', '테러국 재지정' 등 대북제재案 속전속결 처리", 2017. 3. 31, A1면.

탄두 중량 (kg)	250~500	1,000	770	700	650	500	650~1,000 (추정)	
비고	작전 배치	작전 배치	작전 배치	작전 배치	작전 배치	시험 발사	개발 중	개발 중

유용원 외, 『북한군 시크릿 리포트』(서울: 플러닛미디어 2013), p.140.

최근 유엔 전문가패널 보고서를 인용한 워싱턴 프리비컨(Washington Free Beacon)의 보도에 따르면, 북한은 잠수함발사탄도미사일(SLBM)인 북극성(KN-11)을 발사하는 고래급 잠수함의 발사관 양쪽에 통풍구를 추가하여 복수의 SLBM을 지닐 수 있게 됐으며, 신포 조선소에서는 3000톤(t) 급 잠수함을 추가 건조 중이라고 한다.[41]

북한은 한·미 정보전력을 무력화시킬 수 있는 새로운 종류의 탄도미사일 발사도 강행했다. 지난 2월 12일 북한은 핵탄두 탑재가 가능한 신형 중거리탄도미사일(IRBM)을 발사 실험했다.[42] 북한이 '북극성-2형'이라고 명명한 이 미사일은 신형 고체연료를 사용했고, 잠수함발사탄도미사일의 발사 방식인 '콜드 런칭' 기술을 적용했으며, 무한궤도형 이동식 발사차량을 이용하여 발사를 감행했다는 점에서 주목됐다. 고체연료를 사용하면 연료주입 시간과 발사 시간이 줄어들어 한·미 정찰위성에 포착될 가능성이 현저하게 줄어들고, 지상발사대에서 '콜드 런칭' 방식을 사용하여 미사일을 발사하면 로켓에서 뿜어져 나온 가스가 흙먼지를 만들거나 하는 일이 없기 때문에 발사대의 위치가 노출될 위

---

41) Bill Gertz, "North Korean Submarine Missile Program Advances,"*Washington Free Beacon*, April 20, 2017, http://freebeacon.com/national-security/north-korean-submarine-missile-program-advances/(검색일: 2017. 4. 22).

42) 『인터넷 문화일보』, "김정은 '북극성-2 성공… 헉 공격수단 또 하나 탄생'", 2017. 2. 13, http://www.munhwa.com/news/view.html?no=2017021301070 03022001(검색일: 2017. 4. 14).

험이 적으며[43], 무한궤도형 이동식 발사차량을 이용했다는 것은 깊은 계곡이나 산골짜기에 숨어들어 미사일 공격을 감행할 수 있다는 것으로 북한의 미사일 발사 징후를 탐지, 식별하기가 더욱 어려워졌다는 점을 시사한다.

북한이 중거리탄도미사일을 개발했다는 건 새로운 사실이 아니다. 또한 고정 발사대 대신 이동식 발사대를 이용하여 사거리 3,000km 이상의 중거리탄도미사일도 실전 배치한 것으로 알려지고 있다.[44] '북극성-2형'의 발사 실험은 한국에서 고고도 미사일방어체계(THAAD) 배치가 한창 추진 중이던 당시 사드 무용론을 확산시키기 위한 것일 수도 있고, 킬 체인을 적용한 한국의 선제타격 개념을 무력화하기 위한 것일 수도 있다는 점에서 주의가 요구된다. 또한 향후 북한이 스커드미사일이나 노동미사일 엔진까지 고체연료로 바꾸고 이동식 발사대를 무한궤도형 이동식 차량에 장착한다면 한·미 정보자산을 무력화하고 양국에 전략적 위협을 지속할 것으로 판단된다.

급기야 북한은 2017년 7월 4일과 28일 대륙간탄도미사일(ICBM)급 미사일인 '화성-14형'을 발사 실험했고, 9월 3일에는 수소폭탄 실험이라고 주장하는 6차 핵실험을 강행했다. 이 같은 도발들을 통해 북한 당국은 미국 본토까지 타격할 수 있는 핵, 미사일 능력을 갖추게 됐다고 주장하면서 일체의 대화나 협상도 거절하고 있다. 핵무기와 미사일 능력을 후광으로 북한 당국은 한국에 대한 남침 의지도 노골적으로 드러냈다. 2016년 12월 1일 강원 원산에서 열린 포사격 훈련을 참관한 김정은은 "정의의 전쟁의 발발과 함께 서남전선 포병부대들이 올리는 승전의 포성은 '남진(南進)'하는 인민군 부대들에 날개를 달아줄 것"이라며 대남 위협 수위를 높이면서 "남조선 것들 쓸어버려야 한다"고 발언했다.[45] 또

---

43) 이승진, 『미사일 바이블』(서울: 도서출판 플래닛미디어, 2016), p.287.

44) 권양주, 『김정은 시대 북한 군사의 이해』(서울: 한국국방연구원, 2014), p.263.

45) 『인터넷 동아일보』, "김정은 '남조선 것들 쓸어버려야' 도발 위협", 2016. 12. 3, http://news.donga.com/3/all/20161203/81644842/1(검색일: 2017. 4. 14).

한 2017년 9월 북한 당국이 당, 군의 핵심 간부와 평양 시민들을 총동원해 미국을 성토하는 대규모 군중집회를 연 자리에서 북한군 총참모장 리명수는 선제타격으로 놈들을 모조리 쓸어버리자며 "남한을 깔고 앉아 조국통일의 역사적 위업을 빛나게 이룩하자"고 연설했다. 핵, 미사일 개발을 통해 미국을 한반도에서 몰아내고 남한을 무력으로 통일을 하겠다고 공공연하게 위협한 것이다.[46] 그간의 핵위협과 미사일 도발 등을 종합적으로 감안할 때 이 같은 북한 당국의 언행은 도발의 심각성과 위협성을 충분히 느끼게 할 뿐 아니라, 남침 의지를 숨기지 않음으로써 선제공격 개연성까지 묻어나는 언어 도발이다.

북한은 전면전을 벌이지 않더라도 340문의 장사정포가 수도권과 미군기지들을 공격할 수 있고, 1,000여 발에 달하는 스커드 · 노동미사일로 한국 전역을 공격할 수 있다.[47] 북한이 주력하고 있는 것은 스커드 계열의 미사일이다. 북한은 스커드 계열을 중심으로 한 다양한 종류의 탄도미사일 1,000기 가량 보유한 것으로 추정되고 있다. 약 600여 기로 추정되는 스커드 미사일은 B, C, D형으로 구성되며, 이를 개량한 노동미사일도 300여 기 가량 보유한 것으로 추산된다. 특히 노동미사일은 고각(高角) 발사가 가능해 요격이 훨씬 어렵고, 1t 규모의 고폭 탄두로 일본 내 표적까지 타격할 수 있는 것으로 알려지고 있다.[48]

일각에서는 북한의 전략을 전면전까지는 이르지 않으면서 한국에 공포심을 유지하는 것이라고 주장하기도 한다.[49] 이 같은 주장은 북한이 한국에 대해서

---

46) 『TV조선』, "北, 대규모 반미 당 · 군 집회 열어", 2017. 9. 23, http://news.tvchosun.com/site/data/html_dir/2017/09/23/2017092390049.html(검색일: 2017. 10. 2.).

47) 『조선일보』, "美, 한국에 통보 이 北 타격? 사실상 불가능한 3가지 이유", 2017. 4. 13, 3면.

48) 『연합뉴스』, "美언론 '과거 사례 보면 北 탄도미사일 탐지 · 타격 어렵다'", 2017. 4. 10, http://www.yonhapnews.co.kr/bulletin/2017/04/10/0200000000AKR20170410087900009.HTML?input=1179m,(검색일: 2017. 4. 15).

49) 이수혁, 『북한은 현실이다』(파주: 21세기북스, 2011), p. 240.

는 군사적 침략 의도가 없으며 그들의 군사적 호전성은 미국의 침공위협에 대한 자위권 차원의 대응이기 때문에 미국이 대북 적대시정책을 철회하고 미·북 협상을 통해 북한과의 평화협정 체결과 관계정상화를 통해 북핵문제를 해결해야 한다는 주장으로 연결된다.

그러나 현 시점에서는 북한 당국과 대화를 통해 핵문제를 해결하는 건 불가능하게 됐다. 북한 당국은 핵, 미사일 능력 완성을 목전에 두고 있는데 그것을 포기시키려는 협상에 응할 이유가 없기 때문이다. 실제로 2017년 10월 17일 유엔주재 북한 대표부 차석대사인 김인룡은 "미국의 대북 적대정책과 핵 위협이 완전히 제거되지 않으면 우리는 어떤 상황에서도 핵무기와 탄도미사일을 결코 협상 테이블에 올리지 않을 것"이라고 말했다.[50] 미국이 한반도에서 손을 떼고 주한미군을 철수하지 않는 한 자신들은 미국 본토를 겨냥한 핵, 미사일 위협을 멈추지 않을 것이며, 그 때까지 미국과의 협상은 없다는 점을 분명히 한 것이다.

트럼프(Donald Trump) 대통령의 스타일을 감안할 때, 북한이 미국 본토를 위협할 수 있는 핵, 미사일 능력을 갖추게 되면 자국 국민의 안전을 위해 무슨 일이든 할 것으로 예상된다. 트럼프 대통령은 북핵문제 해결을 위해 유일한 경쟁국인 중국과 긴밀히 협력하면서 소통하고 있는 점을 자랑스럽게 피력하기도 했다.[51]

요컨대 북한은 핵 개발 및 미사일 능력의 개선을 결코 포기하지 않을 것이다. 날이 갈수록 강화되고 있는 북한의 핵, 미사일 능력은 한국뿐 아니라 미국의 본토 안전에도 직접적인 위협으로 시시각각 다가오고 있다.

---

50) 『인터넷 중앙일보』, "'마이 웨이' 북한 "미국이 먼저 적대정책 버려야 핵 협상'", 2017. 10. 17, http://news.joins.com/article/22018229.(검색일: 2017. 10. 18).

51) 『뉴시스』, "트럼프·시진핑, 전화회담 북한 문제 협의…'주요 현안 긴밀소통 확인'", 2017. 4. 24, http://www.newsis.com/view/?id=NISX20170424_0014850955&cID=10101&pID=10100(검색일: 2017. 4. 25).

2) 대내적 위협: 정치안보의 약화

한 나라의 체제를 수호하기 위해 정치안보는 국가안보에서 매우 중요하다. 그러나 대한민국의 현실은 북한의 통일전선 공작에 의해 정치안보가 심각하게 훼손돼 있다고 할 수 있다.

북한의 대남 정치공작은 종북세력의 양산을 위한 대남심리전을 포함하여 일련의 의식화 공작으로 지속돼 왔다. 북한 공작원 출신인 김동식 박사에 따르면, 북한은 1968년 통일혁명당 사건 발생 이후 대남심리전을 위해 '통일혁명당 목소리 방송'을 창설하고 대남선전선동을 강화했다. 특히 한국 내에서 이념논쟁이 한창 전개되고 있던 1980년대 후반~1990년대 초반에는 북한의 저명한 학자들을 동원하여 '민족해방인민민주주의혁명론'을 체계화한 다음 문장형식과 표현을 한국식으로 바꿔 국내 운동권 조직을 통해 배포하는 방법으로 의식화 작업을 주도했다.[52] 북한은 1980년대 후반부터 공작원들을 한국과 해외에 대량 파견하여 운동권 인사들을 포섭하고 그들을 통해 한국의 체제 전복을 목적으로 하는 지하당 조직을 구축토록 하는 등 조직화 작업도 전개했다. 이 같은 방식으로 북한 대남공작 조직에 포섭된 현지인, 즉 지하당 조직원들은 주변 인사들까지 종북세력으로 만드는 데 결정적 기여를 했던 것이다.

지난 반세기 동안 북한은 한국 내에 다수의 지하당 조직을 구축하여 대남공작을 수행했다. 앞서 언급한 통일혁명당 외에도 1962년에 결성된 '인민혁명당(인혁당)', '남조선민족해방전선(남민전)', '민족민주혁명당(민혁당)', '중부지역당', '구국전위', '일심회', '왕재산' 등이 그것이다. 최근에는 지난 2014년 12

---

52) 김동식, 앞의 글, pp.82-83.

월 통합진보당 국회의원이었던 이석기가 지하혁명 조직 RO(Revolutionary Organization) 회합에서 합법/비합법, 폭력/비폭력적인 모든 수단을 동원하여 대한민국 체제전복을 도모했던 사건도 있다. 이석기는 내란선동과 국가보안법 위반 혐의 등이 유죄로 인정돼 징역 9년과 자격정지 7년을 선고받고 현재 복역 중이며 통합진보당은 그 해 12월 헌법재판소의 위헌정당해산심판 결정에 따라 강제 해산됐다.[53] 북한의 지령에 의해 구축된 지하당 조직 외에 한국 사회 내에서 스스로 결성된 이른바 '자생적 친북 단체 및 종북단체'도 다수 존재한다.[54] 대표적인 단체들로는 '조국통일범민족연합(범민련)', '한국대학총학생회연합(한총련)', '한국진보연대', '민주주의민족통일전국연합(전국연합)', '통일연대[55]', '민중연대' 등을 들 수 있다. 이렇게 의식화된 종북세력들은 북한의 지하당 조직, 자생적 친북 단체 가릴 것 없이 주한미군 철수, 국가보안법 철폐, 연방제 통일 등 북한 당국의 대남선전선동 주장을 대변하면서 한국의 정치안보를 파괴하고 있다.

이 같은 내용은 김정은의 입을 통해 명확해진다. 지난 2015년 1월 5일 열린 노동당 간부회의에서 김정은은 "이번 사건(통합진보당 해산)을 계기로 대남부서에서는 남조선 혁명가들과 조직을 재정비할 필요성이 있다"면서 한국의 진보세력과 연계하여 친북 정당의 건설을 시도했음을 확인해줬다. 이 과정에서 김

---

53) '이석기 사건', 〈위키백과〉, https://ko.wikipedia.org/wiki/%EC%9D%B4%EC%84%9D%EA%B8%B0_%EC%82%AC%EA%B1%B4,(검색일: 2017. 9. 30).

54) 북한의 지령에 의해 구축된 지하당 및 자생적 친북/종북 단체에 관한 자세한 내용은 김충남·문순보, 앞의 책, pp. 309-322를 참조.

55) 남시욱 박사는 6·15공동선언 이후 벌어진 가장 획기적인 사건으로 2001년 3월 15일 '통일연대(6·15 남북공동선언 실현과 한반도 평화를 위한 통일연대)'의 결성과 그 활동을 꼽고 있다. '통일연대'는 "미국은 내정간섭과 미사일 방어계획을 중단하라"는 등 북한 정권을 옹호하는 활동을 벌여왔다. 남시욱, 『한국 진보세력 연구』(서울: 청미디어, 2009), pp. 456-457.

정은은 "전쟁준비를 갖추는 데서 미국 본토를 타격할 수 있는 수단도 중요하지만, 더 중요한 것은 결정적 시기 우리와 뜻을 같이할 조직적이고 단결된 세력"이라며 "우리 쪽 사람들이 남조선 정당들에서 주도권을 틀어쥐게 된다면 그때 가서 국가보안법 철폐나 미군 철수를 자연스럽게 이끌어 낼 수 있다"고 강조하고 "남조선에 있는 진보 세력은 적진에 있는 우리들의 동지다. 그들은 통일에 대한 절절한 희망 속에 미군 철수, 고려련방제 통일, 국가 보안법 철폐 등을 외치던 애국세력들"이라고 밝혔다.[56] 이들의 종북 활동으로 인해 한국 사회는 심각한 분열과 갈등을 겪고 있으며, 북한 당국은 남조선 해방을 위한 '든든한' 후방 지원세력을 얻고 있는 것이다.

북한은 지난 2000년 6·15 공동선언 이후부터 본격적으로 남남갈등 조장을 위한 공작에 나섰다. 북한은 6·15 공동선언에 '우리민족끼리'라는 표현을 삽입한 다음부터 이것을 대남 통일전선 전략전술 수단으로 공식화해서 각종 성명이나 언론매체를 통해 적극 활용하고 있다. 이를 통해 북한은 핵무기 개발과 확산을 저지하려는 미국에 대한 반미 투쟁과 대한민군 정부에 대한 반정부 투쟁 및 보수세력 와해투쟁을 위한 통일전선을 형성하고 '남남갈등'을 조장하고 있는 것이다.[57] '우리민족끼리' 구호가 통일전선전략전술의 일환이라는 근거는 2010년 9월 28일에 개최된 북한 노동당 대표자회에서 개정된 당 규약 서문에서 잘 나타난다. 거기에는 "조선노동당은 전조선의 애국적 민주역량과의 통일전선을 강화한다. 조선노동당은 남조선에서 미제 침략무력을 몰아내고 온갖 외세의 지배와 간섭을 끝장내며 (중략) 우리민족끼리 힘을 합쳐 자주, 평화통일, 민족대단

---

56) 정재욱, "김정은 '남조선 정치권 핵심 위치에 진입하라'", 『미래한국』, 인터넷판, http://www.futurekorea. co.kr/news/articleView.html?idxno=31252(검색일: 2016. 4. 16).

57) 김광철, 『김일성민족주의 정치전략의 비판적 분석: 북한, '김일성주의를 바탕에 둔 봉건적 군주제'로 변화하다』(서울: ㈜북랩, 2014), pp. 125-126.

결의 원칙에서 조국을 통일하고 나라와 민족의 통일적 발전을 이룩하기 위하여 투쟁한다"라고 명시돼 있다.[58] 이처럼 북한 당국은 '우리민족끼리'라는 구호를 통일전선전술의 일환으로 활용하고 있음을 숨기지 않고 있다.

'우리민족끼리' 정신을 통해 북한은 한국 사회 내에 자신들을 '우리가 보듬어 안아야 할 우리의 반쪽'이라는 인식을 확산시키고, 핵개발이나 재래식 도발에 대해 자신들을 두둔하는 세력을 구축하여 한국 사회를 갈등으로 몰아넣고 있다. 이는 한국 사회를 교란시키고 분열시켜 한국인들 스스로가 한국 정부를 전복시키도록 공작하는 이른바 '인민민주주의 혁명'[59]전략이다.

정리하자면, 북한 당국은 자신들의 입장에 동조하면 '민족적'이고 그렇지 않으면 '반민족적' 역적 세력으로 규정하여 타도의 대상으로 삼음으로써 대한민국 구성원들을 '적'과 '동지'로 구분하여 상호 투쟁하도록 분열시키고 동조세력을 확산시키면서('우리민족끼리') 한국인들 스스로 자유민주주의 체제를 전복시키도록('인민민주주의 혁명') 공작하고 있다. 이 같은 북한의 대남공작은 공산세력이 일정한 혁명단계에서 주적을 타도하는 데 자신들의 힘만으로는 불가능할 때 필요한 동조세력을 획득하고 그들과 잠정적 동맹체를 형성하여 투쟁하는 통일전선전술[60]이며, 적지 않은 국민들이 그 같은 전술에 말려들어 '의식화'하여 북한의 전략전술에 충실히 '공헌'하고 있는 것이다. 앞서 언급한 것처럼, 베트남의 공산화도 이 같은 과정을 통해 이뤄졌다는 사실에서 우리는 역사의 교훈을 얻어야 한다.

---

58) 앞의 책, pp.130-131.

59) 유동열에 따르면, '인민민주주의 혁명'이란 미제의 대리통치정권이며 독재정권이라는 남한정권을 남한 인민들의 힘으로 타도하고 사회주의로 이행하기 위한 과도체제인 '인민정권(민족자주정권이라 표현)'을 수립하는 것이다. 그러나 북한은 2010년 9월 제3차 당 대표자회에서 당 규약을 수정하면서 '인민'이란 용어를 삭제하여 '민주주의혁명'이라고 칭하고 있다. 유동열, 앞의 글, pp. 8-9.

60) 북한연구소, 『북한대사전』(서울: 북한연구소, 1999), p.967.

5. 한국 국가안보의 정립 방향 – 결론을 대신하여

　대한민국의 국가안보가 심각한 우기에 직면해 있다. 주변 강대국들이 자국의 국익을 추구함에 따라 우리의 국가안보는 방향성을 잃고 표류하는 신세가 되고 있다. 동맹국 미국에서 '미국 우선주의'를 표방하는 트럼프 대통령의 출현으로 전통적인 한·미관계가 위태한 살얼음판을 걷고 있고, 중국과는 사드 문제로 갈등을 겪고 있으며, 일본과는 과거사 문제로 바람 잘 날이 없다. 러시아는 푸틴(Vladimir Putin) 대통령이 중국과 밀착하여 북핵 문제에서 긴밀히 공조하며 국제사회의 대북제재를 균열시키고 있다.

　이 글에서는 대외적 위협으로 무엇보다도 중요한 북한의 핵, 미사일 위협만을 고찰하고 있으나, 주변국 정세 변화에 따른 우리 안보의 현주소 역시 실로 위태로운 상황에 빠져 있다. 본문에서는 대내적 위협으로 '종북세력'으로 대표되는 안보 위해세력의 위험성을 지적하고 있다. 결국, 대한민국 국가안보의 가장 근본적인 원인은 북한의 존재에 있다고 해도 과언이 아니다. 허나 남과 북이 한민족이라는 '민족 정체성'을 공유하고 있음은 누구도 부인하지 못할 것이다. 통일을 지향하는 과정에서 우리는 분단된 민족국가임을 강조하면서 국제사회에서 한국이 주도하는 통일을 인정받을 수 있도록 노력해야 한다. 하지만 북한정권이 주장하는 '우리민족끼리'의 허구적 논리어 빠져 남북관계를 파행적으로 운용한다면 그것은 오히려 우리의 발목을 잡는 질곡이 될 것이다. 북한이 주장하는 '민족'의 프레임에 빠져 대북정책을 추진하려 한다면 향후에도 북한의 행위에 대한 대응 방식을 두고 남남갈등이라는 소모적 비용을 지불하고 항시적인 사회혼란에 직면할 수 있다는 것이다. 또한 국제사회의 다른 나라들도 북한에 대해서만 예외를 두며 남북관계의 특수성을 부각시키는 한국에게 국제적인 룰(rule)을 따르라는 불만을 지닐 수 있고, 우리의 국제적 위상과 신용도가 하락하는 상황이 발생할 수도 있다. 따라서 향후 한국 정부는 북한과의 관계를 새롭게 정립해 나아갈 필요가 있다. 북한을 상대함에 있어 민족문제라는 입장을 견지해 온 예외적인 특혜를 지양하고 보편적 국제관계의 시각에서 대북정책을 실행해야 한다.

국가안보를 추구하는 우리 입장에서는 과거 독일의 사례에서 교훈을 얻어야 한다. 서독은 동독의 공산주의를 비롯한 극단주의 세력의 위협에 맞서 자유민주주의 체제 수호를 위해 필사적인 노력을 기울여 왔고, 그 같은 노력이 동독과의 경쟁에서 승리하여 통일로 나아갈 수 있는 자양분이 됐다. 그러나 대한민국 국민들이 북한의 '우리민족끼리'라는 통일전선전술에 휘둘린다면, 한반도의 미래는 독일보다는 공산화된 베트남에 가깝게 전락할 수도 있다.

우리는 서독의 경우처럼 자유민주주의 체제를 파괴하려는 세력에 대해서는 전투적이고 적극적이어야 한다. 민주주의의 다양성을 인정하고 존중해야 하지만 헌법적 가치를 파괴하는 자유와 권리까지 무한정 용인해서는 안 된다. 이 같은 '방어적·전투적 민주주의'만이 북한의 통일전선전술에 의한 내부 교란공작을 와해시키고 전체의 안전과 국가안보를 보장할 수 있을 것이다.

북한은 대남공작뿐 아니라 무력에 의한 도발로도 우리에게 커다란 안보위협을 가하고 있다. 최근 북한은 핵, 미사일에 의한 군사도발을 가속화하고 있다. 북한 당국은 자신들의 핵개발이 남조선을 겨냥하는 것이 아니라 미국의 압살책동에 대한 자위권적 차원의 핵무장이라고 강변하지만, 그들의 언행에서 궁극적으로 한국을 공산화하기 위한 것임이 드러났다. 날이 갈수록 고도화되고 있는 북한의 핵, 미사일 위협에 대응하는 방안은 2장에서 제시한 안보의 의미에 비추어 생각해볼 수 있다. 안보란 만에 하나 있을 수 있는 최악의 상황에 미리 대비하는 것이다. 그렇다면 북한이 갈수록 파상적인 군사 위협을 가해오는 현실에서 수세적인 억지에 매달려 있어선 안 된다. 최근 한 매체의 보도에 따르면, 북한이 한국과 일본에 실제로 핵무기 공격을 가할 경우 210만 명이 사망하고 770만 명이 부상하는 막대한 인명 피해가 발생할 수 있다고 우려되고 있다.[61]

---

61) 「NEWSIS」, "북한, 한·일에 핵공격하면 최대 380만 명 사망 가능성' 38노스", 2017. 10. 5, http://www.newsis.com/view/?id=NISX20171005_0000111375&cID=10101&pID=10100,(검색일: 2017. 10. 10).

이 같은 상황에서 우리는 북한의 핵공격이 먼저 일어나길 기다리고 있을 수 없다. 북한의 핵공격을 받은 후 보복 응징한다한들 우리가 입은 피해는 되돌릴 수 없다. 그런 이유에서 북한의 대륙간탄도미사일에 의한 본토 타격 위협을 받고 있는 미국에서는 대북 선제공격론까지 논의되고 있는 것이다.

대한민국도 마찬가지다. 북한의 핵, 미사일 위협으로부터 우리의 국가안보를 보장하기 위해선 적극적이고 공세적인 안보전략을 수립하고 유사시 그것을 실행할 수 있어야 한다. 필요하다면 다북 선제공격도 실행해야 한다. 그러나 여기엔 조건이 있다. 우선 미국과의 동맹이 확고하게 유지돼야 한다는 것이다. 북한 당국이 한국과 미국을 주 타격대상으로 공공연히 밝히고 있는 만큼 북한의 위협에 공세적으로 대응하기 위해서는 한미동맹의 정신이 필수적이라는 얘기다. 동맹의 중요성과 관련하여 보이드(Dallas Boyd) 외 3인의 연구에서는 2001년 9·11테러 이후 미국 본토가 안전하게 보호되고 있는 이유를 미국과 동맹국들의 노력으로 설명하고 있다.[62] 하물며 핵이 없는 한국이 북한의 핵공격에 맞서려면 미국이라는 강력한 동맹의 도움이 절실한 게 상식일 것이다.

이처럼 한미동맹의 강화를 바탕으로 우리는 북한에 대해 군사적 우위를 확보해야 한다. 대북 군사력의 우위는 선제공격을 위한 선결 조건일 뿐 아니라 북한의 재래식 도발도 억지시킬 수 있는 방안이다. 예컨대 주한미군의 전술핵을 재도입하거나 독자 핵무장을 통해 한국이 핵을 보유할 경우에도 북한이 현재와 같은 군사 도발을 감행할 수 있을까? 그게 어렵다면 최소한 미국과 '핵 공유협정'[63]을 체결하고 미군의 전략자산을 한반도에 상시 배치함으로써 대북 군사력

---

62) Dallas Boyd · Lewis A. Dunn · James Scouras, "Why Has the United States Not Been Attacked Again?", *The Washington Quarterly*, June 2009, Vol. 32, Issue 3, p. 3.

63) 핵 공유 협정이란 핵보유국의 핵을 동맹에 참여한 국가들도 사용할 수 있도록 함으로써 가장 강력한 '핵우산'을 보장하는 제도적 장치다. 신원식, "핵 공유 협정이 전술핵 재배치보다 시급하다", 「조선일보」, 2017. 9. 23.

의 우위를 확보해야 한다. 이런 환경에서 북한이 천안함 폭침이나 연평도 포격 같은 전쟁 행위를 도발하는 건 어려울 것이다.

이 같은 주장은 북한과의 대화와 협상을 통한 문제해결의 중요성을 무시하자는 얘기가 아니다. 남북한 간에 산적한 문제들을 해결하고 민족정체성을 회복하기 위해서는 북한과의 대화가 언젠가는 필요할 것이다. 다만 호전적인 북한 당국과 협상 테이블에 마주 앉는다 하더라도 그들보다 힘의 우위에 있을 때 우리가 원하는 방향으로 대화를 끌어갈 수 있을 것이라는 주장이다. 반대의 경우는 북한에 주도권을 내주고 그들에게 휘둘렸던 과거의 낯익은 풍경으로 되돌아갈 것이다. 그렇기 때문에 대북 군사력의 우위가 필요하다는 것이고, 평화를 위해선 전쟁도 각오하고 있다는 비장한 결기를 북한에 분명히 인식시켜야 한다. 선제공격 논의의 함의는 한국인들의 '힘을 통한 평화' 의지를 북한 당국에 확실히 각인시키는 것이다.

대북 군사력의 우위를 확보한 상태에서 이뤄지는 선제공격론은 북한을 대화의 장으로 끌어내고 핵을 포기시키는 데에도 지금보다 유용할 수 있다. 안보가 지니는 보수적 개념을 감안할 때 선제공격론은 지척의 거리에서 적의 직접적 위협에 노출된 국가가 진지하게 경청해야 할 대목이다. '힘을 통한 평화'의 필요성은 우리 역사가 잘 말해준다. 6 · 25전쟁의 뼈아픈 교훈이 바로 그것이다. 이와 관련하여 정진석 전 추기경의 얘기는 깊이 반추해볼 필요가 있다. 정 전 추기경은 6 · 25전쟁의 경험을 통해서 우리가 깨달아야 할 교훈은 "자신을 지킬 능력이 없으면 평화도 없다는 사실"이라고 강조했다.[64] 힘이 없는 자는 평화를 말할 자격이 없다.

요컨대 대한민국의 국가안보를 위해 우리는 북한에 대해 군사력의 우위를 확보하는 등 공세적이고 적극적인 안보전략을 수립해야 할 뿐 아니라 자유민주적 기본질서를 수호하려는 의지를 확고히 다져야 한다.

---

64) 『조선일보』, "'역사는 말합니다… 자신을 지킬 능력 없으면 평화도 없다고'", 2010. 5. 27.

〈참고문헌〉

· 권양주.『김정은 시대 북한 군사의 이해』. 서울: 한국국방연구원. 2014.

· 김광철.『김일성민족주의 정치전략의 비판적 분석: 북한, '김일성주의를 바탕에 둔 봉건적 군주제'로
　　　　변화하다』. 서울: ㈜북랩. 2014.

· 김동식.『북한 대남전략의 실체』. 서울: 기파랑. 2013.

· 김동식. '북한의 대남공작과 국내 종북세력'『북한의 대남전략과 정치공작』. 자유민주연구원 세미나
　　　　자료집. 2014. 11. 24.

· 김충남 · 문순보.『민주시대 한국안보의 재조명』. 서울: 오름출판사. 2012.

· 남시욱.『한국 진보세력 연구』. 서울: 청미디어. 2009.

· 문순보. "공세적 대북 안보전략의 실행 조건: 북한의 핵, 미사일 위협에 대한 대응을 중심으로"
　　　　국가안보전략연구소.『국가안보와 전략』. 2017년 여름호. 제 17권 2호. 통권 66호.

· 박광작. "전투적 민주주의, 독일의 경우: 반체제 운동경력자에게 공직취임을 금지".『월간조선』.
　　　　2003. 8.

· 북한연구소.『북한대사전』. 서울: 북한연구소. 1999.

· 서명구 외.『알기 쉬운 남북관계 지식』. 서울: 기파랑. 2011.

· 유동열. "북한의 대남전략과 통진당: 북한의 대남정치공작과 '진보정당공작'".『북한의 대남전략과 정
　　　　치공작』. 자유민주연구원 세미나 자료집. 2014. 11. 24.

· 유용원 외.『북한군 시크릿 리포트』. 서울: 플래닛미디어. 2013.

· 이기문 감수.『동아 새國語辭典』. 서울: 동아출판사. 1999.

· 이도기.『현대 중국공산당의 이해: 역사 · 지도사상 · 영도』. 서울: 통일신문사. 2008.

· 이선호.『이순신의 리더십: 국가안보 위기와 지도자의 사명』. 서울: 팔복원. 2011.

· 이선호. 정광선.『한국 국방의 세계화』. 서울: 팔복원. 1996.

· 이수혁.『북한은 현실이다』. 파주: 21세기북스. 2011.

· 이승진.『미사일 바이블』. 서울: 도서출판 플러닛미디어 2016.

· 장롄구이. "북핵문제와 한반도 통일" 통일연구원.『KINU 통일+』. 2016. 겨울호.

· 전경웅. "발사준비 마친 북 대륙간 탄도미사일".『미래한국』. Vol. 542.

· 평화문제연구소.『독일 분단을 넘어 초일류로』. 서울: 평화문제연구소. 2011.

· 한기홍. 『진보의 그늘』. 서울: 시대정신. 2012.

· 헤럴드 로버트 아이작. 정원섭·김명환 역. 『중국혁명의 비극』. 서울: 숨쉬는책공장. 2016.

· 황장엽. 『변증법과 변증법적 전략전술』. 서울: 시대정신. 2009.

· 황장엽. 『황장엽 回顧錄』. 서울: 시대정신. 2006.

· 후베르투스 크나베. 김주일 역. 『슈타지 문서의 비밀』. 서울: 월간조선사. 2004.

· 『조선일보』.

· 『조선중앙통신』.

· Boyd, Dallas. Lewis A. Dunn·James Scouras. 2009. "Why Has the United States Not Been Attacked Again?." The Washington Quarterly. June. Vol.32. Issue 3.

· Buzan, Barry. Ole Wæber·Jaap de Wilde. 2007. Security: A New Framework for Analysis (Boulder. CO: Lynne Rienner. 1998); Ralf Emmes. "Securitilization." in Alan Collins. ed.. Contemporary Security Studies (New York: Oxford University Press).

· Wit, Joel·David Albright. 2015. "North Korea's Nuclear Expansion." New York Times. February 27.

· 정재욱. "김정은 '남조선 정치권 핵심 위치에 진입하라'." 『미래한국』. 인터넷판. http://www.futurekorea.co.kr/news/articleView.html?idxno=31292. 검색일: 2016. 4. 16.

· Gertz, Bill. 2017. "North Korean Submarine Missile Program Advances." Washington Free Beacon. April 20. http://freebeacon.com/national-security/north-korean-submarine-missile-program-advances/. 검색일: 2017. 4. 22.

· Suri, Jeremi. 2013. "Bomb North Korea. Before It's Too Late." New York Times.

April 12.

　　http://www.nytimes.com/2013/04/13/opinion/bomb-north-korea-before-
　　its-too-late.html. 검색일: 2017. 4. 3.

　　http://news.donga.com/3/all/20161203/81644842/1. 검색일: 2017. 4. 14.

· http://news.tvchosun.com/site/data/html_dir/2017/07/09/2017070990003.html.
　　검색일: 2017. 9. 4.

· http://news.joins.com/article/22018229. 검색일: 2017. 10. 18.

· http://news.tvchosun.com/site/data/html_dir/2017/09/23/2017092390049.html.
　　검색일: 2017. 10. 2.

· http://www.munhwa.com/news/view.html?no=2017021301070103022001,
　　검색일: 2017. 4. 14.

· http://www.newsis.com/ar_detail/v ew.htm /?ar_id=NISX20160508_0014069978
　　&cID=10301&pID=10300. 검색일: 2017. 9. 4.

· http://www.newsis.com/view/?id=NISX20170424_0014850955&cID=10101&p
　　ID=10100. 검색일: 2017. 4. 25.

· http://www.newsis.com/view/?id=NISX20171005_0000111375&cID=10101&p
　　ID=10100. 검색일: 2017. 10. 10.

· http://www.yonhapnews.co.kr/bulletin/2017/01/01/0200000000AKR20170101045500014.
　　HTML?input=1179m. 검색일: 2017. 4. 15.

· http://www.yonhapnews.co.kr/bulletin/2017/04/10/0200000000AKR20170410081900009.
　　HTML?input=1179m. 검색일: 2017. 4. 15.

· https://ko.wikipedia.org/wiki/%EC%9D%B4%EC%84%9D%EA%B8%B0_%EC%8
　　2%AC%EA%B1%B4. 검색일: 2017. 9. 30.

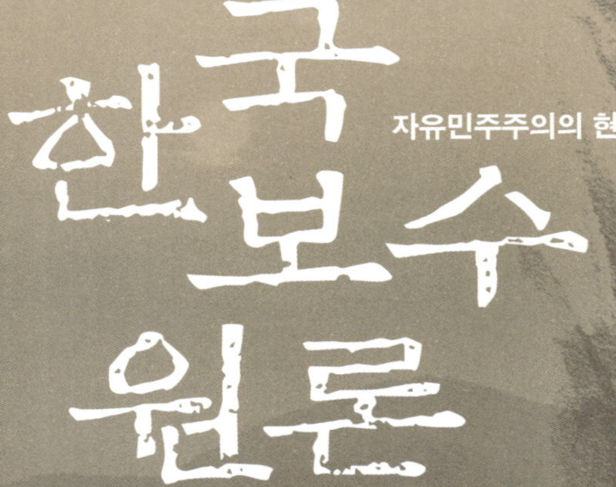

한국보수원론

자유민주주의의 현재와 미래

정용석

· 前 남북적십자회담 본회담(서울 · 평양) 대표
· 단국대 정치외교학과 명예교수
· 미국 클레어몬트 대학원 국제정치학과 박사

VIII

남북한 통일, 어떻게 이뤄가야 하나
-남북한 분단과 세계 통일국가의 사례로 보는 교훈

자유민주주의와 자유시장경제 체제에 입각한 통일은 역사발전의 법칙이며 한민족의 자유와 번영을 위한 길이기도 하다. 거듭 강조하건대 한반도 통일은 헤겔의 역사발전 법칙대로 자유민주주의로 완성되어야 한다. 이는 거역할 수 없는 역사 발전 법칙이다

남북한 통일, 어떻게 이뤄가야 하나
-남북한 분단과 세계 통일국가의
사례로 보는 교훈

1. 외세와 한민족의 분단 책임

한반도의 분단은 제2차 세계대전 말 미국과 소련 두 외세에 의해 결정되었다. 분단은 미국과 소련 두 전승국의 군사적 편의와 국제역학관계(國際力學關係)가 빚어낸 비극적 산물인 것이다. 그러나 분단을 고착(固着)시킨 책임은 한민족 우리 자신에게도 있다. 우리 스스로가 분열과 대립의 자세로 대결만 일삼다 분단을 더욱 고착화시켰다. 이는 2차 세계대전 후 하나로 뭉쳐 통일을 이룩한 오스트리아와는 대조되는 것으로 한반도 분단은 오늘날까지 진행 중인 역사적 비극으로 남아있다.

더욱이 북한은 1950년 6월 25일 기습남침을 자행함으로써 수백만의 무고한 주민들의 생명을 앗아갔고 재산을 파괴했다. 남북관계를 돌이킬 수 없는 원한과 대결의 구도로 몰아넣은 것이다. 이후에도 북한의 도발은 계속되어 핵무기를 개발하고 미사일을 발사하는 등 화해와 협력이 아닌 적화태도로 일관하며 마치 60여 년 전 6월의 남침 전야처럼 한반도의 안보에 위협을 가하고 있다.

한반도는 2차대전 이후, 전후처리를 위한 군사적 편의에 의해 분단되었다. 북위 38선 북쪽은 소련이 그 이남은 미국이 주둔하여 일본군의 항복을 처리하기 위한 조치였던 것이다.

38선이 획정되던 당시의 미국 국무장관이었던 번스는 후일 회고록에서 '남북분단이 단순한 군사편의로 그어졌다'고 밝혔다. 그는 '일본의 항복 때(미국)군사 지도자들은 38선 이북의 모든 일본 군대는 적군(赤軍:소련군)에게 항복하고, 그 선 이남의 모든 부대는 우리(미국) 육군에게 항복하도록 합의했다. 이 조치는 소련에 의해 수락되었으며, 맥아더 장군에게 보내질 「일반명령1호」에 포함되었다. 그러나 군사적 편의만을 위한 이 분할이 의도와는 달리 소련과 미국군 점령지역 간의 굳게 닫힌 국경이 되고 말았다'고 털어놓았다.[1]

그러나 한반도 분단은 비단 '군사적 편의'에 의해서만 결정된 것은 아니었다. 분단의 배경에는 국제역학관계가 크게 작용했다. 2차대전 말 미국은 소련이 동북아시아 지역으로 그 세력을 확장하는 것을 차단하기 위해 38선을 그었다. 한반도는 미국과 소련이 맞서는 '자유' 대 '공산' 두 이데올로기 대결의 최전선이었으며 냉전(冷戰)의 교차점이 된 것이다.

남한의 적화를 위한 김일성의 6·25기습남침도 공산주의 팽창의 연장이었고, 이를 차단하기 위한 미국의 6·25참전 역시도 공산주의 확산을 저지하고 자유진영을 지키기 위한 '반공 벽' 구축의 일환이었다.

이처럼 한반도 분단은 두 전승국의 군사적 편의와 국제역학관계에 의해 결정되었다. 하지만 분단의 고착화는 분단의 당사자인 남과 북에 의해 굳어져 갔다고 했다. 소련 점령 하에 있는 북한 지도자들과 미군 점령 하에 있는 남한 지도

---

1) 김기조, 『38線 分割의 歷史』(서울: 동산출판사, 1994), p. 264.

자들은 오스트리아처럼 마음을 하나로 모으기는커녕, 대결의 구도를 구축하는
데 전념했다. 남북한은 1948년 각기 '대한민국'과 '조선민주주의인민공화국'을
건국해 '자유주의'와 '공산주의' 두 이념과 체제로 갈라섰으며 이는 미국과 소련
의 지원이 있었기에 가능했던 것으로, 분단을 제도적으로 완성시킨 사건이 되
었다.

이어 북한은 6·25남침을 자행함으로써 남한 주민들에게 뼛속 깊이 반공정
신을 새겨주었고, 한민족을 철천지원수 관계로 갈라놓았다. 북한은 명백한 분
단 고착화의 원흉인 것이다. 북한의 남침이 없었더라면 남북한은 동독과 서독
처럼 통일될 수 있었는지 모른다.

뿐만 아니라 북한은 지금까지도 국제사회와의 대화와 교류를 거부하고 있다.
오직 공산화 책동만을 일삼으며 화해와 협력의 길을 모조리 봉쇄하고 남한 적
화를 위한 핵폭탄과 미사일 무장으로 결정적 기회만 노리고 있는 것이다.

1950년 김일성은 남한을 적화하려는 목적으로 재래식 무기로 낙동강까지 점
령했다. 그러나 이는 미국의 참전으로 격퇴되었고, 북한의 남한 공산화시도가
실패도 돌아갔다. 하지만 김일성의 손자 김정은 북한 노동당 위원장은 여전히
핵무기와 미사일을 앞세워 대남 공산화 책동을 지속하고 있다. 김정은 정권 이
후 북한의 대남도발이 '재래식 무기'에서 '핵', '미사일'로 그 수단이 더욱 진화하
며 막장에 이르게 된 것이다.

김정은은 북한군 포사격 훈련장에 나타나 "남조선 것들 쓸어버려야 한다"고
외치고, 북한군 총참모부는 한·미연합독수리훈련과 관련, "정의의 핵 보검으
로 무자비하게 짓뭉개 버릴 것"이라고 협박했다.[2] 남한은 김일성, 김정일, 김정
은으로 이어지는 3대 세습권력 60여 년에 걸쳐 그들의 적화야욕으로 인한 인

---

2) 「동아일보」, "김정은 '남조선 것들 쓸어버려야 도발 위협'", 2016. 12. 3, 「조선일보」, "北 '한·미훈련, 核보검으로
   짓뭉갤 것' 협박", 2017. 3. 3.

적·물적 피해를 감당해내야 했으며 지금까지도 북한의 도발로 인한 안보위협으로 국민들은 공포감에 시달리고 있다. 북한에게 대한민국은 "핵 보검으로 무자비하게 짓뭉개버릴 과녁"인 것이다.

2. 미국의 분단 책임

한반도 분할은 역사적으로 주변국들에 의해 수차례 논의되곤 했다. 한반도의 분할은 주변국들에 의해 1594년, 1894년, 1896년, 1904년 총 네 차례에 걸쳐 논의되었다. 1594년 임진왜란 당시 일본은 강화조약 조건으로 서울 이남의 4개 도(道)를 할양하라고 요구했고, 1894년 청·일전쟁 전운이 감돌자 영국은 한반도를 둘로 나눠 군사적으로 북쪽은 청나라, 남쪽은 일본이 관리하는 안을 제시하기도 했다. 또한 1896년 을미사변 당시에는 일본은 러시아와 38선을 분기점으로 지배권을 나누자고 했으며, 1904년 일본과 러시아 사이에 러·일전쟁이 발발할 위기로 치닫자 러시아는 한반도 분할 지배를 일본에 제안했다.

1945년 8월 6일 미국은 군수품 공장이 몰려있는 일본 히로시마(廣島)에 첫 원자탄을 투하했다. 일본은 인구 110만 명의 히로시마가 단 한 방으로 초토화되자 완전히 전의를 상실했다. 소련은 5월 9일 독일이 항복한데 이어 일본마저 항복 기미를 보이자 일본 식민통치하의 한반도로 쳐들어 왔고, 8월 6일 웅기·나진 등으로 상륙, 파죽지세로 영토를 점령해 갔다.[3]

2차대전 전인 1941년 4월 소련은 일본과 영토보존과 불가침을 골자로 한 중립 불가침조약을 체결했다. 그러나 일본이 원폭으로 폐허가 되자 소련은 일·

---

3) 정용석, 『분단과 통일』(서울: 단국대학교출판부, 1994년), p. 99.

소 불가침조약을 유린한 채 일본 지배하의 만주와 한반도로 침공했다. 소련은 2차대전 전승자로서 전리품을 챙기기 위해 다 끝나가던 미·일 태평양전쟁에 끼어든 것이다. 미국이 불 지피고 연기 마셔 가며 애써 밥을 지어놓았더니 숟가락만 들고 밥 퍼먹으려 덤빈 격이다.

8월 6일 원자탄을 투하하기 전까지만 해도 미군은 일본 본토 상륙작전 준비에 여념이 없었다. 당시 미군은 일본에 상륙할 때 일본군의 결사항전으로 엄청난 희생을 치러야 할 것으로 예상하고 있었다. 그래서 한반도 상륙은 엄두도 못 냈다. 소련은 독일이 항복하자 만주와 한반도를 점령하고자 했다. 소련은 2차대전 중 동유럽에서 그랬던 것처럼 동북아에서도 만주와 한반도를 점령해 공산주의 팽창의 전진 기지로 삼고자 했다.

소련은 미국의 히로시마 원폭 투하 전 미국에게 미군병력을 한반도에 상륙시킬 수 있느냐고 물었다. 그러나 미국은 일본 본토 상륙작전 부담으로 한반도에 상륙할 여력이 없다며 소련에게 한반도 전역(戰役)을 단독으로 맡겼다.[4] 미국이 소련군에게 한반도 점령을 맡김으로써 소련의 한반도 적화 기회를 열어준 셈이었다. 미국의 소련 한반도 적화 기회 제공은 신속한 전쟁의 종식에만 몰두한 나머지 훗날 꼬여버릴 수 있는 국제역학관계엔 소홀히 한 것에 기인한다. 전쟁 수행과 전후 국제역학관계를 동시에 고려하지 못한 탓이었다. 이는 전쟁 중 미국의 최대 약점이기도 했다.

일본은 8월 6일 히로시마 원자탄 폭격을 받은 이후 항복할 조짐을 보였다. 그제서야 미국은 일본 본토 상륙작전 부담에서 벗어날 수 있었다. 미국은 뒤늦게나마 한반도 전체가 소련군에 의해 점령되지 못하도록 막아야 한다는 긴박감을 느꼈다. 하지만 소련군은 이미 웅기·나진을 거쳐 한반도 전체를 삼킬 듯 남으로 내려오고 있었다. 미국은 소련군의 한반도 전체 점령을 차단하는 비상책으

---

4) 정용석, 『美國의 對韓政策』(서울:一朝閣, 1976년 초판, 1980년 증보 초판, 1981년 증보재판), p.127.

로 38선 획정을 떠올렸다.[5] 소련군은 38선 북쪽 지역의 일본군 항복을 받아내고, 미군은 그 이남 지역의 일본군 항복을 처리하기로 한 것이다. 38선 획정은 연합군 최고사령부의 명령서인 「일반명령 1호」에 명시되었다.

「일반명령 1호」는 1945년 8월 11일 작성돼 연합군최고사령관인 더글러스 맥아더 장군에게 하달된 문서다. 「일반명령 1호」는 여러 지역에 흩어져 있는 일본군에 대한 연합군의 항복 관할지역 바당에 관한 문서였다. 38선 이북의 일본군은 소련군사령관에게, 그 이남의 일돈군은 ㅁ 군사령관에게 항복하라는 것이었다.[6] 한반도 분단은 이렇게 2차대전 중 일본 주둔군 항복을 처리하기 위한 군사 편의에 의해 결정되었다.

미국은 2차대전 중인 1943년 11월 23~27일 카이로회담, 1945년 2월 4~11일 얄타회담, 1945년 7월 17일~8월 2일 포츠담회담 등에서 소련이 2차대전 종전과 함께 한반도를 지배코자 한다며 경계심을 표출하곤 했다.[7]미군 수뇌부는 독일이 항복하면 소련이 일본 통치하의 만주와 한반도로 진격 할 것이라고 예견했었다.[8]

미국은 소련과 중국(중화민국)의 한반도 지배를 막기 위해 「카이로선언」에서 한반도를 '적절한 시기에' 독립시킨다고 명기했다. 한반도를 독립시켜 중국이나 러시아가 한반도를 독점하지 못하도록 저지하기 위해서였다. 이어 미국은 「포츠담선언」에서 관련 당사국들이 「카이로선언」을 준수해야 한다고 밝힘으로써 한반도 독립을 끝까지 보장코자 했다.[9]

미국은 한반도가 일본 패망 후 중국이나 소련에 의해 지배될 경우 19세기 말

---

5) 위의 책, p. 130.
6) 위의 책, pp. 133-135.
7) 위의 책, p. 133.
8) 송남헌, 『現代韓國政治史 第1卷 建國前夜』(서울: 成文閣, 1976년), p. 20.
9) 정용석, 『美國의 大韓政策』, p. 136.

처럼 한반도에서 강대국들 간의 충돌이 발생, 동북아 평화를 다시 위협하게 된다고 우려했다. 미국은 한반도가 중국과 소련 어느 하나의 수중으로 들어가서는 결코 안 된다고 보았다. 그러면서도 앞서 지적한 대로 미국은 일본 상륙작전 준비에 여념이 없는 나머지 소련군에게 한반도 상륙을 맡겨버렸다. 미국은 소련의 붉은군대에 한반도 진입 길을 열어주고 만 것이다.

3. 소련의 분단 책임

소련이 2차대전 끝 무렵 웅기·나진을 거쳐 남하하지 않았더라면, 미국은 한반도에 38선을 획정할 필요가 없었다. 미국은 소련의 지원 없이 일본과 5년에 걸쳐 전쟁하며 일본을 패망시켰으므로 당연히 일본 식민지였던 한반도 전체를 단독으로 점령했을 것이 분명했다. 미국이 한반도를 점령했더라면 한반도는 필리핀처럼 미국 단일 점령 하에 단일 자유민주국가로 독립될 수 있었다. 미국이 카이로선언과 포츠담 선언에서 거듭 한반도의 독립을 보장했었음을 상기 하면 더욱 그렇다.

한반도는 38선을 경계선으로 북한 점령 소련군과 남한 점령 미군 둘로 나뉘었다고 했다. 미국의 남한 점령군 사령관 존 하지 중장은 부임하면서부터 이반 치스차코프 북한점령 소련군 사령관에게 남북통합 문제를 협의하자고 했다. 뿐만 아니라 하지 장군은 동서독 같이 남북 간의 인적 왕래와 물적 교류를 제안했다. 하지만 치스차코프는 소련 정부는 자신에게 교류와 통합문제를 협의하라는 지시를 내리지 않았다며 거부 했다.[10]

미국은 '모스크바 3상 회의' 결정에 따라 구성된 미·소공동위원회가 남북 통

---

10) 위의 책, p. 139.

일정부 수립에 실패하자 1947년 남북한 문제를 유엔 총회에 회부했다. 그 해 유엔은 한반도 결의안을 채택했다. 이 결의안은 유엔 감시하의 남북한 총선 실시와 주한미군 철수를 촉구했다. 그러나 소련은 남북한 총선에 앞서 주한미군부터 철수해야 한다고 주장하며 총선을 거부했다. 소련은 남북한 총선을 실시할 때 패배가 확실하였기 때문이었다.

소련은 북한을 폐쇄적 위성국가로 봉쇄하기 위해 남북의 인적 왕래, 물적 교류, 남북 총선 등을 모조리 거부하며 통일의 길을 원천적으로 막아버렸고 북한 주민들에게 언론·출판·결사의 자유를 허락하지 않았다. 이는 북한 주민들이 자유방임 속에 미국 점령하의 자유민주 남한으로 기울지 못하도록 원천봉쇄하기 위해서였다. 당시 미·소공동위원회 소련 측 대표인 테렌티 스티코프 장군이 실토했듯이 한반도가 소련을 공격하는 적대국으로 넘어가선 안 되고 '친소국'으로 남아야 했다.[11] 소련은 북한을 '친소극'으로 잡아두기 위해 북한 주민들의 자유를 박탈했고 남북 간의 통합을 거부했다.

한편, 미국은 남한주민들에게 언론·출판·결사의 자유를 허락했다. 그러면서도 미국은 남한이 소련 위성국으로 편입돼 공산주의의 동북아 진출 전진기지로 전락되는 것을 막았고 이로 인해 분단은 고착화되었다. 미국과 소련 양국 모두는 한반도 분단과 분단의 고착화에 대한 책임을 면할 수 없다.

4. 독일 통일의 교훈

동서독은 남북한과 같이 2차대전 말에 분단되었다. 그러나 동서독은 분단된 지 45년 만인 1990년 10월 3일 평화적으로 통일되었다. 동서독 통일 주역은 당

---

11) 『조선일보』, "독일 통일의 주역은 콜 총리 보다 동독주민", 2006. 12. 2.

시 서독 총리였던 헬무트 콜이 아니었고, 동독 총리였던 로타 드 메지에르도 아니었다. 통일의 주역은 메지에르 전 총리가 적시한 대로 '동독 주민들'이었다.[12] 메지에르 전 총리는 "1989년 동독 주민들이 들고 일어나 개혁을 요구하는 평화적 시위를 벌이지 않았다면 결코 베를린장벽은 무너지지 않았을 것이다"고 밝혔다. 이어 그는 "베를린장벽 붕괴 그 순간부터 우리는 쫓기듯이 통일협상을 급하게 서둘렀다"며 "장벽이 무너지기 전까지 누구도 심지어 콜 총리도 이처럼 앞당겨 통일이 오리라고는 생각하지 못했다"고 털어놓았다.[13] 동서독 통일은 자유를 갈망하는 공산독재 동독 주민들이 '들고 일어나 개혁을 요구하는 평화적 시위'에서 부터 시작됐다. 동독 주민들은 공산체제의 빈곤과 탄압에 묶여 있었고, 때마침 동구를 휩쓸기 시작한 자유와 개방의 물결에 편승해 서독으로의 편입통일을 자청하고 나섰다.

1949년 9월 서독은 '독일연방공화국'으로, 같은 해 동독은 10월 '독일민주공화국'으로 각기 독자 정부를 구성했다. 두 정부는 그 해 10월 '프랑크푸르트 협정'을 체결했고, 동서독 정부가 각기 중앙은행을 지불청산 기관으로 설정했다. 두 지역 간의 무역을 제도적으로 뒷받침하기 위해서였다. 동서독 간에는 32개의 철로, 3개의 고속도로, 31개의 연방도로, 그 밖의 공공도로로 연결되었다. 이처럼 동서독 간에는 분단 초기부터 인적 물적 교류가 활발했다.

통일 직전 동서독간의 인적 왕래는 연간 500만 명에 달했다. 1972년 동서독은 '독일연방공화국과 독일민주공화국 관계의 기본원칙에 관한 조약(기본조약)'을 체결했다. 이 기본조약은 상호 무력사용 포기, 주권 평등, 독립, 자주, 영토보존, 인권보호, 차별대우 금지 등을 지향한다는 내용을 담고 있다. 서로 국가로 인정한 것이다. 동서독 기본조약은 두 지역 간의 교류와 협력 증대를 통한

---

12) 위의 신문.
13) 『조선일보』, "서독, 동독에 1조7500억원 주고 정치범 3만3755명 데려와" 2008. 3. 27.

동질성의 회복은 1990년 통일의 밑거름이 되었다.

특히, 서독은 동독과의 인적 물적 교류만으로 그치지 않고 동독 내에 적극적으로 자유사조를 침투시켰다. 서독은 동독의 자유화운동을 촉매하기 위해 동독에서 인권운동 등을 하다 체포된 정치범들을 돈 주고 데려왔다. 당시 석방된 정치범은 무려 3만 3,755명에 달하며, 석방 대가로 34억 6,000 마르크(1조 7,000억 원)를 지불했다. 현금 대신 현물로 주었다.[14] 그밖에도 서독은 1983년 동독에 10억 마르크를 차관해 주면서 동독이 국경선에 배치한 기관총과 지뢰의 3분의 1을 철거토록 했다. 동독 주민들의 서독 탈출을 돕기 위해서였다. 서독은 1984년엔 동독에 9억 5,000만 마르크를 차관해주면서 동독 주민들에 대한 여행제한을 크게 완화시켰다.[15] 또한 서독의 동독 경제지원에는 반드시 '개방'과 '인권존중' 조건을 붙였다. 독일 통일 때 동독 총리였던 메지에르가 밝힌 대로 "서독이 우리(동독)에게 현금 줄 때 조건 없이 준 적은 한 번도 없다"[16]고 밝힌 대로였다.

더 나아가 서독 정부는 직접 동독 정부에게 자유화를 촉구했다. 콜 서독 총리는 기회가 있을 때마다 통일되려면 동독이 서독 수준으로 자유화, 개방화, 인권존중 등을 단행해야 한다고 압박했다. 특히 콜 총리는 동독 정부가 주민들의 대규모 탈출을 막기 위해서는 헝가리와 폴란드를 본받아 자유화와 개방화에 나서야 한다고 1989년 8월 22일 촉구했다.[17]

1980년대 중반부터 미하일 고르바초프 소련 공산당 서기장에 의한 개혁·개방(페레스트로이카·글라스노스트) 열풍은 폴란드, 헝가리, 체코슬로바키아 등으로 퍼져갔고 드디어 동독으로 이어졌다. 1989년 가을부터 동독 주민들은 서

---

14) 정용석,「분단과 통일」, p. 186.

15)「조선일보」, "서독이 우리에게 현금 줄 때 조건없이 준 적 한번도 없어", 2006. 10. 27.

16) 정용석,「분단과 통일」, p. 186.

17) 위의 책, p. 191.

독으로 대규모 탈출을 시작했다. 같은 해 10월엔 동독 라이프치히에서 100만 명이 운집하여 공산정권 퇴진과 자유 총선 실시를 촉구했다. 동독인들의 자유화와 개방화 압력에 밀린 에콘 크렌츠 동독 공산당 서기장은 11월 9일 저녁 7시를 기해 베를린장벽을 전면 개방했다. 베를린장벽이 무너지던 날 서독 일간지 「쥐드 차이퉁」은 동독에서 국경선을 넘어 밀물처럼 밀려오는 동독 주민들을 '쇠사슬이 풀린 사람들이 파도처럼 몰려오고 있다'고 묘사했다.[18]

베를린장벽 붕괴로 독일은 사실상 통일의 수순을 밟기 시작했다. 법적 정치적 절차만을 남겨둔 상황이었다. 동독 주민들은 서독으로의 흡수통일을 주장했다. 그들은 "빨갱이는 동독에서 물러가라"는 구호를 연호했고 마침내 동독 정부는 1990년 3월 18일 자유 총선을 실시했다. 3 · 18총선에서는 서독으로의 조기 편입을 정강으로 내세운 동독의 '독일연합'이 400개 의석 중 192석을 획득했고 민주사회당으로 개명한 공산당은 겨우 66석에 그쳤다.

동독 정부는 5월 18일 서독과 통화 · 경제 · 사회동맹 창설에 관한 국가조약을 조인하고 7월 1일부터 서독과 경제통합에 들어갔다. 여기서 언급한 경제통합이란 동독이 서독의 자본주의 시장경제로 흡수됨을 말한다. 이어 동독 인민회의는 서독기본법 23조에 의거 서독으로의 편입할 날짜를 1990년 10월 3일로 결정한다는 결의안을 8월 23일 채택한다. 찬성 294, 반대 62, 기권 7의 압도적 다수표로 서독 흡수통일안을 통과시켰으며, 1990년 10월 3일 0시를 기해 동독은 서독연방에 공식적으로 편입되었다. 독일 통일이 완성되는 순간이었다.

독일 통일이 시사하는 교훈은 뚜렷하다. 첫째는 '동족상잔의 비극이 없어야 한다는 것'이다. 동독은 북한처럼 6 · 25 기습남침과 같은 동족살상의 침략전쟁을 저지르지 않았다. 독일도 남북한처럼 동족상잔의 3년 전쟁에 휘말렸더라면 그들도 지금의 남북한과 같이 분단이 고착되어 대립구조도 지속되었는지도 모른다.

---

18) 안병영, 『오스트리아의 중립화협상 '분단국 대화'』(서울: 동아일보 안보 · 통일조사연구소, 1979), p. 173.

둘째는 '공산 독재국가에 대한 자유사조 침투'의 중요성이다. 남한도 서독처럼 북한과 접촉하고 교류할 때마다 북한 주민들에게 자유와 인권의식을 불어넣어야 한다. 북한 주민 수백만 명이 반공·반독재 시위에 일제히 궐기하도록 자유사조를 침투시켜야 하는 것이다. "쇠사슬이 풀린 사람들이 파도처럼 몰려오고 있다"고 할 정도로 북한 주민들이 휴전선을 넘어오도록 자유화의 촉매제를 심어두어야 한다. 북한의 자유와 개방 촉구는 그들이 인간다운 삶을 영위하기 위해 절실히 요구되는 기본권이며, 이러한 기본권에 대한 인식을 심어주는 것은 동족으로써 대한민국 국민이 마땅해 수행하여야만 하는 책무이다.

북한에 자유와 인권의식을 주입하기 위해서는 대북관계의 초점을 '북한체제 개방'과 '자유화'에 맞추어야 한다. 단순히 남북정상회담을 위해 북한에 4억 5,000만 달러를 불법으로 찔러주며 구걸하고, 북한의 의도대로 이끌려 다니며 비위맞춰서 되는 일이 아니다. 이런 식의 접근은 북한의 개방과 자유를 이끌어낼 수 없다.

북한의 자유·개방화는 남북한이 평화공존으로 가기 위한 유일한 길이다. 북한이 자유·개방화하지 않는 한 북으로부터 평화공존을 기대할 수 없다. 지난 70년 동안 그래왔듯이 무조건적인 대북지원 정책은 북한의 적화책동 기조를 강화하는 데 이용되었다. 따라서 대북정책은 무조건적인 지원이 아닌, '자유화·개방화·인권존중이라는 요구조건'이행을 전제로 이루어져야 한다. '남한의 요구조건 이행'에 따라 '대북지원'이 이루어지듯이 '바늘에 실 가듯'해야 하는 것이다.

또한 대한민국 대통령은 서독 지도자들이 했던 것처럼 북한에 대한 자유화와 개방화 그리고 인권존중을 지속적으로 촉구해야 한다. 김대중, 노무현 대통령은 북한 최고지도자와 정상회담을 했음에도 불구하고 자유화·개방화·인권존중 등과 같은 주제는 다루지 못했다.

정상회담을 비롯한 남북 교류·접촉에서 북한의 자유·개방·인권에 대한 논의는 반드시 다루어져야 하는 사안이다. 1990년 3월, 자유의 물결이 굽이치던 동독의 라이프치히의 모습은 미래 언젠가의 평양 모습이어야 한다. 자유와 인권이 결여된 북녘 땅에 자유선거를 주장하는 시민의 외침이 자유의 물결이

되도록 하려면 독일의 통일과정이 보여주는 값진 교훈을 잊지 말아야 한다.

5. 오스트리아 통일의 교훈

오스트리아는 한국, 독일과 마찬가지로 2차대전 말 분단되었다. 그러나 오스트리아는 분단 10년 만인 1955년 통일되었다. 동독이 서독에 흡수되어 자유민주체제로 통합된 것과는 달리 오스트리아는 영세 중립국으로 통일되었다.

오스트리아는 1867년 헝가리와 '오스트리아 · 헝가리 제국'을 세웠다. 그러나 1차대전에서 패배, 오스트리아 · 헝가리 제국은 1918년 해체되었고 오스트리아 공화국으로 태어났다. 제1공화국이 출범한 것이다. 하지만 유럽 중앙부에 위치한 이 작은 나라는 1938년 3월 아돌프 히틀러에 의해 독일에 합병되었고 2차대전에 히틀러 군으로 끌려들어갔다. 종전과 함께 오스트리아는 패전국 신세로 전락돼 미국, 영국, 프랑스, 소련 4개국에 의해 분할 점령되었다.

그러나 오스트리아에는 제1공화국 시절 총리를 지낸 걸출한 정치인 칼 레너가 있었다. 온건 사회주의자인 레너는 4개국 점령 아래 임시정부를 구성하고 민주공화국을 선포하였다. 레너 임시정부는 사회주의와 자본주의 이념을 초월해 오스트리아인 모두를 참여시켰다. 임시정부는 4강의 분할 점령에도 불구하고 오스트리아를 단일 행정체제로 묶었다. 소련은 레너가 사회주의자라는 데서 그에게 접근, 오스트리아를 폴란드처럼 공산화하려 했다. 하지만 레너는 소련의 유혹을 뿌리치고 각계각층의 지도자들을 규합, 중립국가로 가기로 했다. 그는 1945년 11월 총선을 통해 연립정부를 수립했고 대통령이 되었다. 레너는 오스트리아가 스위스와 같이 강대국들에 둘러싸였다는 데서 스위스형 영세 중립국을 이상형으로 삼았다.

다행히 소련은 오스트리아의 중립화를 적극 반대하지 않았다. 소련은 오스트리아가 지리적으로나 정치 문화적으로나 서방권에 속한다는 데서 서방진영으로 흡수될 것으로 우려고 있었다. 그래서 소련은 오스트리아를 중립국으로 독립시키는 것이 서방진영으로의 흡수를 막는 길이라고 판단했다. 소련은 오스트리아의 중립화를 차선책으로 선택했던 것이다.

한편, 오스트리아는 중립을 내세워 점령국들을 안심시켜갔다. 오스트리아 의회는 1952년 4월 오스트리아 문제를 유엔에 상정했다. 유엔은 같은 해 12월 유관국들에게 오스트리아의 조속한 점령 종식과 주권회복을 촉구하는 결의안을 채택했다.[19] 이어 오스트리아는 다음 해 6월 비동맹 국가인 인도를 통해 소련의 이해와 협력을 당부했다. 오스트리아는 외국에 군사기지를 제공하지 않고 군사동맹에도 가입하지 않을 경우 소련이 점령종식 조약에 동의할 것인가를 타진했다. 그러나 소련은 그것만으로는 충분치 않다고 버텼다[20]. 여기에 오스트리아는 1955년 3월 소련과 직접 '모스크바 각서'를 교환, 소련의 불안감을 씻어주었다. 이 '모스크바 각서'에서 오스트리아는 스위스식 영세중립으로 가겠다는 성명을 대내외에 발표하기로 했다.[21]

이윽고 1955년 5월 15일 미국, 영국, 프랑스, 러시아 점령국들은 '민주적인 오스트리아의 재건을 위한 조약'에 서명하였다. 이 조약 1조는 연합국이 '오스트리아가 주권 독립 민주국가로 재건되었다는 것을 선언한다고 명기했다. 오스트리아가 4개국 분할 점령에서 하나로 통일 된 것이다.

오스트리아는 10년에 걸쳐 관련 당사국들과 300회를 넘는 기나긴 협상을 통해 4분된 국토를 하나로 통일했다. 그 다음 갈인 6월 오스트리아 의회는'모스크바 각서'대로 소련의 불안을 덜어주기 위해 오스트리아가 영세중립국임을 만장일치로 가결했다. 이리하여 10월 25일 4강 분할 점령군들이 모두 철수하고 완전 통합과 주권을 되찾을 수 있었다.

오스트리아 통일이 준 교훈도 값지다. 권력에 욕심 없고 오직 통일만 염원했

---

19) 위의 글, p. 174.
20) 위의 글, pp. 179-184.
21) 『한국일보』, "越南戰 美國損失", 1975. 4. 30; 정용석, 『분단과 통일』 p. 173.

던 레너 같은 지도자가 분단국엔 필요하다는 교훈이다. 동시에 오스트리아 지도자들은 모두가 하나같이 단결하여 하나의 목표를 향해 달렸다. 그들은 공산체제로의 통일을 거부했고 자유민주체제 국가 건설을 지상목표로 삼았다.

그러나 8·15 해방 후 남북한 지도자들은 공산주의, 자본주의, 친미, 친소, 중도, 중도우파, 중도좌파 사분오열되어 동족끼리 피를 흘려가며 싸웠다. 적지 않은 남한 지도자들은 오스트리아 지도자들처럼 자유민주체제의 소중함도 몰랐다. 북한 주민들은 소련 독재 권력에 짓눌려 체제 선택이나 언론·출판·결사의 자유를 전혀 누릴 수 없었다. 하지만 미군정하의 남한은 자유로웠다. 그러나 남한 지도자들은 오스트리아처럼 모두가 하나 같이 뭉쳐 자유민주주의 국가를 세워야 한다며 단합하지 못했다. 좌익분자들은 무질서와 혼돈을 틈타 적화를 책동했고, 여타 지도자들은 나라의 통일 보다는 제각기 개인의 권력 쟁취에 빠져들었다. 서로 상처를 내는 분열과 대결 속에서는 결코 통일을 기대할 수 없었다. 한반도의 분단 고착화 책임은 한민족 당사자들에게도 있는 것이다.

그로부터 70여년이 지난 오늘날에도 대한민국 지도자들은 8·15해방정국 때처럼 사분오열되어 있다. 그때의 서글픈 과오를 전혀 반성하지 못하고 있다. 오스트리아처럼 단결하여 자유민주체제를 위해 매진하지 않고 있다. 게다가 오늘날 일부 남한 지도자들은 반미친북 성향으로 빠져 평양서 온 사람 같은 느낌을 금치 못하게 한다. 그들에게는 자유민주체제 수호 의지조차 없는 것 같아 보인다. 오스트리아처럼 자유민주체제에 의한 통일은 고사하고 북한 공산독재 권력에 먹히는 게 아닌지 불안케 한다. 오스트리아처럼 공산주의를 거부하고 자유민주체제 통일을 위해 하나가 되어야 한다. 이것이 바로 오스트리아 통일이 준 교훈이다.

6. 베트남 통일의 교훈

공산체제 베트남은 1975년 4월 30일 자본주의체제 월남을 무력으로 점령 통일했다. 무력에 의한 통일사례이다. 1900년 베트남은 캄보디아 및 라오스와 함께 프랑스령 인도차이나 연방으로 합병되었다. 그러나 2차대전 중 프랑스가 독일에 의해 점령되자, 일본은 그 틈을 타고 프랑스의 식민지 베트남을 점령했다. 베트남을 점령한 일본이 1945년 미국에 항복하자 프랑스가 식민지 통치권을 주장하며 다시 베트남에 상륙했다. 항일 독립투쟁을 벌이던 공산주의자 호치민(胡志明)은 1945년 9월 북부 하노이에서 '베트남민주공화국'을 선포하였다. 베트남이 프랑스 지배하의 월남과 공산정권 월맹으로 분할된 것이다. 1946년 12월 하노이에서 프랑스와 월맹군간의 충돌을 계기로 프랑스-월맹 전쟁은 시작되어 8년간 계속되었다.

프랑스-월맹 전쟁은 프랑스의 패퇴로 끝났다. 1954년 7월 21일 스위스 제네바에서 휴전협정이 조인되었다. 제네바 휴전협정에 따라 베트남은 북위 17도선을 기점으로 월남과 월맹으로 양분되었고, 프랑스는 베트남에서 손을 뗐다. 월맹 주민 80만 명이 공산주의를 거부하고 월남으로 탈출했다.

월남의 임시정부 총리 고 딘 디엠은 1955년 10월 '베트남공화국'을 선포하고 초대 대통령으로 취임했다. 그는 1954년 제네바 휴전협정에 따라 통일 정부 수립을 위해 실시키로 된 1956년 6월 총선을 거부하였다. 총선 패배가 확실시되었기 때문이다. 월맹의 지원을 받는 월남 내 '베트콩'과 월남 정부 간의 내전은 1956년부터 격화되어 갔다. 베트콩은 '베트남 콩산'(베트남 공산주의자의 약칭)이다. 당시 1만 명에 달하는 베트콩은 1954년 제네바 휴전협정 후에도 월맹으로 철수하지 않고 월남 내에 숨어 월남 정권 전복을 노렸다.

프랑스가 1954년 호치민과의 8년 전쟁에서 패하고 떠나자 미국이 대신 월남을 지원하고 나섰다. 미국의 월남 개입은 '도미노 이론'에 따른 것이었다. 베트남이 공산화되면 도미노처럼 주변 동남아 국가들이 차례로 넘어간다는 우려에서였다. 미국과 베트콩 간의 전쟁은 날로 치열해졌다. 결국 린든 존슨 미국 대통령은 1964년 9월 미국 7함대 소속 매독스 호가 2차례에 걸쳐 월맹 해군의 어뢰정 공격을 받자 월맹 폭격으로 확전시켰다. 베트콩을 잡으려면 지원세력인 월맹을 파괴해야 한다는 판단에서였다. 미국과 월맹간의 선전포고 없는 전쟁이 시작된 것이다.

미국의 월남전은 막대한 인명손실과 전비를 축내면서도 승산이 전혀 보이지 않았다. 미국 역사상 "가장 싸울 가치가 없는 전쟁"으로 비판되기도 했다. 미국 내에선 반전시위가 들끓었다. 결국 미국은 1973년 1월 27일 월맹과 '파리 평화협정'을 체결하고 철수해 버렸다. '파리 평화협정'의 공식 명칭은 '베트남전 종식과 평화회복에 관한 협정'이었다. 프랑스처럼 미국도 베트남에서 패퇴한 것이다. 미국은 14년간 5만 6,550명의 생명을 잃었고 30만 5,622명이 부상했으며 2942명이 실종되었다. 한 때 주월 미군병력은 54만 명에 이르렀다. 미국은 1500억 달러의 전비를 썼다. 같은 기간 동안 월맹은 중국과 소련으로부터 100억 달러를 지원받은 것으로 알려졌다. 한국, 호주, 태국, 뉴질랜드, 필리핀 등이 월남에 7만 여명을 파병해 미국을 지원했다. 월남군은 60만 명이었다.[22]

'파리 평화협정'은 미국 대표 헨리 키신저, 월맹 대표 레 둑토, 월남 대표 트란 반 탄, 베트콩 대표 구엔 티 반에 의해 조인되었다. 그러나 협상은 키신저와 레 둑토 둘 사이에만 진행되었다. 전쟁 당사자인 월남 대표는 제외되었다. 월맹은 파리 협상에 월남 대표가 끼어들면 주월미군 철수를 반대하리라 예상, 처음부터 배제시켰다. 다만 협상 마무리 단계에서 월남 대표에게 참가할 기회를 주었다.

'파리 평화협정'은 서문과 9장 23조 4개 부속 의정서로 구성되었다. 4조는 미국이 '월남의 내정에 대한 군사적인 개입이나 간섭을 중지한다'고 했다. 5조는 '협정 조인 후 60일 내에 3조에 언급된 다른 외국의 군대 군사고문기관, 기술담당요원 및 평정계획, 군장비, 탄약, 전쟁물자와 관련된 모든 군사요원은 월남에서 철수한다'고 했다.[23] 미군과 연합군의 철수를 말한다. 15조는 베트남의 통일과 관련, '평화적인 수단을 통해 월남과 월맹간의 협의와 합의를 바탕으로 어느

---

22) 정용석, 「분단과 통일」, p. 173.
23) 「조선일보」, "白旗든 30年戰爭", 1975. 5. 1.

일방이 타방을 강요하거나 통합함이 없이 외세의 간섭을 받지 않고 단계적으로 수행한다'고 적었다.

베트남의 통일은 '평화적 수단' '협의와 합의바탕' '단계적 수행'으로 한다는 15조는 주월미군 철수로 불안감에 휩싸일 월남인들을 달래기 위한 조문이었다. 하지만 공산주의자들은 서방과 합의한 조문들을 지킨 적이 없다. 공산주의 월맹은 주월미군이 철수하면 '평화적 수단'과 '협의와 합의바탕'으로 통일하자며 착하게 나설 붉은 정권이 결코 아니었다. 그 대신 월맹은 주월미군이 철수하면 결정적인 시기에 월남을 맹수처럼 덮쳐 무력 통일할 것이 뻔했다. 그런 맥락에서 '파리 평화협정'은 평화협정이 아니라 '미군 철수 협정'이었고 월남을 월맹에 넘겨준 '항복문서'였다.

7. 북한도 '파리 평화협정' 모델로 미·북 평화협정 요구

공산 월맹과 베트콩측은 첫 날부터 '파리 평화협정'을 지키지 않았다. 협정이 조인되었던 날 400건이 넘는 위반 사태가 발생, 전투는 계속되었다.[24] 그러나 미국은 '파리 평화협정'에 따라 1973년 3월 19일 주월미군을 전부 철수시켰다. 월남주둔 한국군을 비롯한 모든 외국군도 철수했다. 하지만 월남 내에 침투한 월맹군 15만 명은 월남 내에 그대로 남아 있었다. 협정 위반이었다. 15만 월맹군의 월남 잔류 목적은 후일 무력통일을 위해서였다.

월맹과 베트콩은 '파리 평화협정' 2년 만인 1975년 1월부터 전면 무력 대공세로 나섰다. 사이공을 탱크로 점령해 버린 것이다. 태평양 건너 미군은 다시 들

---

24) 『동아일보』, "越南政府 無條件항복", 1975. 4. 30.

어오지 않았고 지켜볼 따름이었다. 1975년 4월 30일 월남 대통령이었던 두옹 반 민은 항복했다. 이때 사이공에는 하늘도 슬펐던지 이슬비가 내렸다. 모든 정부 청사에는 항복을 의미하는 백기가 꽂혔고 월남군 차량도 백기를 달았다. 월맹군 탱크가 지나가면 군중들은 환호했다. 하지만 적지 않은 사이공 시민들은 공산치하가 두려워 대문을 굳게 걸어 잠그고 두문불출했다.[25] 수백만 명의 해외탈출이 시작된 것이다.

베트남 적화통일이 대한민국에 주는 교훈은 미국이 월남에서 그랬듯이 한국에서도 감당할 수 없을 정도로 군사 · 재정 · 인명에 치명적 희생이 따른다면 거리낌 없이 철수할 수 있다는 것이다. 미국은 한국의 정세가 월남처럼 국민들의 반전 · 반미 시위로 들끓는다면 철수할 것으로 보아도 무방하다고 할 수 있다. 국내 반미친북 분자들이 반미친북 시위를 격렬하게 이어가는 것도 월남에서처럼 미국을 괴롭혀 미군의 철수를 유도하기 위해서다.

미국은 한국을 자유우방으로써 지켜주어야 할 가치가 없다고 판단되면 포기할 것이 분명하다. 따라서 한국이 월남처럼 적화되지 않기 위해서는 어떤 희생이 따르더라도 자유체제를 지키겠다는 결연한 자세를 견지해야 한다. 지속적인 경제발전, 정치 · 사회 · 경제 안정, 반미종북세력 척결, 자유민주주의와 시장경제 질서 확립, 한미군사동맹 결속 강화 등도 요구된다.

월남 적화통일이 남긴 또 다른 교훈은 공산주의자들의 기만적인 협상전술에 속아 넘어가서는 안 된다는 점이다. 공산주의자들은 자유민주 정부와 맺은 협정 · 합의를 결코 준수하지 않는다. 자유민주주의 국가는 공산당과의 협상에서 속아 넘어가기 일쑤다. 중국 국민당 정부와 마오쩌둥(毛澤東) 공산당 간의 협상에서도 자유체제인 국민당이 속아 패망한 사실에서도 공산당의 협상 기만전술은 명백히 드러난다.

---

25) 『조선일보』, "김정은 '文정부때가 美와 평화협정 체결한 절호의 기회'", 2017. 7. 20.

북한이 1974년부터 미국과 '미·북 평화협정'을 체결하자며 끈질기게 압박한다는데 주목할 필요가 있다. 북한의 미·북 평화협정 목적은 뻔하다. '파리 평화협정'처럼 주한미군을 철수시키자는데 있다. 김정은은 2017년 7월 4일 발사한 "대륙간탄도미사일(ICBM)을 압박 카드로 활용해 미국과 (평화협정) 담판을 지으라"는 지령을 북한 해외공관에 하달했다고 한다.[26] ICBM 성공을 계기로 미국에 겁을 주어 미국이 북한과 평화협정을 맺도록 몰아가라는 지령인 것이다.

북한은 미·북 평화협정 협상 과정에서 올맹처럼 남한을 제외시켜야 한다고 주장한다. 북한도 미·북 평화협상에서 남한을 제외시켜야 주한미군을 철수시킬 수 있다고 간주하기 때문이다. 한국과 미국은 '파리 평화협정'을 교훈삼아 북한이 주장하는 미·북 평화협정을 거부해야 한다. 미·북 평화협정은 주한미군 철수와 북한 남침의 길을 열어주고 말 것이기 때문이다.

8. 북한 공산독재체제 통일은 재앙

통일국가의 이념과 체제는 한반도 8,000만의 운명을 결정짓는다. 통일이 북한의 공산주의와 1인 우상화 독재체제로 간다면, 8,000만 한민족에게는 재앙이고 지옥이다. 지금의 대한민국과 같은 자유와 풍요는 사라지고 탄압과 빈곤에 갇히게 되고 분단 후 70여 년간 피와 땀으로 일군 보금자리가 물거품이 되고 말 것이다. 그래서 한반도 통일의 이념과 체제는 대한민국이 향유해온 '자유민주주의'와 '자유시장경제' 체제여야만 한다.

자유민주주의와 자유시장경제 이념으로의 통일은 인류의 역사발전 법칙에 순응하는 통일이기도 하다. 19세기 초 독일의 이상주의 철학자 게오르그 헤겔

---

26) 정용석, 『분단과 통일』, p. 389.

이 설파한 대로 인류의 역사발전은 '자유의 발현'에 있다. 자유를 바탕으로 한 자유민주주의·자유시장경제 통일은 필연적 역사발전의 귀결이다. 헤겔은 그의 저서『역사 철학』에서 '역사의 절대적 목적은 자유의지 발현'에 있다고 하였다.[27] 그의『역사 철학』에 의하면, '인류의 역사는 고대 사회로부터 근세에 이르기까지 민족 간의 갈등과 투쟁 그리고 자기모순을 거치면서 자유의지 발현을 위해 달리고 있다'고 했다. 더 나아가 '자유는 항상 그 이전의 단계를 뛰어넘는 과정을 거쳐 긍정적이며 보다 진하고 구체적인 모습으로 발전한다'고 역설하였다.[28]

헤겔의 역사발전 법칙대로 한반도의 통일 이념과 체제는 자유민주로 완성되어야 한다. 인류 역사는 고대로부터 중세와 근세를 거쳐 현대에 이르기까지 자유의 신장과정이었다. 고대 사회에서는 왕족만이 자유를 누렸다. 이어 중세에 이르러 자유는 왕족과 귀족으로 확대되었다. 근세로 접어들어 자유는 왕족과 귀족 그리고 신흥 상공계층으로 증대되었다. 이제 현대에 이르러 자유는 만인이 평등하게 자유를 누린다. 17세기 영국의 존 로크는 "인간은 평등하게 창조되었다"고 했고, 그의 평등사상은 오늘에 이르기까지 유럽을 비롯한 자유민주주의 국가들을 지배하고 있다. 이제 자유는 모든 사람이 평등하게 향유한다. 헤겔의 역사발전 법칙대로 자유가 긍정적이며 보다 진하고 구체적인 모습으로 발전한 덕이다.

그러나 지구상에서 헤겔의 '역사발전 법칙'에 역행하는 나라가 하나 있다. 바로 북한이다. 북한에서 자유는 한 사람만 누린다. 김정은 하나뿐이다. 김정은은 자기 하나만의 독재권력을 누리기 위해 고모부 장성택도 즉결 처형했고 이복형 김정남도 말레시아까지 따라가 독살토록 했다. 김정은은 맹종하지 않는 사람들을 지위고하를 막론하고 기관포로 공개처형한다. 북한 주민들에게 공포감을 불

---

27) George Willhelm Hegel, *The Philosophy of History* Robert Maynard Hutchins ed., *Great Books of the World* Vol. 46, *Hegel* (Chicago: Encyclopedia Britanica Inc., 1952), p. 182.
28) 『동아일보』, "평양 1인당 GDP, 황해남도 2배", 2016. 12. 23.

러일으켜 절대 복종토록하기 위해서이다. 2,300만 북한 주민들은 암흑 속에서 저항도 못한 채 신음하고 있다.

9. 통일의 이념과 체제는 자유민주주의와 시장경제

앞에서 분단국의 통일 사례들을 살펴본 대로 자유민주주의 시장경제로 통일된 나라는 자유와 번영을 향유한다. 독일과 오스트리아의 경우가 바로 그 사례다. 그에 반해 공산주의 이념과 체제로 통일된 베트남은 탄압과 빈곤의 나락으로 떨어졌다. 공산통일 베트남은 겨우 1980년대 중반에 접어들어서야 '사회주의식 시장경제'로 방향을 바꾸고 빈곤에서 탈피하려 몸부림친다. 하지만 베트남은 아직도 빈곤에서 벗어나지 못하고 있다. 2015년 베트남의 1인당 국민소득은 고작 2,109달러에 불과하다. 같은 해 대한민국의 1인당 국민소득은 2만 7,340달러이다. 하늘과 땅 차이이다. 이처럼 분단국 사례는 한반도의 통일은 반드시 대한민국의 자유민주주의와 자유시장경제로 이뤄져야 함을 반증한다.

남북한 두 지역의 경제사정을 들여다보아도 한반도의 통일은 대한민국의 자유민주주의와 자유시장경제로 완성되어야 한다는 같은 결론에 이른다. 한국개발연구원이 2016년 12월 22일 발표한 보고서에 의하면 구매력평가(PPP) 기준으로 북한의 1인당 국내총생산(GDP)은 최소 948달러, 최대 1,361달러이다. 세계 최저 수준이다. 한국의 경우 1인당 PPP기준 1인당 GDP는 3만 6,612달러로 북한의 27배에 달한다.[29]

자유민주체제와 시장경제 그리고 인권신장은 상호 보완적이다. 시장경제는

---

29) 양일국, 「북한 인권문제에 대한 정치경제적 연구: 국내 북한인권 연구에 주는 함의」, 한국외국어대학교 대학원 정치외교학과 박사학위논문(2017) pp. 22-24. 참조. 양 박사의 논문은 밀튼 프리드만과 폰 미제스가 서술한 시장경제와 정치적 자유 신장의 상관관계를 상세히 소개했다.

자유를 번영케 하고 자유의 확산은 시장경제를 풍요롭게 하며 인권신장에 기여한다.[30] 자유민주주의와 시장경제를 말살시킨 북한에 정치적 자유와 인권말살역시도 필연이다. 그야말로 생지옥이다.

중국과 국경지대에 살고 있는 북한 주민들은 기회만 있으면 생지옥을 벗어나고자 발버둥 친다. 1962년부터 북한 주민들은 남한으로 탈출하기 시작했다. 작년 11월까지 대한민국으로의 북한이탈주민은 3만 명을 넘어섰다. 그들은 굶주림을 벗어나 자유를 누리고자 그들의 생명을 걸었다.[31] 공산독재와 세습적 1인 우상화 체제로 통일된다면 8,000만 한민족 모두는 죽음을 무릅쓰고 탈출하려 기도할게 분명하다.

불가리아 공산당 제1서기와 대통령을 지낸 토도 지코프는 공산정권 붕괴 1년전 솔직히 자신의 암담한 심경을 토로했다. 그는 "내가 다시 태어나면 공산주의자는 결코 되지 않겠다. 레닌이 살아있더라도 나와 똑같은 말을 할 것"이라고 했다. 이어 그는 "공산주의 이념은 이미 태어날 때 죽었고 사산(死産)했다"고 밝혔다.[32]

중국 공산정권도, 베트남 공산정권도, 캄보디아 공산정권도 '사산'한 공산주의 이념을 땅에 묻어 버렸고 자본주의 시장경제를 선택했다. 하지만 북한만은 '사산'한 공산주의 이념을 오늘날까지도 떠받든다. 이에 그치지 않고 김정은은 이미 죽은 지 오래 된 김일성·김정일의 주체사상과 세습적 1인 독재 권력을 승계해 북한 주민들을 생지옥으로 몰아넣고 있다. 21세기 국가에서 유례를 찾아볼 수 없는 북한의 세습적 1인 우상 독재권력은 평양 대동강에 수장시켜야 한다. 그리고 활기 넘치는 자유민주주의와 시장경제 체제로 통일되어야 한다. 오늘날 대한민국처럼 풍요로운 자유를 위해서이다.

---

30) 『조선일보』, "국내입국 탈북민 3만명 넘었다", 2016. 11. 14.
31) Odd Arne Westad, "The Cold War and delusions of victory", *The New York Times*, 2017. 8. 31.
32) 정용석, 『분단과 통일』, p. 88.

10. 통일은 중립국 아닌 한미동맹으로

　한반도 통일은 미국, 일본, 중국, 러시아 주변 4대 강국과의 관계를 고려해 오스트리아와 스위스처럼 중립국으르 가야한다는 주장도 있다. 4강과의 관계에서 어느 한 쪽에 치우칠 때 다른 쪽에서의 견제를 피할 수 없으므로 중립국으로 가야한다는 논리이다. 국제적 역학관계를 바탕으로 한 중립화 주장이다. 한반도 중립화는 국내외에서 종종 제기된 바 있다.

　1960년 10월 마이크 맨스필드 미국 상원의원은 오스트리아식 중립화 통일 보고서를 제출했다.[33] 맨스필드 의원 이전어도 일부 한국인들도 중립화 통일을 제기하곤 했다. 일본에 거주하던 김삼규 씨는 1953년 중립화 통일을 제기했고 '국제적 동의'에 의한 중립화를 강조했다. 김용중 재미한국문제연구소장도 1960년 1월 전국적 자유선거를 통한 중립화 통일방안을 제기했으며, 1960년 11일 민주혁신당의 서상일 씨는 유엔 감시하의 중립화 통일을 주장했다. 1961년 김석길 씨는 오스트리아식 중립화 통일과 외국군의 철수 및 외국과의 군사협정 폐기 등을 요구하기도 했다.[34]

　그러나 당시 장면 총리는 1960년 11월 중립화 통일을 정면 거부했다. 그는 근거로 중국과 소련이 접경한 한반도의 지정학적 특수성, 10여 년간 공산체제로 굳어진 북한의 경직성, 오스트리아보다 뒤진 한국의 정치, 문화, 사회 현실 등을 열거했다.[35] 옳은 반대논리였다.

　한국은 지정학적으로 오스트리아와는 판이하게 다르다는 사실을 유의해야 한다. 오스트리아는 독일 · 이탈리아 · 스위스 · 헝가리 · 유고 · 체코슬로비아 6

---

33) 위의 책, p. 89.

34) 위의 책, p. 89.

35) 『조선일보』, "키신저 '北정권 붕괴후 상황, 中 안심하도록 미군철수도 고려'", 2017. 8. 1.

개국들에 의해 둘러 싸였다. 이들 중 독일과 이탈리아가 2차대전을 일으키는 등 침략성을 드러냈다. 하지만 독일과 이탈리아는 2차대전 후 자유민주주의와 자유시장경제로 다시 태어났다. 절대 오스트리아를 군사적으로 위협할 국가가 아니었던 것이다. 그리고 나머지 4개국은 오스트리아처럼 작은 나라들이어서 안보에 큰 위협이 되지 않았다. 따라서 오스트리아는 마음 놓고 중립국으로 갈 수 있었다.

하지만 대한민국은 지정학적으로 안심할 수 없다. 한반도와 국경을 접하고 있는 중국과 러시아는 강대국이며 대한민국의 이념과 체제가 다르고 그동안 군사적으로 적대적이던 국가들이다. 역사적으로는 끊임없이 한반도에 침입했거나 한민족을 괴롭혔던 나라들이다. 대한민국이 중립화로 통일해 한미방위조약을 폐기하고 홀로 서게 된다면 한반도와 국경을 맞댄 중국과 러시아의 독기서린 위협을 피할 수 없을 것이다. 미국은 태평양 건너 멀리 떨어져 있고, 한국과 자유주의 이념과 체제를 공유하고 있는 일본 역시 바다 건너에 있다. 미국은 1871년 신미양요(辛未洋擾)를 제외하고는 역사적으로 한민족을 괴롭힌 적이 없으며 오히려 도우려 애써왔다.

한국은 통일이 된다 해도 미국과의 군사동맹을 유지해야 한다. 독일이 통일되었을 때도 서독 주둔 미군 20여 만 명을 철수 시키지 않고 그대로 주둔시켰다. 뿐만 아니라 독일은 군사동맹체인 북대서양조약기구(NATO)에서도 탈퇴하지 않고 지금 까지 잔류해 있다. 소련의 군사적 위협에 대한 조치였다.

이와 같은 안보상의 맥락에서 대한민국이 통일된다고 해도 한미군사동맹을 유지해야 한다. 헨리 키신저 전 미국 국무장관은 북한정권 붕괴 이후 "중국의 우려를 덜기 위해 주한미군 철수공약 같은 것이 포함될 수 있다"고 2017년 7월 30일 밝혔다.[36] 중국을 안심시키기 위해 주한 미군철수를 통일 전제조건으로

---

36) 『조선일보』, "키신저 '北정권 붕괴후 상황, 中 안심하도록 미군철수도 고려", 2017. 8. 1.

내걸라는 말이었다. 키신저는 단지 통일만 생각했을 뿐 통일 후 한반도가 중국, 러시아와 부딪혀야 할 시련에 대해선 전혀 생각지 않았다. 매우 근시안적 착상이다. 통일 후에도 주한미군을 철수시켜서는 안 된다.

앞서 적시한 대로 자유민주주의와 자유시장경제 체제에 입각한 통일은 역사 발전의 법칙이며 한민족의 자유와 번영을 위한 길이기도 하다. 자유민주주의와 시장경제를 보존하기 위해 통일 한국은 독일처럼 미국과의 군사동맹을 존속시켜야 한다. 통일 후에도 국가주권을 지키고 자유와 평화를 안정적으로 누리기 위해서다. 거듭 강조하건대 한반도 통일은 헤겔의 역사발전 법칙대로 자유민주주의로 완성되어야 한다. 이는 거역할 수 없는 역사 발전 법칙이다.

자유민주주의의 현재와 미래

한국 보수 원론

김 용 삼

· 前 월간조선 편집장
· 現 한국자유총연맹 정책연구위원
· 現 박정희기념재단 기획실장

CHAPTER

IX

우리 사회 좌익과 우익의 배경, 그리고 현실… 자유민주주의를 위한 과제

우리는 대한민국 국민이면서도 이 나라가 대체 어떤 나라인가에 대해 제대로 된 자각을 하지 못한 채 살아가고 있다. 애국심은 월드컵 축구경기 또는 올림 픽 때나 잠시 살아났다가 다시 당각의 늪에 빠지곤 한다. 지금 대한민국에서 는 반공적 자유민주주의 체제를 붕괴시키려는 세력과 이를 수호하려는 세력 간에 느슨한 형태의 내전이 진행 중이다.

우리 사회 좌익과 우익의 배경, 그리고 현실…
자유민주주의를 위한 과제

　우리는 대한민국 국민이면서도 이 나라가 대체 어떤 나라인가에 대해 제대로 된 자각을 하지 못한 채 살아가고 있다. 애국심은 월드컵 축구경기 또는 올림픽 때나 잠시 살아났다가 다시 망각의 늪에 빠지곤 한다. 게다가 '국가'는 파시즘적이거나 전체주의적 이미지로 형상화되는 반면, '민족'은 숭고하고 뜨거운 피가 살아 움직이는 '살아 있는 생명체'처럼 여기며 관심을 보인다.

　뿐만이 아니다. 지금 대한민국에서는 반공적 자유민주주의 체제를 붕괴시키려는 세력과 이를 수호하려는 세력 간에 느슨한 형태의 내전이 진행 중이다. 두 세력 간의 내전은 1980년대 후반 이 나라에서 국민들의 사상적 합의(idelogical consensus)가 와해되면서 비롯되었다. 그것은 반공적 자유민주주의에 반대하는 사상을 가진 혁명세력이 급성장하면서 와해되었다.

　그들은 자신들의 혁명을 민족해방 민중민주주의혁명(NLPDR: National Liberation People's Democracy Revolution)이라고 주장했다. NLPDR의 본질

은 대한민국의 사회주의화, 그리고 사회주의적 남북통일을 목적으로 하는 혁명이다. 그것을 추진하는 세력은 공산주의 세력이었다.[1]

민족해방 민중민주주의혁명 세력은 김영삼, 김대중, 노무현 정권에서 사회 각 분야의 지도부에 대거 진출하여 정치적 주도권(헤게모니)까지 장악하는 데 성공했다.

대체 서구적 학문적 정의와는 차원이 다른 '국가'와 '민족'에 대한 개념이 생겨난 근원은 무엇인가? 그리고 반공적 자유민주주의 세력과 민족해방 민중민주주의혁명 세력의 대결에서 전자가 패한 이유는 무엇인가?

1. '개인의 자유'와 '집단으로서의 전체'의 대결

대한민국은 1948년 8월 15일 독립과 건국을 세계에 알렸다. 이날 초대 대통령 이승만은 우리의 독립운동, 그리고 건국의 역사와 의의에 대해 다음과 같이 선언했다.[2]

"민주정체의 요소는 개인의 근본적 자유를 보호하는 것입니다. 국민이나 정부는 항상 주의해서 개인의 언론과 집회와 종교와 사상 등 자유를 극력 보호해야 될 것입니다. 우리가 40여 년 동안을 왜적의 손에서 모든 학대를 받아서 다만 말과 행동뿐 아니라 생각까지도 자유로 하지 못하게 되었던 것입니다. 그러나 이것은 우리 민족이 절대로 싸워 온 것입니다. 우리는 개인의 자유 활동과 자유 판단권을 위해서 쉬지 않고 싸워 온 것입니다."

"우리를 압박하는 왜적은 그들의 전제정치를 고집하였으므로 우리의 민주주

---

1) 양동안, 『벼랑 끝에 선 한국의 자유민주주의』(인영사, 2017), pp. 5-7.
2) 『경향신문』, 1948. 8. 18.

의를 주장하는 마음은 더욱 굳어져서 (중략) 모든 일에 서양 민주주의 방식을 모범으로 하여 우리의 공화적 사상과 습관을 꾸준히 발전시켜 왔으며, 그 민주주의와 공화주의가 30년 동안에 뿌리를 깊이 박아 지금의 결실을 보게 된 것입니다.”

이승만 대통령은 우리의 독립운동을 일제의 포악한 전제정치에 맞서 민주주의와 공화주의를 쟁취하기 위한 투쟁으로 정의했다. 그 결과 하나님의 은혜와 애국선열의 희생, 미국 등 우방의 원조로[3] ‘개인의 근본적 자유’에 입각한 새로운 나라가 탄생하게 되었다고 선언했다.

이영훈 전 서울대 교수는 오늘날 대한민국이 겪는 정치 혼란, 경제 침체, 사회 갈등은 우리의 독립운동과 건국의 역사적 의의를 망각하거나 심하게 왜곡된 것이 가장 큰 원인이라고 지적한다. 따라서 대한민국이 밝고 건강한 선진 정치, 선진 경제, 선진 사회로 발전하기 위한 제1의 조건은 국민 하나하나가 위와 같은 건국의 기초 요소를 올바로 인식하는 ‘자유인’으로 성숙해 가는 것이라고 설파했다.[4]

‘개인의 자유’를 우선하느냐, 아니면 ‘집단으로서의 전체’를 우선하느냐를 가름하는 남북한의 체제와 이념대결, 좌와 우, 보수와 진보의 대립은 그 뿌리를 구한말로 거슬러 올라가야 살펴보아야 구도가 보다 선명하게 그려진다. 최정운 서울대 교수의 진단에 의하면 청·일전쟁과 러·일전쟁이 벌어졌던 무렵의 조선 사회는 이른바 ‘홉스적 자연 상태’(the Hobbesian State of Nature)였다.[5]

다시 말하면 홉스가 그의 저서 『리바이어던』에서 제시하는 국가 이전의 상황,

---

3) 1948년 5월 31일 제헌의회가 소집되어 초대 국회의장으로 선출된 이승만은 이 나라가 건립된 것은 “첫째로는 하나님의 은혜와 둘째로는 우리 애국선열들의 희생적 혈전(血戰)의 공적과 셋째로는 우리 우방들, 특히 미국과 유엔의 공의(公義)에 입각한 원조” 덕분이라고 연설했다.
4) 이영훈, “전통 사회와 국가”, 『이승만학당 강의자료』(2017. 9. 2), p. 2.
5) 최정운, 『한국인의 탄생』(미지북스, 2017), pp. 101–102.

즉 사회는 붕괴되고 개인으로 흩어져서 사투를 벌이고 있는 '만인에 대한 민인의 투쟁' 상태였다. 모든 문화와 윤리가 붕괴되고 분해되어 서로가 서로를 뜯어먹고 속이고 죽이는 극단의 야만 상태였다는 뜻이다.

2. 일본의 문명 통치에 대한 기대

이런 원초적 상태가 되면 인간은 국가나 민족을 찾기 이전에 동물적 생존본능으로 개인의 안전과 생명의 유지를 갈망한다. 고종이 황제를 칭하며 조선에서 대한제국으로 이름을 바꾼 당시의 '나라'는 개인의 안전이나 생명의 유지를 담보해주지 못하는, 전혀 신뢰할 수 없는 존재였다.

이러한 자연 상태의 괴로움에서 벗어나기 위해서는 '제대로 된 강한 국가'의 존재가 필요했다. 대한제국은 죽었다 깨어나도 그 사명을 수행하기 어렵다는 판단이 선 일군의 세력은 '강한 국가권력'의 현실적 대안으로 메이지유신에 성공하고 청·일전쟁, 러·일전쟁에서 승리한 이웃나라 일본을 생각했다. 일본의 힘에 의존하고, 그 나라의 문명된 통치를 받아들여 개인의 생명의 안전과 재산의 보호를 받아보자는 구상이었다.

1898년 이토 히로부미(伊藤博文)가 조선을 방문했을 때 수많은 조선인들은 그를 '동양의 영웅'으로 추켜세우고 독립협회 회원들은 대규모로 환영 행사를 벌였다. 회원들은 각자 선물을 준비하고 시를 지어 바치기도 했다. 독립협회의 만민공동회가 벌어지던 이때 조선의 지식인들은 그들을 구원해 줄 영웅을 이웃나라에서 찾고 있음이 명확히 드러났다.[6]

러·일전쟁의 와중에 일본의 천황 주권을 들여와서 조선 백성을 구해야 한

---

6) 최정운, 앞의 책, pp. 143-144.

다는 판단을 한 세력은 일진회가 그 선봉이었다. 일진회의 뿌리를 거슬러 올라가면 독립협회와 동학이 나타난다. 독립협회가 강제로 해산당한 뒤 잔존세력이 유신회(1904년 8월 18일)를 조직했는데, 곧이어 이름을 일진회로 바꾸었다. 그리고 동학의 잔존세력이 1904년 9월 하순 진보회를 조직했다. 이 두 단체가 1904년 12월 통합하여 일진회가 성립되었다.

그 추종자가 100만 명을 넘을 정도로 기세가 강력했던 일진회는 조선과 일본의 합방을 촉구하는 대규모 운동을 벌였다. 그들 시각에서 볼 때 망해가는 대한제국은 백성들이야 죽든 말든 야만적인 착취와 수탈, 매관매직, 양반·상놈의 신분제로 괴로움만 주는 야수 집단이었다. 성리학적 질서를 끝까지 신봉한 조선(대한제국)에서 사(私)는 천하고 공(公)은 귀한 것이었다. 그들의 세계관에서 개인은 존재하지 않았다.

이런 부패 무능한 왕조를 섬기면서 사느니, 차라리 비록 이민족이긴 하지만 훌륭한 성취를 이룬 일본의 문명 고등한 통치를 받는 것이 백성 입장에선 더 유리하다는, 일종의 사회계약적 판단을 한 세력이 이 땅에 100만 명이나 존재했었다는 사실을 우리는 애써 망각하고 근대사의 족보에서 지워버리려고 발버둥친다. 이렇게 현실적 가치판단을 한 '조선인' 세력은 일본제국의 고등 문명한 정치하에서 살아가자는 합방 청원운동에 앞장섰다. 스스로 제 나라를 들어다 일본에게 바치자는 운동을 벌인 셈이다. 그것은 몇몇 개인의 망상이 아니라 강력한 세력을 형성하고 전국적으로, 조직적으로 움직인 구한말 최대의 정치운동이었다.

1905년 러·일전쟁에서 승리한 일본이 을사조약을 강제하면서 궐기한 의병들은 이런 망나니 같은 매국노 집단을 곱게 놔둘 수 없었다. 의병들은 일제에 나라를 팔아넘기겠다고 작정하고 나선 일진회와 내전에 돌입했다. 황현의 『매천야록』에 의하면 1907년부터 1908년 5월까지 의병들에게 살해된 일진회원의 숫자는 9,200명이었다고 한다.

3. '국민'은 없고 '민족'만 존재

이처럼 일진회와 내전을 치르는 와중에 조선 사람들이 빠진 고민은 '도대체 우리는 누구인가?'라는 화두였다. 그전까지 '우리'를 칭하는 용어로는 '인종' '종족' '동포'란 말이 쓰였으나 그것으로는 의미전달이 분명하지 않았다. 이 과정에서 대안으로 떠오른 용어가 '국민'과 '민족'이었다.

'국민'은 일본인이 만든 단어이자 국가를 매개로 한 집단을 뜻한다. 우리의 '국가'인 대한제국은 미안한 얘기지만 피지배층인 백성 입장에서 볼 때는 개인의 생명과 재산, 안전을 책임져주지 못하고, 오히려 개인을 뜯어먹은 수탈적 존재에 불과했다. 따라서 그 당시 시점에서 '국민'은 대안이 될 수 없었다. 따라서 자연스럽게 '조선 사람' '조선인'을 지칭하는 의미로 '민족'이란 용어와 접목하게 된다.

'민족'이란 의미의 선택과 확산은 곧 한반도에서 살고 있는 백성들은 '국가'라는 존재와는 별다른 연고가 없으며, 순수한 혈통적 의미로서의 동일 집단을 상징하는 것이었다. 대부분의 서구 민족주의의 경우 국가주의와 구별되지 않고 한 몸이 되는 것이 일반적인 사례이지만 조선(대한제국)의 민족주의는 탄생 배경이 서구의 민족주의와는 크게 달랐다. 따라서 국가란 존재가 정상 작동하는 단계에 와서도 국가주의와 합류를 거부한 채 국가 밖에서 독자성을 유지해 왔다.[7] 오늘날 대한민국에 횡행하는 '민족' 개념이 '국가' 개념과 충돌하는 문제의 근원이 바로 이것이다.

러·일전쟁 이후 가열되는 일진회 운동을 바라보며 정체성 문제를 고민하던 선각자들은 여러 유형의 방법론으로 대응책을 모색한다. 백성들을 교육해 '홉스적 자연 상태'를 해소해야 한다고 판단한 지식인들은 개화·교육·각성을 통

---

7) 최정운, 앞의 책, p. 177.

해 민족개조를 추구하는 쪽으로 나갔다. 안창호를 필두로 한 이들이 택한 길은 '개화 민족주의'로 표출됐고, 후에는 민족개조론으로 발전해간다.

비슷한 시기, 사회 한쪽에선 일진회를 중심으로 등장한 친일세력에 대한 분노와 적개심에서 신채호를 중심으로 '저항 민족주의'가 형성된다. 개화 민족주의자들이 당시 조선의 자연 상태 해결을 최대의 과제로 삼았다면, 저항 민족주의자들은 일본에 주권을 양도하는 안을 제시한 친일적 사회계약주의자들, 그리고 일본에 대한 투쟁을 민족주의의 근본적인 노선으로 주장했다.[8]

오늘날에도 한국인들은 나라와 민족을 사랑하고 존경하고 우러르고자 하는 마음, 즉 애국심이 거의 존재하지 않는다. 이유는 구한말 홉스적 자연 상태로서의 국가가 너무 오랜 기간 우리의 정신세계를 지배해 왔기 때문이다. 이러한 홉스적 자연 상태에서 생존하기 위해 본능적으로 남을 짓밟고, 빼앗고, 거짓말하고, 사기 치고, 등쳐먹고, 거칠게 투쟁하는 데 너무나 익숙해졌다. 오늘날 여차하면 머리에 붉은 띠 동여매고 거리로 나서서 구호를 외치며 데모하는 모습은 이러한 유전인자의 현대적 변형일 뿐이다.

덕분에 한반도는 아무리 1인당 소득이 높아지고, 세계가 선망의 대상으로 바라봐도 '헬 조선'이어야 하며, 한국의 공교육은 썩었으니 썩은 대로 그냥 놔두고 내 자식들은 미국 유학을 보내야 직성이 풀린다.

구한말 이 땅에서 친일파의 탄생은 조선 지배층이 야기한 사회 붕괴에서 연유한 것이고, 민족주의자들은 친일파들에 자극받아 우리의 정체를 비로소 자각하고 배신자들과의 투쟁에서 태어난 사람들이었다는 것이 최정운 교수의 해석이다. 이렇듯 국가에 대해서는 어느 누구도, 어떤 기대도 하지 않았고, 아무런 미련도 없는 상황이었기에 한일합방으로 나라가 망하는 날에도 아무 일도 없이 조용하기만 했다. 3·1운동 당시 민족 대표 33인 중의 한 명이었던 최린은 1910

---

8) 최정운, 앞의 책, p. 159.

년 8월 29일, 조선이 망하던 날의 모습을 다음과 같이 술회한다.

조선이 망하던 날의 풍경

'거리를 살펴보니 각 상점은 아무 일도 없는 것처럼 거래가 이루어지고 있었다. 오백 년 왕국이 하루아침에 망하는 이날에 이렇게도 평안하고 아무렇지도 않을 수 있을까 하는 이상한 감상을 금할 수 없었다. 조선민족은 특별히 애국심이 강한 민족이다. 그런데도 무슨 까닭에 이 원수의 날을 평온하게 오불관여(吾不關與)의 태도로 맞이했을까? 여기에는 여러 가지 설명이 있을 것이지만 우선 간단한 이유로 조선은 원래 왕국의 전제정치인 동시에 귀족의 계급정치였다. 더구나 그 종말의 난정(亂政)이란 이루 말할 수 없는 폭정이었다. 그러므로 일반 민중은 이날을 국가가 망한 날이라기보다는 차라리 조선이 망한 날이라고 보는 편이었고, 조선이 망한 뒤에는 그 폭정에서 벗어날 수 있다는 막연한 생각이었는지도 모른다.'[9]

최린은 3·1운동 당시 천도교와 기독교의 연합을 이루는 데 핵심적인 역할을 한 인물로서 민족대표로 독립선언서에 서명하여 옥고를 치른 바 있다. 그는 1933년 말 대동방주의를 내세워 일제에 협력할 것을 공개적으로 밝혔고, 1941년 10월에는 조선임전보국단 단장에 취임하여 활동함으로써 해방 후 친일파로 몰려 반민특위에 체포된 경력자다.

이처럼 대한제국의 멸망은 이 땅의 지도자 그룹을 여러 갈래로 갈라놓았다. 일제에 항거하여 국내에서 혹은 해외로 탈출하여 독립운동을 벌인 세력이 있었고, 한편에선 일제의 한국병탄을 기정사실로 받아들여 순응한 세력이 존재했다. 그들은 일제의 조선통치에 협력하고 조선총독부로부터 작위와 은사금을 받

---

9) 김윤희·이욱·홍준화, 『조선의 최후』(다른세상, 2004), p. 11.

거나, 총독부 고위 관리가 되거나 일신의 영달을 위해 기회주의로 일관했다.

조선조 말 사상운동의 큰 흐름은 위정척사, 동학, 개화 등 세 갈래로 정리되는데, 그들은 대한제국이 사라지자 각자의 길을 걷는다. 위정척사파들은 명분주의에 사로잡혀 체제의 보전에 치중한 나머지 시대의 흐름과 동떨어져 근대화에 소극적으로 대체했다. 이들은 나라가 망하자 의병운동을 벌였으며, 일부는 연해주와 만주 등지로 망명하여 무장독립투쟁 노선을 걸었다.

혁명적 평등사상을 가지고 있던 동학은 인간평등 민주주의, 그리고 민족주의 이념의 발전에 기여했으나 국가의 주권과 독립보전에는 소홀했다. 이들 중 일부가 일진회를 조직하여 친일 매국행위를 했지만 위정척사 세력과 구한국 군인들과 함께 의병운동을 벌이거나 해외로 나가 독립군을 조직했다.

개화파들은 근대국가를 건설하겠다는 정치적 이상으로 근대화의 사상적 바탕을 마련했으나 현실주의에 경도되어 일부는 친일파로 전락했다. 그들은 일부가 친일세력으로 변절했음에도 불구하고 그 주류는 근대국가 건설과 시민혁명이라는 당초의 정치적 이상을 꺾지 않고 국내외에서 독립운동을 벌였다.[10]

일제의 가혹한 통치를 경험하며 3·1운동으로 강렬한 저항을 표출한 이유는 뿔뿔이 찢어져 제 갈 길을 갔던 세력들이 같은 민족임을 깨닫고 '한 민족'됨을 느꼈기 때문일 것이다. 그런데 이러한 '한 민족 됨'은 3·1운동 이후 사회주의가 도도한 물결로 밀려오면서 또 다시 분열했다. 개화 민족주의자들과 저항 민족주의자들은 전 지구적 차원에서 벌어진 우파와 좌파 이데올로기 대결과 연계되어 제각각 서로 다른 길로 나간 것이다.

우리가 건국정신과 독립운동의 의의를 망각하는 동안 북한 전체주의 집단과 남한 내의 좌익세력들은 집요한 선전선동을 통해 일제하에서의 독립운동을 선점해버렸다. 오늘의 남북 대결, 좌우익 대결, 보수·진보 대결의 물줄기를 거슬

---

10) 남시욱, 『한국 보수세력 연구』(나남출판, 2006), p. 99.

러 올라가면 일제 식민지 시기의 '항일운동'에 그 굵은 뿌리가 닿아 있음을 알게 된다.

항일을 했느냐, 안 했느냐. 여기서 기세를 선점한 쪽은 항일세력이 만든 국가라는 정통성과 민족적 권위를 선점하게 되고, 반대쪽은 친일파 민족반역자들이 세운 '태어나지 말았어야 될 존재'라는 낙인과 오물을 뒤집어쓰게 된다. 항일을 했으되 외교적·문화적·교육적으로 했느냐, 아니면 화끈하고 선명하게 무장투쟁의 방식으로 했느냐가 또 관건이 된다. 여기서는 후자가 절대적인 권위를 쟁취하는 수단으로 활용된다.

4. '항일'이 종교가 된 세상

오늘날 '항일 무장 독립운동'이라는 주제를 둘러싼 이념 전쟁에서 이승만과 박정희의 대한민국은 김일성 전체주의 집단 및 좌익들에게 완패를 당했다. 1980년대 이후 거의 대부분의 대한민국의 학자, 지식인, 언론인, 일반 국민들은 만주벌판에서 온갖 고난과 고초를 당해가며 치열하게 전개됐다는 항일 무장 투쟁의 선명성과 치열성, 웅장한 기상에 가위 눌리듯 꼬리를 내려버렸기 때문이다. 또 저들의 레닌과 스탈린식 선전선동술에 속아 넘어가 단 한 번도 '역사적 사실(historical fact)'을 따져보지 않은 채 "통일국가를 세워야 되는 시기에 분단된 정권을 수립한 것은 이승만과 남한"이라고 손가락질하는 것을 당연하게 받아들였기 때문이다.

북한의 어버이 수령 김일성을 수식하는 용어를 분해하면 '만주' '항일' '무장 독립운동' 등 세 덩어리로 이미지가 구성된다. 덕분에 김일성은 항일 무장 독립운동의 주인공이자 민족의 영웅이요, 이승만은 미국이라는 외세를 끌어들여 친일파들과 야합하여 분단을 야기한 매국노, 박정희는 일제의 주구(走狗)로서 항일 무장 독립운동가를 타도한 친일파라는 황당무계한 우상이 만들어졌다.

오늘날 주체사상을 받아들여 한국 사회를 친북(혹은 종북)의 소굴로 만드는 데 결정적 역할을 해 온 주사파와 좌익 운동권, 좌익 언론인, '국사(國史)'라는 이름으로 항일 무장 독립운동가들에게 월계관을 씌워준 국사학자들 덕분에 그 우상은 더더욱 '역사적 사실'인양 굳어져가고 있다.

만주에서의 항일 무장 독립운동은 그 누구도 범접할 수 없는 신화가 됐고, 금단의 영역이 되었다. 이 부분을 잘못 건드리거나 그 정신을 훼손하면 가차 없이 '친일'의 주홍글씨가 새겨진다. 따라서 이 주제는 거의 종교의 세계나 다름없는 신성불가침의 영역으로 남게 되었다.

그러나 진짜 '역사적 사실'을 추적해 가면 전혀 다른 상황이 발견된다. 프롤레타리아 국제주의나 국제공산주의 혁명노선은 소련공산당이 제국주의적 권력을 장악하기 위해 내세운 고도의 책략이었다. 그들은 외국 공산당원들에게 "사회주의의 조국 소련 옹호"란 슬로건을 강제했다.

만주의 봉오동과 청산리에서 일본군을 상대로 대승을 거둔 조선 독립군을 궤멸시킨 것은 러시아의 적군(赤軍) 및 그들과 내통한 조선의 공산주의자들이었다. 그들은 3,500여 명의 조선 독립군을 자유시로 이름 붙인 알렉세예프스크[11]로 유인하여 1921년 6월 28일 '자유시 참변'을 일으켰다.

이때 봉오동 · 청산리에서 빛나는 승리를 거둔 조선 독립군이 러시아 적군과 조선 공산주의자들의 손에 의해 궤멸된 이후 만주 일대에서는 대규모 무장투쟁은 자취를 감추었다.

소련 볼셰비키 정부는 일제와 밀약을 맺고 민족주의적 성격이 강한 대한독립군단을 자유시로 끌어들여 분쇄하고 극동 시베리아 지역의 통치권을 장악했다.

---

11) 알렉세예프스키는 후에 스보보드니로 이름이 바뀌었다. 이곳에는 러시아 우주발사기지가 있는데, 나로도 우주발사기지에서 발사된 나로호 로켓의 1단 추진로켓은 스보보드니의 우주 기술이 적용된 것이다. 도시 이름 스보보드니(Svobodny)는 러시아어로 자유를 뜻하는 스보보다(Svoboda)에서 따온 것으로, 연해주와 만주의 한인 동포들은 이 도시를 자유시라고 불렀다.

조선 독립군과 조선 공산주의자들은 공산주의 종주국 소련에게 처절한 배신을 당한 것이다.

레닌이 사망하고 스탈린이 집권하면서 소련은 서유럽 자본주의 국가들이 공업 발달과 복지정책 시행으로 자신들보다 훨씬 잘 살게 되면서 유럽에서 사회주의 혁명을 기대할 수 없게 되었다. 세계를 공산혁명화 한다는 거창한 구호는 일장춘몽이 되어버렸다. 그 결과 공산주의 혁명 이론은 세계 프롤레타리아 혁명의 조국이며 총사령부이자 지도부인 소련 한 나라만을 옹호하는 '소련 방위론'으로 변질됐다. 소련도 다른 서구 제국과 마찬가지로 제국주의의 길을 걷게 된 것이다.

5. 제국주의화 된 공산주의

세계 혁명을 조직. 지도하기 위해 창설되었던 코민테른은 소련 옹호를 위한 총참모부로 성격이 바뀌었고, 세계 혁명 구호도 "세계 프롤레타리아 혁명의 조국이며 세계 공산주의 운동의 기지인 소련을 옹호하라"는 이기주의적 구호로 변질되었다. 백군과 처절한 내전을 치르며 허약해질 대로 허약해지고 열강에 포위되다시피 한 소련은 극동의 강적 일본을 자극하지 않기 위해 몸조심을 하기 시작했다. 1925년 1월 소련은 일본과 수교조약을 체결하고 서로 상대국가의 치안을 해치는 행동을 금지하기로 약속했다. 이로써 소련령에서 일본에 적대하는 행동을 하던 조선 독립군들의 활동이 모두 금지되었다.[12]

중국공산당은 코민테른의 지령을 받아 한인(韓人) 공산주의자들을 '1국 1당

---

12) 김용삼, 『김일성 신화의 진실』(북앤피플, 2016), p. 155.

원칙'이라는 올가미로 엮어 중국공산당에 입당시킨 후 조선 사람들이 갈망하던 '한인의 자치'나 '간도 독립'은 말도 못 꺼내게 하고는 일본 관동군과 만주군의 손길이 미치지 않는 산간 오지에 소비에트 정권을 수립하고 게릴라 부대를 조직하여 희생을 강요했다.

만주의 한인 공산주의자들은 중국공산당으로부터 당성(黨性) 심사를 받는 모욕을 당한 끝에 개인 자격으로 입당했고, 중국공산당의 일원으로서 중국인 지도부의 명령과 지시를 받아 목숨 건 투쟁에 내몰렸다. 중국공산당 지도부는 한인 공산 빨치산에 대해 "조직력과 전투력이 강한 국제대오"라고 떠벌였지만, 실상은 국적조차 없는 용병이나 외인부대 신분으로서 중국공산당을 위해 싸우다가 토벌에 쫓겨 목숨을 잃어야 했다. 중국공산당에게 당장 필요한 것은 만주로 이주하여 힘들게 살아가는 가난한 한인 농민들의 힘까지 끌어들여 만주를 침략한 일본군을 물리치고 빼앗긴 만주를 회복하는 것이었을 뿐, 그들의 안중에 조선의 독립이라든가 조선민족의 해방이란 주제는 애초에 존재하지도 않았다.

북한의 수령이 된 김성주(김일성)를 비롯한 만주의 한인 공산주의자들이 수행했다는 항일 무장투쟁은 실제로 어디에서, 누구를 상대로, 어떻게 싸웠는지의 여부도 불분명하다. 그들 주장을 액면 그대로 받아들인다 해도 심각하고도 근본적인 문제에 부딪치게 된다. 김성주가 소속되어 있었다고 주장하는 동북항일연군은 결성 과정에서 자신들의 활동목표와 행동강령을 다음과 같이 명문화했기 때문이다.

'제2조. 동북항일연군에 참가한 각 부대는 다음 3항을 준수한다.

①반만 항일(反滿抗日) 동북 실지(東北失地)의 회복, 중화(中華) 조국의 옹호

②일적(日賊) 주구의 재산 몰수

③민중과 연합하여 항일구중국(抗日救中國)'[13]

---

13) 만주국 군정부 고문부 편, 『만주공산비적의 연구』(신경(新京) 군정부), 1937, pp. 434-435. 이명영, 『김일성열전』(신문화사, 1974), pp. 208-209에서 재인용.

이 자료에 의하면 중국공산당 산하에 조직된 빨치산 부대인 동북항일연군의 활동목표는 '동북(東北)[14] 실지(失地)의 회복'과 '중화(中華) 조국의 옹호', 그리고 항일운동을 통해 중국을 구하기 위함이라고 명문화하고 있을 뿐 '조선의 독립과 해방'과는 아무런 관련도 없다.

김성주(김일성)가 만주 일대에서 행했다는 항일 무장독립투쟁은 그 근거도 분명치 않거니와, 그의 주장대로 동북항일연군 소속이었다 해도 황당한 상황에 부딪치게 된다. 그는 어린 시절 중국 국적을 취득한 중국 국적자로서, 중국 땅에서, 중국공산당 지휘관의 명령에 따라 중화조국 옹호와 일본에게 빼앗긴 만주(동북)지역의 회복, 중국 인민의 하방을 위해 싸운 존재이기 때문이다.

6. 보천보 전투의 진실

이래가지고야 어떻게 조선민족의 독립과 해방을 위해 무장 항일투쟁을 전개했다고 우겨댈 수 있겠는가. 역사 날조의 달인인 김성주(김일성)는 자기가 중국공산당의 하수인이 아니라 조선의 독립과 조선민족의 해방을 위해 투쟁한 존재였다는 빼도 박도 못할 물적 증거가 필요했다. 이런 요구에 의해 등장한 사건이 소위 말하는 '보천보 전투'다.

북한 역사책뿐만 아니라 남한의 교과서나 좌익사관에 입각하여 쓰여진 역사 관련 서적에 웅장하고 화려하게 등장하는 '보천보 전투'는 만주에서 활동하던 김일성의 항일 무장부대가 압록강을 건너와 국내 진공작전을 벌여 일제 군경을 타도했다고 서술하고 있다.

북한 측 주장에 의하면 '보천보 전투'는 1937년 6월 2일 밤 김일성이 지휘하는 조선인민혁명군 소속 게릴라 150여 명이 일제 경찰관 주재소·면사무소·

---

14) 중국인들은 만주를 동북(東北)지역이라고 호칭한다.

소방서 등을 습격하여 기관 건물들을 불태우고 일제 군경을 전멸시켰다고 한다. 역사적 사실은 이와는 크게 다르다. 만주에서 김일성이 지휘했다고 우겨대는 조선인민혁명군이란 부대는 만주는 물론, 한반도 등 세계 어디에도 존재하지 않았던 유령부대였다.

전투의 실상도 허약하기 그지없다. '보천보 전투'는 경찰 주재원 5명밖에 없는 300여 가구의 산골 마을을 공산비적들이 총기를 난사하며 들이닥쳐 마을 사무소와 파출소, 학교 등을 불태우고 식량과 물자를 약탈해 간 산골 마을 습격 강탈사건이었다.

보천보를 습격한 김일성 부대가 거둔 성과라고는 경찰 주재소 내 살림방에서 잠자던 일본 순경의 두 살짜리 젖먹이 딸이 유탄에 맞아 사망했고, 주재소 근처 일본 음식점 주인이 총소리에 놀라 거리에 나왔다가 총에 맞아 죽었으며, 주재소에서 보초를 서던 일본 순사 1명이 부상을 입은 것이 전부다.

보천보 습격은 김일성과 북한 측 주장처럼 '일제를 몰아내고 독립하여 대중정부를 세우기 위한 무장 항일투쟁'이 아니라 약탈이 목적이었다. 그것도 일본인 집만을 골라서 식량과 물자를 털어간 것이 아니라 조선인, 일본인, 중국인 집을 가리지 않고 무차별 약탈을 자행했다. 때문에 북한 인민군 부총참모장을 지냈고, 후에 주 소련 북한 대사를 역임하다가 소련으로 탈출한 이상조는 보천보 사건에 대해 "별 성과도 없는 사건을 일으켜 무고한 동포들 수백 명에게 곤혹을 치르게 했고, 아까운 생명까지 희생시킨, 하지 말았어야 했을 사건"이라고 비판했다.[15]

동북항일연군 소속 게릴라들이 압록강을 건너 이처럼 보잘 것 없는 국경 근처 시골마을을 습격 강탈한 사건을 '독립군 국내 진공'이라면서 우리 독립운동사에 길이 남을 항일전투로 미화 확대시킨 주인공은 동아일보다. 동아일보는

---

15) 장준익, 『북한인민군대사』(서문당, 1991), p. 352.

보천보 사건이 발생하자 두 차례 호외를 발행했고, 헤드라인에 "김일성 일파로 판명"이라고 보도함으로써 김일성을 하루아침에 전국적인 스타로 만들었다. 이때 기사를 작성한 동아일보 혜산 주재기자는 천도교와 관련이 있는 인물이었다. 좌익과 깊은 연계가 있는 기자였을 가능성을 암시하는 증거다.

김일성 연구자들이 제기하는 여러 정황으로 볼 때 보천보 습격을 지휘한 인물이 후에 북한 수령에 오른 김일성인지 아닌지도 확실치 않다. 보천보 전투는 북한의 수령에 오른 김일성이 아니라 동명이인인 다른 '김일성'이 지휘했다는 주장들이 계속 제기되어 왔다. 이런 주장을 추적한 대표적인 학자가 이명영 성균관대 교수다. 서옥식 경남대 극동둔제연구소 초빙연구위원도 북한 수령 김일성은 전투에 참가는 했지만 하급 지휘관, 또는 부대원 자격이었을 가능성이 높다고 주장한다.[16]

7. 통 큰 거짓말에 모두가 속아 넘어가

어차피 거짓말을 할 바에야 좀 더 대담하게, 통 큰 거짓말을 할수록 좋다는 것이 레닌이나 스탈린, 괴벨스 선전선동 이론의 핵심이다. 김일성은 보천보 뻥튀기에 이어 이번에는 자기가 만주어서 항일 무장투쟁을 한 것이 아니라 백두산을 근거지로 하여 국내에서 싸웠다고 주장하고 나섰다. 또 중국공산당의 영도 아래 중국 혁명을 위해 싸운 것이 아니라 조선 혁명을 위해 투쟁했노라고 주장하면서 "백두산 밀영에서 김정일이 출생했다"고 꾸며냈다. 이와 관련하여 북한 노동당 비서를 지내다가 남한으로 망명한 황장엽은 다음과 같이 증언했다.

---

16) 『서울경제신문』, "북한 보천보 전투 업적 가로채려 사진 날조", 2015. 10. 15 .

'어느 날 김일성은 빨치산 참가자들을 불러 "김정일이 탄생한 백두산 밀영 자리를 찾아내라"고 과업을 주었다. 그러나 그들이 없는 것을 찾아낼 수 없었기 때문에 이리저리 찾느라고 하다가 찾지 못하였다. 그러자 김일성은 자기가 직접 나가 찾아보겠다고 하면서 돌아다니다가 경치가 좋은 곳을 찾아내어 "여기가 밀영지였다"고 지적하고 그 뒷산은 "정일봉"이라고 이름 지어 주었다. 중앙당 당 역사연구소에서는 거대한 화강석 바위를 구해다가 거기에 엄청나게 큰 글자로 "정일봉"이라고 새기고 그것을 산봉우리에 올려다 붙이는 큰 공사를 진행하였다. 그리고 "백두산 밀영 고향집"이라는 것을 건설하여 놓고 이 집에서 김일성과 김정숙이 살면서 사령부를 표시하는 붉은 깃발을 띄워 놓고 빨치산 투쟁을 지도하였으며 여기서 김정일도 낳았다고 선전하게 되었다.'[17]

김일성 빨치산 일파의 투쟁이 '중화조국의 옹호'와 '실지 동북의 회복', 즉 중국의 독립과 해방을 위해 싸운 것에 불과하다는 사실은 다음의 사실로도 증명된다. 중국공산당은 항일 전쟁기에 희생된 사람들을 열사(烈士)로 인정하는데, 열사가 되려면 반드시 중국공산당에 가입하여 중국공산당 지휘 아래 싸우다 죽은 사람들이어야만 했다. 1928년부터 1945년 9월까지 간도 일대에서 희생돼 항일투쟁 열사로 공인된 사람은 모두 3,125명인데, 이 가운데 한인이 3,026명으로 거의 98%를 차지한다.[18]

북한이나 우리 사회의 좌익 언론·학자들이 아무리 김일성을 비롯한 동북항일연군의 빨치산 활동을 "조선 독립을 위한 위대한 항일 무장투쟁"이라고 외쳐대도, 중국 입장에서 보면 3,000여 명의 한인들은 중국 인민의 해방과 동북 실지 회복, 중화조국의 옹호를 위해 투쟁하다 열사가 된 것일 뿐이다. 이것이 숨

---

17) 황장엽, 『북한의 진실과 허위』(통일정책연구소, 1998), p. 36.
18) 김효순, 『간도특설대』(서해문집, 2014), p. 79.

길 수 없는 김일성 항일 무장투쟁의 '불편한 진실'이다.

만주에 주둔하고 있던 일본 관동군이나 만주군이 볼 때 공산 빨치산들을 체포해 보니 대부분이 만주로 이주해 온 불쌍한 한인들이었다. 중국공산당은 만주의 한인 농민과 공산주의자들을 중심으로 빨치산 부대를 조직하여 일·만군 공격에 앞장서도록 이이제이(以夷制夷) 수법을 동원한 것이다.

그렇다면 일본도 이대로 당할 수만은 없다고 판단하여 중국인과 비슷한 수법을 써먹기 위해 한인들 위주로 조직한 부대가 간도특설대다. 이 부대는 부사관을 포함한 사병 전원이 한인이었고, 장교는 한인과 일본인이 절반 정도 섞여 있는 한인 위주의 부대였다. 간도특설대는 창설 초기에는 소련과 전쟁이 벌어지면 소련 영내에 침투하여 교량이나 통신시설 등 중요 목표를 폭파하는 것이 주된 임무였다. 그런데 후방 치안이 불안해지자 항일 빨치산 토벌로 방향을 돌렸다.

8. 뿌리 깊은 이념 대결

일본은 만주 일대에서 한인들로 조직된 간도특설대를 동원하여 전투원의 대부분이 한인으로 구성된 동북항일연군을 토벌하기 시작했다. 이렇게 되어 만주 일대에서 중국공산당 편에 선 한인 공산주의자들과, 일본·만주국 편에 선 한인들 간에 동족상잔의 격돌이 벌어졌다. 중국과 일본이 벌이는 싸움에 한인들이 희생 제물로 동원된 것이다.

이처럼 한반도는 1945년 남북으르 분단되기 전부터 만주 일대에서 다른 나라의 필요에 의해 동원된 한인들 간에 서로 죽고 죽이는 싸움을 벌여야 했다. 해방이 되어 38선을 경계로 북쪽은 소련군이, 남쪽은 미군이 점령하자 사회주의·공산주의 추종자들은 북한으로, 자유주의자들은 남한으로 귀국했고, 해방 공간의 좌우익 투쟁과 6·25전쟁을 치르면서 반공주의자들은 월남하고 친공주의자들은 월북했다. 그 숫자는 월남자가 월북자보다 압도적으로 많았다.

해방 전 독립운동 과정에서도 양 세력은 단결하지 못했고, 해방 후 국가 수립과정에서도 서로 다른 이념으로 갈려 극한 대립했다. 자유민주주의와 시장경제를 신봉하는 사람들은 미 군정에 협조하고 대한민국 건국에 참여한 반면, 계급독재와 배급제, 전체주의적 공산주의가 옳다고 생각하는 사람들은 소련을 지지하고 북한의 건국에 참여했다.

이러한 이념 대립의 양상은 1946년 10월 대구 폭동, 1948년 제주 4 · 3사건, 1948년 10월 여순반란사건, 1950년 6 · 25전쟁을 거치면서 극한으로 치달았다. 전쟁이 휴전으로 미봉된 뒤에도 갈등과 대립은 그대로 남았다. 다만 6 · 25전쟁 기간 중에 공산주의의 극악무도한 난폭성을 참혹하게 경험한 집단의식으로 인해 계급독재와 공산주의가 옳다고 믿는 세력들은 남한 사회 저변에 잠복하여 숨을 죽이고 있었다.

이 세력들은 4 · 19라든가, 1987년 6월 항쟁과 같은 사회혼란기에 공산주의에 대한 반공의식이 취약해질 때마다 수면 위로 뛰쳐나와 "진보적 민주주의"니 "평화통일"이니 "혁신정치"니 하는 구호를 외치며 대한민국 사회를 뒤흔들었다.

5 · 16군사쿠데타 이후 박정희 정부는 수출공업과 대기업 우선 전략을 근본 바탕으로 삼고 있었다. 박정희가 추구한 수출주도형 공업화전략은 세계시장에서의 경쟁을 위해 그에 적합한 '규모의 경제'를 추구했다. 박정희는 수출 증대로 외환 애로를 타개했으며, 해외 마케팅 경험과 새로운 시장과 기술에 관한 정보를 국내에 전파했다. 박정희는 근면 · 자조 · 협동 정신으로 훈련된 민족적 개인을 바탕으로 민족적 민주주의로 나아가기를 희망했다.

수면 아래 잠복해 있던 계급독재와 공산주의 추종세력들은 박정희의 국가혁신체계에 대한 저항으로 고개를 들기 시작했다. 이들은 고도성장이 숨 가쁘게 진행되는 과정에서 발전에서 소외된 세력, 경쟁에서 낙오한 세력, 근대화에 참여를 거부한 세력들과 합세하여 반정부적 저항세력을 형성하기 시작했다. 그들은 스스로를 '민주화 세력'으로 포장했다.

이들 '민주화 세력'은 박정희의 국가혁신체계에 맞서 농업과 중소기업을 우선한다는 대중경제론으로 저항했다. 이들은 박정희가 추구한 한 · 일 국교정상화를 반대하기 위한 국민적 저항운동을 조직하는 과정에서 대부분의 국민이 공유하는 이념 및 정서와는 괴리되는 방향으로 나가기 시작했다.

'민주화 세력'에는 자유민주주의를 추구하는 온건 야당세력뿐만 아니라 남로당에 뿌리를 둔 급진 좌익세력, 남과 북 어디에도 속하지 못하고 방황하는 지식인들, 군인에 막연한 적대감을 가진 세력들이 한 배를 타고 있었다. 이들은 '반일 민족주의 정서'를 공유가치로 하고 '대중경제론'을 통해 이론적 무장화를 했다.

9.『해방전후사의 인식』이 가져온 파장

대중경제론은 남한을 종속국가로 파악하고, 개혁과 절약을 통해 국내자본을 동원하여 농업과 중소기업을 우선적으로 발전시키자는 개발전략, 그리고 노동자가 기업 경영에 참여할 권리를 인정하는 대중민주주의를 기반으로 하고 있었다. 1971년 신민당 대통령 후보 김대중이 내세운 대중경제론은 많은 나라에서 실패한 내포적 공업화론, 포퓰리즘, 신민주주의론의 혼합이었다. 이러한 대중경제론과 반일 민족주의 정서가 결합되어 민중민족주의로 나갔다.

박정희를 중심으로 한 근대화 세력은 대중경제론과 대중민주주의를 근본적으로 불신했기 때문에 두 세력은 서로 마주 보고 달리는 기관차처럼 충돌을 향해 질주했다. 박정희는 10월 유신을 선포하고 국가 총동원체제를 통해 중화학공업화를 추진했고, 김대중을 중심으로 한 유신 반대세력은 이에 극렬 저항했다.

박정희 식 근대화에 저항했던 '민주화 세력'들의 정신적 바이블은 한길사가 펴낸 6권짜리『해방전후사의 인식』이었다. 이 책을 관통하는 키워드는 '민족'과 '혁명'으로, 해방 전의 식민지 시대는 '민족독립을 위한 역사'로, 해방 후의 분단 시대는 '민족통일을 위한 역사'로 파악한다.『해방전후사의 인식』제4권의 총설로 쓰인 최장집·정해구의「해방 8년사의 총체적 인식」에 의하면 이 논문 저자의 해방 전후사 인식은 다음과 같이 정리된다.

"식민지 조선에 대한 일제의 지배체제는 그 고유한 모순구조로 인해 '반제(反

帝) 반봉건 민주주의혁명'의 여건이 조성됐다. 해방과 더불어 그 '민주주의혁명'을 수행할 시기가 도래했으나 남한에 미 점령군이 주둔하여 반민족적인 지주와 자본가와 친일관료와 친미세력을 반혁명세력으로 결성하여 혁명세력을 탄압했다. 혁명세력은 무장투쟁으로 저항했으나 실패한 결과 민족분단이 초래되고 대한민국이 성립했다.

반면에 북한에서는 혁명적인 소련군이 진주하여 혁명세력과 협조하여 '반제 반봉건 민주주의혁명'을 순조롭게 진행하여 조선민주주의인민공화국을 수립했다. 그 공화국은 남한을 반혁명세력으로부터 해방시키고 민족을 통일할 '민주기지'였다. 해방 후의 혁명세력과 반혁명세력의 대립은 북한과 남한에서 성립한 두 정권의 적대관계로 귀결되었다.

이렇게 성립한 적대관계가 군사노선으로 강화되어 전쟁으로 발전했다. 한국전쟁은 그것을 누가 먼저 도발했는가라는 문제와 무관하게, 남한의 반혁명 반민족 정권과 북한의 혁명적 민족적 '민주기지' 정권이 군사적으로 충돌한 것이다. 좀 더 높은 수준에서 그 대립과 충돌의 본질을 요약하자면 "계급적, 민족적 견지에서 새로운 사회를 추구하려고 했던 한국 민중들을 한 축으로 하고, 새로운 세계질서로의 재편과정에서 한반도에서 자신의 제국주의적 이해를 관철시키려 했던 미국의 이해를 또 다른 한 축으로 하는 대립이었다고 할 수 있다."[19] 이러한 최장집 · 정해구의 역사관에 대해 이영훈 전 서울대 교수는 "증명되지 않은, 아니 증명될 수 없는 명제에 기초하고 있는 허구"라면서 이 논문은 해방 직후 조선공산당의 박헌영이 집필한 이른바 '8월 테제'의 기본 논리와 정신을 충실히 계승하고 있으며, 나아가 1930~40년대 중국공산당의 이른바 '신민주주의혁명' 노선을 계승하고 있다고 비판했다.

유신체제에 저항했던 세력들은 박정희 권위주의 체제 2기라고 할 수 있는 전두

---

19) 최장집 · 정해구, "해방8년사의 총체적 인식", 『해방전후사의 인식 4』, p. 44.

환 정부에서 에너지를 축적했다가 1987년 '6·29선언'이라는 호기를 맞아 그 힘을 폭발적으로 분출시켰다. 그들은 '민주화'라는 미명 하에 6공화국 헌법 제정 과정에서 대통령의 권한을 대폭 축소하고 국회의 권한을 강화함으로써 입법 권력을 통해 대통령과 정부의 행보에 제동을 걸 수 있는 제도적 장치를 마련했다.

10. 한국을 사회주의 통일국가로 만들려는 세력들

'6·29선언'으로 강력한 에너지를 확보한 세력들은 한국 현대사를 '식민지 반봉건사회론' 또는 '식민지 반자본주의사회론' 입장으로 바라보기 시작했다. 그들의 시각은 크게 6가지로 요약된다.

첫째, 한국사회는 미국 제국주의 지배하의 식민지다.

둘째, 남한에서 자본주의가 발달했다고 하나 민족분열이 고정화되고 자립적 민족경제의 기본이 파괴되었다면 반봉건 상태를 벗어났다고 할 수 없다.

셋째, 이러한 남한사회의 변혁을 위해선 '민족 전체적' 시각이 요구된다. 즉 제국주의 지배에서 벗어난 '민주기지'인 북한으로부터의 변혁역량을 적절히 고려할 필요가 있다.

넷째, 이 점은 남한사회의 변혁운동이 한국전쟁을 전후한 혁명운동의 전통 위에 있음을 의미한다.

다섯째, 이에 북한 사회주의 건설과정의 철학적 기초가 된 주체사상을 남한 변혁을 위한 사상적 기초로 삼아야 한다.

여섯째, 이러한 역사적 전제에서 남한에서의 변혁운동은 프롤레타리아트독재의 제1단계로서 노동계급의 헤게모니가 관철되는 '인민민주주의혁명'이다.[20]

---

20) 조희연, "80년대 사회운동과 사회구성체논쟁", 박현채·조희연, 『한국사회구성체논쟁 Ⅰ』(도서출판 죽산, 1989), pp. 27-28 참조.

'민주화'라는 외피를 쓴 좌익 민족주의 진영의 입장은 해방 당시의 혁명정국을 계승하여 1980년대 한국사회를 사회주의 통일국가로 혁명해야 하며, 이를 위해서는 이미 혁명을 성취한 북한으로부터 적절한 도움을 받아야 한다는 것으로 정리된다. 이런 주장을 따르는 세력들이 종북 주사파가 되었고, 오늘날 청와대를 장악한 전대협 세력들은 바로 주사파의 핵심 전위 역할을 했다.

그러나 1990년 동독이 서독에 흡수 통일되고, 1991년에 사회주의 소련마저 해체되었다. 게다가 북한은 사회주의라고 볼 수 없는 혈족 계승의 수령 독재체제 하에서 대기근 참사로 수백만이 굶어죽는 등 참혹한 실상이 적나라하게 드러나면서 자칭 진보적 정치세력과 좌파민족주의자들의 설 땅이 사라져 버렸다. 북한의 수령체제를 민족사의 정통으로 자리매김하고 그들로부터의 협조와 지도하에 남한에서 사회주의 혁명을 수행하겠다고 나섰던 '민주화' 세력들은 일부는 전향했지만, 대다수는 김영삼·김대중·노무현 정권에 참여하여 강력하고 광범위한 네트워크를 형성하는 데 성공했다.

1980년대 주사파 학생운동권인 서총련 연대사업국장 겸 전대협 연대사업국장으로 활동했던 이동호 씨(현 여의도연구원 제1부원장)는 1970년대 소위 재야운동과 1980년대의 학생운동은 그 목표가 명쾌하게 달랐다고 지적한다.

당시 재야운동권의 목표는 자유민주주의의 전면화 정도였다. 그러나 운동권 핵심부의 목표는 제국주의 세력을 남한 땅에서 축출하는 반(反)제국주의 혁명(National Democratic Revolution)이거나, 곧바로 공산주의 사회를 목표로 하는 민중민주주의 혁명(People's Democracy Revolution)이었다.[21]

이 논쟁은 그 후 북한이 정식화한 민족해방 민중민주주의 혁명론(NLPDR)과 민중민주주의 혁명론으로 정립된다. 소위 NL(민족해방을 중시하는 세력)과

---

21) 이동호, "[참회록] 운동권이 바라본 양동안 교수의 '우익은 죽었는가?'−좌익의 전술전략 꿰뚫어 본 충격과 전율의 글", 「미래한국」, 2016. 6. 1.

PD(계급해방을 중시하는 세력)의 등장이 그것이다.

이동호 부원장의 증언에 의하면 각 대학에서는 신입생이 들어오면 이들 중 일부를 선별해서 공산주의 사상체계에 따른 학습을 시켰다. 운동권에서 사용하는 '철학'이란 공산주의 철학을 의미했는데, 변증법적 유물론과 계급투쟁론이 '철학'의 핵심이었다. 그리고 '역사'란 각국의 공산주의 운동사를 지칭했고, '방법론'이란 혁명론을 지칭하는 용어였다. 당시 학생운동 지도부는 이런 공산주의 사상과 역사관, 혁명론으로 철저히 무장한 세력이었다.[22]

11. 광주사태[23] 이후의 대한민국은 좌익의 천국

대한민국 좌경화의 결정적인 전기는 1980년 광주사태다. 광주에서 계엄군과 시민들의 충돌로 인해 다수의 인명이 희생되면서 대학가와 좌익세력들은 '진보'란 이름으로 좌익 이데올로기를 받아들였고, '자주'라는 이름으로 북한의 주체사상을 수용했다.

광주의 유혈극을 체험하며 운동권은 마르크스 레닌주의, 모택동주의, 제3세계 혁명론, 주체사상 등으로 무장하고 반제국주의 민중혁명을 지향했다. 그리고 1982년 3월 부산 미 문화원 방화사건 등을 통해 반미운동이 본격적으로 터져 나오기 시작했다. 당시의 민주화 운동은 순수한 민주화 열망을 가진 세력은 물론 NL, PD 계통의 체제 변혁세력, 혹은 종북 주사파 세력까지 혼재되어 과격 폭력화의 길로 치닫게 된다.

---

22) 이동호, "'우익은 죽었는가?'를 다시 생각한다", 양동안, 앞의 책, p. 302.

23) 진보 진영에서는 "민주화 항쟁"이라는 표현을 선호하나, 여기에서는 1981년 5월 18일부터 5월 27일까지 광주에서 있었던 일련의 사건을 가치중립적으로 지칭하기 위한 표현임을 밝힌다. −편집자 주−

서점에는 해방신학과 종속이론, 마르크스와 레닌의 사상, 일본 급진좌파 이론가들의 번역서가 넘쳐났다. 이영희 교수는 '의식화의 스승'으로 추앙받았고, 『태백산맥』의 작가 조정래는 수많은 대학생과 청년들을 좌파 역사관으로 함몰시켰다.

이런 토양 위에서 해방과 분단, 대한민국 정부 수립을 극렬하게 매도하는 시각들이 대두하기 시작했고, 6·25를 북한 공산집단의 남침이 아니라 민족해방전쟁이라는 시각으로 바라보기 시작했다. 조정래의 소설『태백산맥』에서 작가는 이승만은 분단정권을 수립한 친일파 앞잡이요, 정통성 없는 대한민국은 태어나지 말았어야 할 나라로 묘사했다. 소설에 등장하는 좌익적 인물이나 빨치산, 인민군은 선(善)이고 우익적 인물이나 국군, 빨치산을 토벌하는 청년단은 악(惡)으로 묘사됐다.

이때부터 남한은 친일파와 미 제국주의자들의 강요에 의해 분단정부를 먼저 수립했으므로 정통성이 없고, 주체사상으로 국가를 건설해 온 북한에 정통성을 부여해야 한다는 주장들이 횡행하기 시작했다. 학생들은 의식화 교육을 통해 체 게바라와 모택동의 전술을 배웠고, '위수김동'(위대한 수령 김일성 동지), '친지김동'(친애하는 지도자 김정일 동지)을 흠모하며 주체사상을 학습하는 주사파 그룹이 광범위하게 조직됐다.

좌익 학생운동은 학생회 활동으로 위장하고 학습 서클과 문화 서클 등을 간판으로 공산주의 사상과 혁명론을 전파했다. 1980년대 중반에 들어서는 학생운동 출신들이 혁명의 주력군이 될 노동자들을 포섭하기 위해 대규모로 노동 현장으로 뛰어들었다.

1986년 5월 3일 인천에서는 노동자, 학생, 재야세력 등 수천 명의 급진 좌익세력이 집결하여 반미·반제국주의·반파쇼 구호를 내걸고 극렬 시위를 벌였다.

---

24) 이영훈, 『대한민국 역사』(기파랑, 2013), p. 407.

이 사건은 전두환 정권 하에서 급속히 성장한 좌익세력이 독자적인 정치세력으로
선을 보인 무대였다.[24] 5·3인천사태는 중산층이 바라는 민주화와 노동계, 재야
운동권이 바라는 민주화의 성격이 크게 다르다는 사실을 일깨워준 경종이었다.

이 무렵 구(舊)소련과 동구권 공산주의가 붕괴되지 않았으면 한국은 체제를
지켜낼 힘이 없어 주저앉았을지도 모른다. 한국 사회는 이미 1980년 광주사태
를 기점으로 전두환 정권이 등장했고, 그 반사효과로 좌익들이 강력한 세력을
확보하여 체제를 지켜낼 수 있는 힘과 동력을 상당 부분 상실했기 때문이다.

12. '민주화'의 이름으로 주체사상 퍼져나가

주사파 그룹들은 '민주화 세력'이라는 외피를 뒤집어쓰고 대중 동원을 극대화
하여 궁지에 몰린 전두환 정권을 밀어붙였다. 1987년 '6월 항쟁'을 통해 6·29
선언을 끌어낸 '민주화 세력'은 순수한 민주화 운동 세력뿐만 아니라 자생적 주
사파 그룹, 좌익 그룹 등 반체제·반정부 세력의 연합전선이었다.

이러한 연합전선은 '민주화'라는 이름으로 주체사상을 바이러스처럼 우리 사
회에 퍼뜨렸고, '사회변혁'이라는 이름으로 주한미군을 철수시키고 우리 사회를
자유민주주의와 시장경제가 아닌 사회주의, 전체주의 체제로 바꾸고자 집요한
공격을 가하기 시작했다.

자유민주주의 전통이 일천했던 동아시아의 개발도상 분단국가에서 정변이나
쿠데타가 아닌, 국민과 권력의 절묘한 타협으로 피 한 방울 흘리지 않고 민주화
를 성취한 것은 기적이나 다름없었다. 6·29 선언은 "독재의 비포장도로만을
달려왔던 한국의 현대 정치사를 하루아침에 민주의 포장도로 위로 올려놓았다"
는 평을 들었다.

그러나 6·29선언으로 등장한 노태우 정부는 강력한 세력을 형성한 반체
제·반정부 연합세력의 대공세에 맞설 힘이 부족했다. 국민의 힘으로 쟁취한
정치적 자유는 필연적으로 '더 많은 국민의 권리와 요구'를 수반한다. 6·29선언

이후 그 동안 억눌렸던 노동자들의 욕구가 한꺼번에 폭발했다. 노사분규는 노태우 정부 출범 이후에도 계속됐다. 6·29 이전의 6개월 동안 129건에 불과했던 노사분규는 6·29 이후 6개월 사이에 3,620건으로 무려 28배나 증가했다.

6공 내내 노동운동의 회오리바람이 한국 사회를 강타했다. 노태우는 노사분규 현장이나 학원시위 현장에 공권력 투입을 자제했다. 이는 민주화에 도움을 주었을지는 모르나, 노사분규 현장에서 불법행위가 자행되고 있음에도 불구하고 공권력을 행사하지 않은 것은 정부가 법치를 스스로 무너뜨리는 결과를 가져왔다.

덕분에 조선, 철강, 자동차 등 국가 기간산업체에서 연례행사처럼 불법 파업과 휴업, 농성, 작업거부 사태가 벌어졌다. 노동자들은 획기적인 처우개선을 요구하며 폭력적인 대규모 불법 집단파업에 나섰다. 대도시는 물론 주요 공단지역은 노동자들의 집단시위로 전쟁터를 방불케 했다.

1988년 12월 울산의 현대중공업 파업은 2만 4,000여 명의 노동자가 참여하여 3개월 반이나 계속됐다. 50%의 임금인상 요구는 다반사였다. 불법시위에도 공권력이 행사되지 않아 모든 문제를 알아서 해결할 수밖에 없었던 사용자 측은 노조의 전투적인 활동에 백기를 들고 현실 여건보다 과도한 임금 인상을 허용했다.

1987년 9%대였던 임금상승률은 노태우 정부에서는 1988년부터 1990년까지 3년 동안 임금이 연평균 24%씩 상승했다. 그 결과 한국의 임금 수준은 아시아에서 일본 다음으로 가장 높아졌으나 노동생산성은 급격히 떨어졌다. 전두환 정부에서 3% 이하로 유지되었던 물가는 1990년부터 1992년 사이에 13%에서 19%까지 뛰었다.

노태우 정권 시절부터 정부나 공권력에 도전하고 법과 질서를 지키지 않는 게 '민주주의 운동'이라는 왜곡된 행동양태가 나타나기 시작했다. 한국 경제의 물질적 토대는 초고속으로 형성되었으나, 이를 지탱할 시민의식이 낙후됨으로써 이후 한국 사회는 첨예한 갈등이 대두하게 되었다. 권위주의 체제에 대한 국민적 염증이 후에 '10년간의 좌파정권'을 탄생시켰고, 분배−평등 지향적 이념이 넘쳐났으며, 시장·기업·개방에 저항하는 사회적 의식이 팽배하게 되었다.

1986년부터 4년 연속 무역흑자 덕분에 경상수지는 총 340억 달러의 흑자를 기록했다. 전두환은 후임자에게 대외채무를 다 해결하고도 외화가 남는 순채권국 경제 상태를 물려주었다. 그러나 1990년부터 계속된 외국의 시장개방 압력, 수입자유화, 그리고 생산성 향상보다 더 빠르게 진행된 고비용 저효율 구조로 인해 기업들의 경쟁력이 악화되기 시작했다.

13. 서울올림픽 열리던 해에 발표된 '우익은 죽었는가'

1988년은 서울올림픽이 열린 해다. 서울올림픽은 세계 정치사의 흐름을 냉전에서 탈냉전으로 바꿔 놓는데 일조한 올림픽이고, 개발도상국들에게 꿈을 심어주고 그들을 격려 고무시켜 준 희망의 올림픽이었다.

전쟁으로 폐허가 되었던 나라가 자신들보다 잘 살고 있는 데 대한 충격은 공산국가들의 체제에 대한 불만으로 바뀌었다. 서울올림픽 1년 후 베를린 장벽이 철거되던 현장에서 불렸던 노래가 바로 서울올림픽 주제가였던 '손에 손잡고 (hand in hand)'였다. 서울올림픽이 사회주의의 도미노 식 붕괴에 기여했다는 것이 학계의 공론이다.

서울올림픽을 성공시킨 자신감이 북방외교를 추진하는 원동력이었을 것이다. 노태우 정부의 북방외교는 냉전체제 하에서 금기시 되어 왔던 소련, 중국 등 북한의 전통적 우방인 공산권 국가들과의 교류 협력을 통해 안보환경을 개선하고, 한국인들의 활동 공간을 크게 넓히는 것이 목적이었다. 이러한 활동을 통해 폐쇄사회인 북한을 포위 고립시켜 통일에 유리한 환경을 조성하는 것이 궁극적인 목표였다.

1989년 2월 1일 한국은 헝가리와 정식 외교관계를 수립한 데 이어 1990년에는 체코, 불가리아와 수교했다. 1990년 9월 30일 역사적인 한·소 수교가 발표되었다. 이로써 한국은 분단의 한 축이었던 소련과 정식 외교관계를 수립하면서 냉전의 한 축을 허물어뜨리고 평화와 변영의 새 길을 여는 데 성공했다.

노태우의 북방외교로 인해 우리가 새로 수교한 나라는 45개국, 인구는 17억 명이 넘었다. 그 동안 우리의 외교와 교역이 서방 자유진영에 국한되어 있었는데, 북방외교의 결과 외교와 교역 상대국이 사회주의 공산권 국가까지 확대되면서 한국인의 경제활동공간이 전 지구적 차원으로 확대됐다.

서울올림픽이 열렸던 1988년 여름, 양동안 한국학중앙연구원 교수는 「현대공론」이란 잡지 8월호에 '우익은 죽었는가'라는 글을 발표했다. 이 글에서 양 교수는 좌익세력이 대학가, 노동계는 물론 문화예술계 · 언론출판계 · 종교계 · 교육계 등 우리 사회의 거의 모든 분야에 빠짐없이 침투하여 그들의 세력을 부식 · 확대하고 있다고 진단했다.

각 분야에 침투한 좌익은 각 분야에서 민주주의자 · 민족주의자 · 양심인사로 자처하면서 주변 인사들의 반공의식을 약화시키고 반미(反美) 감정을 고조시키는 활동을 하고 있으며, 좌익 문필가들은 글이나 말을 통해 불특정 다중(多衆)에게 반공의식을 약화시키고 반미감정을 북돋우는 활동을 하고 있다고 분석했다.

좌익 세력이 이같이 확대되고 좌익의 목소리가 커지고 있음에도 불구하고 우익은 그에 대해 적절한 대응조치를 취하지 못했다. 양동안 교수는 "명백한 공산주의자를 '양심세력'이라 부르고, 좌익인물을 '용공(容共)분자'로 규정하면 '용공조작'이라고 떼를 쓰면서, 국민에 대해 반공을 포기하고 이 나라에 대해 반공국가이기를 그만두라고 요구하는 좌익의 주장에 대해 우익은 반론 한번 제대로 전개하지 못하고 있다"고 통탄했다. 양동안 교수는 좌익세력의 전략을 정확히 꿰뚫어 보고 '우익은 죽었는가'라는 글을 쓴 것이다.

양동안 교수는 광주사태와 6 · 29선언으로 인한 좌익세력의 극성으로 인한 혼란의 중에 한국 사회의 기본을 파괴하고 있는 좌익들의 적나라한 행태와 속수무책으로 당하고 있는 우익의 기회주의적 행태를 적나라하게 고발하고 나섰다. 양 교수는 민주화 세력 내에 똬리를 틀고 있는 반체제 세력, 반국가 세력의 실체를 폭로함으로써 경각심을 불러 일으켰다. 또 정권기생적인 우익세력의 몰락 내지는 부역 현상까지를 질타함으로써 우익세력으로부터도 고립되는 상황을 맞았다.

14. 한국이 1988년에 망하지 않은 이유

문제는 양동안 교수의 글이 발표된 후 30여 년이 흐른 오늘, 대한민국의 현재의 상황이 양 교수의 충격적인 글이 제시한 1988년보다 더 심각한 좌익세력의 도전에 직면해 있다는 점이다.

이 땅의 소위 가진 자들은 자기의 가진 것을 빼앗기지 않기 위해 너무나 많은 양보를 했고, 타협했다. 그것을 '리버럴'로 위장했다. 그렇게 30년 세월 음풍농월하는 동안 좌익세력은 가진 자들로부터 군자금을 뜯어내고, 먹이를 제공 받아 놀랍게 세력을 증식시켜 오늘날에는 기득권 세력, 가진 자, 권력자의 반열에 올랐다.

양 교수는 '우익은 죽었는가'라는 기고문에서 향후 한국에서 일어날 좌익 세상의 미래를 정확하게 예언했다. "처음에는 좌익세력과 제휴한 세력의 정권이 들어서고, 그 다음 단계에는 좌익세력이 주도하는 연합세력의 정권이 들어서고, 궁극적으로는 완전한 공산정권이 들어설 것"이라고 했다.

현실은 정확하게 적중했다. 김영삼을 비롯한 좌경주의자들이 민정당과 합당하여 정권을 창출하고, 김대중이 김종필과 DJP연합을 이루어 김대중 정권을 창출했다. 이 시기에 완전한 공산정권이 들어서지 못한 이유는 1990년대 초에 동구권과 공산주의 종주국 소련이 무너졌기 때문이다.

동구권과 공산주의의 붕괴는 30년의 시간을 우리에게 벌어주었다. 그러나 그 소중한 시기에 보수우파는 지리멸렬했다. 반면에 국회와 정당 등 정치권은 전대협 출신의 주사파 운동권이 주도권을 장악했고, 사법부 · 언론계 · 문화계 · 교육계는 물론 공직사회에도 좌익 바이러스가 퍼져 나갔다.

2016년 2월 10일, 박근혜 대통령이 국회에서 북한의 김정은에 대해 레짐 체인지(regime change)를 선언했다. 레짐 체인지란 단순한 정권교체나 체제변화가 아니라 현 정치 체제를 구축하고 있는 이념이나 가치 등 기존 지배층의 뿌리를 뽑는 정치 변동을 뜻한다. 즉 지배계층의 근본적 교체가 없을 경우 외부 또는 내부의 힘에 의해 권력이 교체되도록 외교·군사적 압박을 가하는 적극적인 정치행위를 의미한다.[25]

그로부터 10개월 후 박근혜 대통령의 비선 실세 게이트가 터져 나왔고, 박근혜는 대통령직에서 탄핵되었다. 이어 실시된 대선에서 문재인 대통령이 승리하여 전대협 출신이 다수 포진한 정권이 출범했다.

불행하게도 우리 사회는 양동안 교수가 1988년 모진 핍박을 받아가며 제기한 '우익은 죽었는가'라는 글의 교훈을 얻지 못했다. 때문에 좌익들의 도전에 의한 지금과 같은 체제 위협은 솔직히 말하면 자업자득이다.

한 시절 주사파 운동권이었던 이동호 부원장은 좌익과의 싸움은 사상의 싸움이라고 정의한다. 사상의 싸움에는 역사 투쟁도 포함된다. 좌익세력이 역사 투쟁을 중요시 하는 이유는 사상전에서 가장 강력한 무기가 바로 '역사관(觀)'이기 때문이다.

대한민국을 "불의가 승리하고 정의가 실패한 역사"라고 규정하면 대한민국은 이 땅에 존재할 근거가 없는 나라가 된다. 따라서 혁명을 통해 부정당해야 하는 나라가 되고 만다. 그러나 대한민국의 역사가 자유민주주의가 발전하고 국민들의 삶이 획기적으로 개선된 '성공의 역사'라면 대한민국은 영원토록 계승 발전되어야 하는 나라가 되는 것이다. 교과서 논쟁의 배경에는 이러한 역사관 관련 투쟁이 그 본질로 자리 잡고 있다.

---

25) 김용삼, 『황교안 2017』(서울: 민초커뮤니케이션, 2017), p. 19.

15. 무엇을 할 것인가?

양동안 교수는 자유민주주의 체제 수호세력과 반체제 세력 간의 사상적·정치적 내전은 오랜 기간 지속될 것으로 전망했다. 그리고 좌익의 창궐은 정부나 군부도 제어할 수 없는 상황이기 때문에 민간 우익세력이 궐기해야만 치유가 가능하다고 처방을 내놓았다. 말하자면 보수의 사명과 역할인 셈인데, 양 교수의 처방은 위기에 처한 한국 사회에서 보수가 가야 할 길을 다음과 같이 제시했다.

> 첫째, 우익의 궐기를 주도할 세력은 우익 중에서도 이론무장이 잘 되어 있어서 대중에 반좌(反左) 궐기의 필요성을 쉽게 인식시킬 수 있고, 대중 앞에서 전개되는 좌익과의 이론투쟁에서 좌익을 압도할 수 있는 세력이어야 한다.
> 둘째, 우리 사회의 모순과 비리를 교정하고 사회정의를 실현하기 위한 개혁 의지가 확고한 세력이어야 한다.
> 셋째, 우익 궐기를 주도할 세력은 자유민주주의에 대해 회의를 갖지 않을 뿐만 아니라, 자유민주주의를 방해하는 세력에 대해서는—비록 그 방해 세력이 같은 우익진영의 세력이라 할지라도—그에 단호히 맞서 싸울 태세를 갖춘 세력이어야 한다.

양동안 교수는 이러한 세 가지 조건을 갖춘 세력을 '신(新)우익' 또는 '개혁적 우익'이라고 정의했다. 이러한 신우익들이 반체제 세력의 혁명 위협으로부터 자유민주주의 체제를 방어하기 위한 전략으로 양 교수는 응급대책·장기대책을 제시했다.[26]

---

26) 양동안, 앞의 책, pp. 110–120 참조.

1) 응급대책

①각 시기별로 당면한 각종 정치일정에서 무조건 단합하여 통일된 선택과
  행동을 한다.

②자유민주주의 체제 수호세력을 공격하는 세력은 진보세력이나 민주화
  세력이 아니라 반체제 세력이며, 그들이 추구하는 궁극적 목적은 대한
  민국 공산화라는 사실을 널리 알린다.

③반체제 세력이 유포시킨 좌익적 사고, 정치·사회적 용어의 틀을 깬다.

④애국성향의 대학생, 교사, 노동자, 언론인, 문예인, 공무원, 변호사, 의
  사 등의 단체를 만들어 우익－애국세력을 조직화한다.

⑤개혁의지와 도덕성을 갖춘 우익－애국 활동가들과 사상운동 단체들이
  독자적인 정당을 만든다.

⑥각 부문에 구축된 좌익 반체제 세력의 헤게모니를 탈취한다.

2) 중기대책

①안보위기에 효율적으로 대응하고, 내부의 적의 공격으로부터 체제를 방
  어하는 데 필요한 제도들을 도입한다.

②자유민주주의 제도들을 올바로 운영한다. 의회정치, 자유주의, 민주주
  의로 구성된 자유민주주의 체제 간의 균형과 조화가 이루어 원활하게
  작동하도록 한다.

③정치인과 국민들에게 자유민주주의에 관한 이론교육을 실시한다.

3) 장기대책

①자유민주주의를 공격하는 반체제 세력이 형성되지 못하도록 부정부패
  와 비효율 요소들을 청소하는 개혁을 적극적·지속적으로 전개한다.

②일정 수준 이상의 경제성장을 지속적으로 이루기 위해 자본투자를 방해
  하는 각종 법규와 사회적 장애들을 제거한다.

③갈등을 적극적으로 조정·해소한다.

④ 진실하고 깊이 있는 사상논쟁을 전개한다.

프랑스의 시인 앙리 미쇼는 "새가 미치건 말건 나무는 상관없다"라는 시를 쓴 적이 있다. 세계 최강국과 아무리 굳건한 동맹 관계가 성립되어 있어도 자기 체제를 스스로 지켜내지 못해 제풀에 무너지면 동맹국이 도와줄 방법이 없다.

"우리 집에 불이 나면 먼저 그 집어 사는 식구들이 먼저 불을 끄고 그 다음에 외부의 도움을 요청해야 한다."

이것이 박정희의 안보관이었다. 우리는 지금 스스로의 힘으로 우리 체제를 지킬 각오와 준비가 되어 있는가. 양동안 교수가 말한 것처럼 응급대책의 1)번 과제(각 시기별로 당면한 각종 정치일정에서 무조건 단합하여 통일된 선택과 행동을 한다)조차도 시행하지 못하고 있는 것이 보수우파 진영의 솔직한 모습 아닌가. 이래가지고서야 보수의 미래를 논하는 것 자체가 언어의 유희가 아니겠는가.

한국 보수 원론

자유민주주의의 현재와 미래

송 복

· 연세대학교 명예교수
· 자유와창의교육원 석좌교수
· 서울대학교 정치사회학 박사

원론

CHAPTER X

보수(保守)의 길

보수는 흥하다가 좀 망하는 듯한 일은 있어도 완전히 망하는 일은 없습니다.
부침은 있지만 완전히 침잠(沈潛)하거나 완전히 가라앉아버리는 일 또한 없
습니다. 왜냐하면 보수는 인간 삶의 토대(土臺)이기 때문입니다.

보수(保守)의 길

보수에 대해 말할 때 흔히 경어법(敬語法)으로 씁니다. 그것은 오래 전 보수 본류(本流)인 영국에서부터 잘 써오던 방식입니다. 물론 그들 언어에 우리와 같은 경어는 없습니다. 으레 "Sir"라는 말을 붙이는 등, 높임용어들을 관례적으로 많이 쓴다는 것입니다.

경어법은 상대에 대해 혹은 대상에 높임의 뜻을 나타내기 위해서 사용하는 문체인 동시에 말의 방법 중 하나입니다. 한 언어 공동체에서 경어법의 사용은 그 공동체 특유의 사회 문화적 관행이고 전통이기도 합니다만, 특히 '보수'에 대해 말할 때 경어를 쓰는 것은 '보수' 본연의 성격이 언어로서나 대화자들의 대화에서나, 경어적인 것을 함의(含意)하고 있어서입니다.

1. 보수 본연의 길

여러 곳에서 「보수의 새로운 길 모색 ; 진단과 대안」이라는 제목의 글을 요청해 옵니다. 그러나 나는 그냥 '보수의 길'이라는 제목으로 바꾸어 이 글을 씁니다. 이유는 간단합니다. 보수는 언제나 정해진 '보수의 길'이 있기 때문입니다. 정해진 그 '길'을 따라 가면 되는 것입니다. 보수에게는 아무리 둘러봐도 애초에 정해진 그 길밖에는 없습니다. 다른 길을 찾아서 그 길을 가려고 하면 그것은 보수가 아닙니다. 진보가 되던 좌파가 되던, 혹은 진보도 보수도 아닌 제3의 길이 되던, 그저 그런 길이 되는 것입니다.

보수의 길은 본래 만들어진 그 '본연의 길'로 돌아가는, 바로 '초심(初心)의 길'입니다. 초심의 '초(初)'자는 옷의(衣)와 칼도(刀)로 구성되어 있습니다. 옷을 만들려면 천을 칼로 잘라야 한다는 의미입니다. 혹은 옷을 잘못 만들었으면 칼로 베고 다시 만들어야 한다는 의미도 됩니다. 그처럼 지금 내가 길을 잘못 왔다 생각되면 그 본래의 초심의 길로 다시 돌아가면 되는 것입니다. 예나 이제나 '보수의 길'은 언제나 그 초심의 길이고 초심(初心)으로 되돌아가는 길입니다. 다른 길 찾아봐야 길이 없습니다. 만일 찾았다 하면 그것은 다른 길이지 '보수의 길'이 아닙니다.

그런데 한 가지 먼저 짚고 넘어가야 할 것이 있습니다. 그것은 이 '초심'이란 묘한 것이고, 그것을 지키기가 참으로 쉽지 않다는 것입니다. 작심삼일(作心三日)이란 말이 바로 그런 것입니다. 굳게 먹은 마음 3일 가기 어렵다는 말로 초심 지키기가 누구에게나 자고로 쉬운 일이 아닙니다. 그래서 인간사(人間事)는 언제나 흥망(興亡)과 성쇠(盛衰), 부침(浮沈), 폐멸(廢滅), 폐망(廢亡)이 있습니다. 하지만 인간의 역사에서 보수의 길은 성(盛)하다 쇠퇴하는 일은 있어도, 폐멸하거나 폐망하는 일은 없습니다. 폐멸, 폐망은 쓸모가 없어서 없어지거나 망해버리는 것입니다. 보수는 흥하다가 좀 망하는 듯한 일은 있어도 완전히 망하는 일은 없습니다. 부침은 있지만 완전히 침잠(沈潛)하거나 완전히 가라앉아버리는 일 또한 없습니다.

왜냐하면 보수는 인간 삶의 토대(土臺)이기 때문입니다. 어떤 건물이든 토대 위에서 지어집니다. 토대가 무너지면 건물도 무너져 버립니다. 보수는 또 정치·경제·사회생활의 주축(主軸)이 됩니다. 주축은 앞으로 나아가는 수레바퀴의 중심목(中心木)입니다. 흔히 굴대라고 말합니다. 이 굴대가 없으면 바퀴는 구를 수가 없습니다. 그렇다면 토대는 언제나 토대로 존재하고 주축은 언제나 주축으로 작용합니다. 그것이 보수의 존재이고 또 보수의 길입니다.

그러면 지금 우리 보수는 어떻게 되어 있느냐. 부침 성쇠에서 가라앉고 있느냐. 혹은 쇠퇴하고 있느냐. 그런 질문을 한다면 답 또한 명백합니다. 지금 우리 보수는 가라앉지도 않고 쇠퇴하지도 않고 있습니다. "보수의 위기다" 심지어는 "보수의 파멸이다"라고 언론에서 떠들지만 그것은 가당(可當)치도 않는 말입니다. 왜냐하면 지금 우리나라의 보수파 혹은 보수 세력은 그 어느 때보다. 건재(健在)하기 때문입니다. 건강하게 잘 있습니다. 그 기반은 두텁고 튼튼하고, 그 지향하는 바는 건전하고 바르고 확실합니다. 스스로 보수파 혹은 보수주의자라고 하는 사람, 그 누구든 잡고 물어보십시오. 그 사람은 모두 건전한 상식인(常識人)입니다. 건전한 상식을 가진 사람, 그 사람은 모두 보수주의자라 해도 조금도 지나치지 않습니다. 물론 진보주의자도 건전한 상식을 갖습니다만, 그 수는 보수주의자에 비할 바가 못 됩니다.

그렇다면 지금 우리 보수에 어떤 이상(異常)이 있어서 "보수는 위기다" "보수는 망했다" 하고 떠듭니까. 그 또한 명백합니다. 보수를 대변하는 보수정당이 파탄(破綻)상태가 되었다 하는 것입니다. 파탄은 깨지고 터지고 부서진 상태입니다. 보수파, 보수 세력이 아니라 그 기반 위에 선 보수정당이 그런 상태다 하는 것입니다. 그러면 해결책 또한 간단합니다. 보수기반이 튼튼하면 그 기반 위에 새 건물을 짓듯 새 정당을 세우면 됩니다. 우리 역사에서 보수정당이 부서지고 깨어진 경우가 어디 한 두 번이었습니까. 그럴 때마다 새 보수정당이 섰습니다. 그것은 튼튼한 보수의 기반이 있었기 때문입니다. 지금은 그 어느 때보다 튼튼한 보수의 기반이 있습니다. 그러니까 이전보다 더 좋은 보수정당이 만들어질 것은 불을 보듯 번연합니다.

2. 보수 본연의 행태(行態)

　그러므로 보수 '본연의 길', 바로 그 '초심의 길'로 돌아가야 합니다. 여기서 보수 본연의 길 초심의 길이 무엇인가는 잠시 접어두고 역사상 보아온 보수행태(保守行態)의 특징을 몇 가지 들어보기로 하겠습니다. 그것은 첫째로 유연(柔軟)입니다. 유연은 부드럽고 연한 것입니다. 보수에게는 강경파도 있고 극우파도 있습니다. 그들은 결코 유연하지 않습니다. 아주 세차고 강합니다. 그러나 그들은 보수 본연도 보수의 중심도 아니고, 어느 집단 어느 세력에나 있기 마련인 극히 일부의 한 부분입니다.

　유연은 부드럽고 연해서 쉽게 휘어지거나 굽어져도 꺾이지 않고 부러지지 않습니다. 그래서 아주 신축성이 있습니다. 건전한 상식을 가진 보수주의자는 결코 강경(强硬)해서는 안 된다는 말입니다. 강경은 글자 그대로 강하고, 굳세게 버티고, 굽힘이 없는 것인데, 이렇게 강경하면 상대를 무시하고 부정합니다. 그리고 상대와 타협을 거부하고 자기주장만 그집스레 관철하려 합니다. 그러면 처음은 이기는 것 같아도 결국은 지고 맙니다.

　협상에서 강경파가 이기는 경우는 거의 없습니다. 협상에서는 신축성이 있는 유연화가 이깁니다. 그래서 예부터 유능제강(柔能制剛)이라 했습니다. 부드러운 것이 굳센 것을 제압한다는 말입니다. 이는 경험칙(經驗則)입니다. 경험에서 찾은 변하지 않는 법칙입니다.

　둘째로 여유(餘裕)입니다. 여유는 마음이 넉넉하고 행동의 폭이 넓은 것입니다. 조급하거나 초조하지 않는 것입니다. 여유 있는 사람이 자신(自信)을 갖습니다. 자신은 자기의 값어치와 능력을 믿는 것입니다. 그런 사람은 다른 사람을 얕잡아 보지 않고 상대방의 무게만큼 상대를 평가합니다. 그리고 이 여유 있는 사람이 긴 안목을 갖습니다. 지금 바로 코앞의 것만 보지 않고, 멀리 그리고 먼 훗날까지를 바라보고 설계합니다.

　특히 정권(政權)에 관한한 보수의 여유는 '주고받는 것'을 지향합니다. 내가 정권을 오래 동안 독점하겠다는 생각을 가지면 그것은 여유 있는 보수가 아닙니다. 아니, 여유가 전혀 없는 보수입니다. 경험을 중시하는 보수주의자들의 오랜 역사의 경험에서 보면 정권의 장기간 독점이며 독재는 예외 없이 '정체와 부패'로 이어졌습니다. 이유는 공기가 소통하지 않기 때문입니다. 자연에서와 마찬가지로 특히 인간사에서는 소통이 없으면 썩습니다. 그래서 대체로 한 10년 단위로 정권을 주고받는 여유를 갖는 것이 좋습니다.

셋째로 보수(補修)입니다. '보수(保守)는 보수(補修)다' 하는 말이 있습니다. 보수가 진보보다 생존(survival)능력이 큰 것은, 그리고 지속력이 더 강한 것은 이 보수(補修) 때문입니다. 보수(補修)는 상하거나 쓸모없는 것, 부서진 것을 고치고 바꾸는 것을 말합니다. 그러려면 상황 통찰력을 갖고 상황 변화에 맞게 스스로 변신(變身)하면서 새로운 규칙, 규제 그리고 새로운 질서를 만들어 가야 합니다. 흔히들 말하는 대로 시대정신을 알고 그 시대정신에 맞게 정책을 짜 가는 것입니다. 현재 한국적 상황에서 가장 맞는 보수(補修)는 한마디로 'One ln, Tow out'이라 할 수 있습니다.

현재 한국은 규제가 너무 많습니다. 네거티브 규제여야 하는데, 그것을 관철해내지 못합니다. 그래서 규제 하나 만들면 낡은 규제 두 개를 없애야 합니다. 그것이 보수(保守)의 성공이고 보수(補修)의 실현입니다. 또 '보수(保守)는 보수(補修)다' 하는 것은 진정한 보수는 잘못된 것이 있으면 반드시 스스로에게 먼저 책임을 묻고 그리고 그것을 여과(濾過)없이 고쳐나가는 것을 말합니다. 이것이 진보·좌파와 차이입니다. 진보 좌파는 먼저 국가와 정부를 책하고 사회를 탓하고 그리고 제도와 구조시스템에 모든 잘못을 돌립니다. 거기에는 개인의 잘못 그리고 나의 잘못은 없습니다.

맹자(孟子) 이루(離婁上8)편에 이런 말이 있습니다.

'인필 자모연후 인모지(人必自侮然後人侮之)하고,
가필 자훼이후 인훼지(家必自毀以後人毀之)하며,
국필자벌이후 인벌지(國必自伐以後人伐之)한다.'

자기가 자기를 반드시 먼저 모멸한 후에 남이 자기를 모멸하고, 자기가 자기 가정을 반드시 먼저 훼손한 후에 남이 자기 가정을 훼손하고, 자기 국민이 자기 나라를 반드시 먼저 무너뜨린 연후에 남이 자기 나라를 무너뜨린다. 동양고전 번역의 대가 제임스 레게(James Legge)는 영어로 이렇게 번역했습니다.

'Man must first despise himself, and then others will despise him. A family must first destroy itself, and then others will destroy it. A state must first smite itself, and then others will smite it.'

맹자의 이 말 만큼 보수 본연의 행태를 잘 나타낸 말이 없습니다. 보수는 언제나 "내 잘못이다" "내 탓이다" 하고, 그리고 고쳐나갑니다. 바로 보수(補修)해 갑니다.

이 유연, 여유, 보수(補修)가 얼마 전 '선진화재단'과 또 다른 곳에서 요구하는 글 '보수의 새로운 길 모색과 대안'입니다. 이 길은 이미 말한 대로 보수 본연의 행태입니다. 그 본연의 길로 돌아가라는 것이 보수의 새 길이지만, 그것은 이미 있는 길입니다.

3. 보수 본연의 의미

이제 보수 본연의 길, 보수 초심의 길이 무엇인지 보수 본연의 의미를 보도록 하겠습니다. 그 길은 오직 한 가지 길이고 한 가지 의미이지만 설명을 위해 4가지로 나누어 보겠습니다. 보수는 그 보는 측면에 따라서 이념적 보수와 제도적 보수 그리고 심리적 보수와 수범적(垂範的) 보수로 나눌 수 있습니다. 여기서 이념은 사고의 방향이고, 제도는 정치 경제 사회에서의 규범과 실제이며, 심리 는 일상생활에서의 관습 혹은 습관적 행동이고, 수범은 그 사회 지도층의 사회 적 지향 및 도덕적 행동을 말하는 것입니다.

1) 이념적 보수

첫째로 경험주의: 보수주의자는 경험을 가장 중요시 합니다. 우리의 빛나는 두뇌와 냉철한 이성에서 나오는 어떤 발상 어떤 정책도 그냥 상상이 아니라 경험적 사실에 근거해야 한다는 것입니다. 보수에서 현장(現場)을 가장 중시하는 이유가 바로 그것입니다. 지식은 배움에서 얼마든지 쌓을 수 있지만, 지혜는 경험해봐야 터득할 수 있습니다. 이 경험이 축적된 것이 역사이고 전통입니다. 그래서 보수주의자는 역사와 전통을 중시하고 관습을 중시합니다. 그것이 지나치면 수구가 되고 반동(反動)이 돼서 수구반동이라는 소리도 듣습니다. 이 경험주의 반대는 선험(先驗)주의입니다.

둘째로 점진주의: 개혁은 하되 급진적으로 급격하게 하지 않고 서서히 합니다. '새 술은 새 그릇에' 하는 구호는 보수주의자에게는 맞지 않습니다. 왜냐하면 그렇게 짧은 시간 안에 밑뿌리 째 바꾸려 하면 반드시 구조 반동(structural reaction)이 오기 때문입니다. 구조반동이 오면 개혁은 완전히 무산되고, 옛날 구체제보다 훨씬 더 못한, 더 견디기 어려운 구조가 되기 때문입니다. 그 대표적 예가 프랑스 여러 혁명들인데, 영국보수주의자들의 말은 이 세상에서 가장 불쌍한 국민이 프랑스 사람들이라고 합니다. 왜냐하면 개혁하자고 일으킨 혁명 때마다 너무나 많은 사람들이 너무나 무고하게 죽었기 때문입니다. 이 점진주의 반대는 급진주의입니다.

셋째로 실용주의: 어떤 정책도 현재 이 자리에 살고 있는 국민 생활을 어렵게 하거나 불편하게 해서는 안 된다는 것입니다. 국민을 편안(便安)하게 하고, 국민 생활을 편리(便利)하게 하고, 또 모든 조치를 상황에 알맞게 편의(便宜)를 도모하는 것이 실용주의입니다. 그래서 실용주의는 편안, 편리, 편의의 3편(便)이라고도 합니다. 아무리 좋은 정책적 시도도 일단 국민을 힘들게 하고 국민에게 고통을 주면 실용주의가 아닙니다. 이는 지금만이 아니라 옛날에도 그렇게 말했습니다. 지금부터 근 1000년 전 송(宋)나라의 소동파(蘇東坡)는 "정책에는 신구(新舊)가 없다. 이편민위주(以便民爲主)다"라고 했습니다. 국민을 편안하게

하는 것을 위주로 삼아야 한다는 말입니다. 실용주의 반대는 이상주의입니다.

넷째로 법치주의: 법이라는 객관적 잣대르 국가를 관리하고 경영해야 한다는 것입니다. 전통사회나 전체주의 전제주의국가는 법치가 아니고 인치(人治)입니다. 다시 말해 'rule of law'가 아니라 'rule of man'입니다. 인치는 조석으로 변하는 사람의 마음, 호오(好惡) 친소(親疎)에 따라 달라지는 사람의 감정으로 국가와 국민을 다스리는 것을 말합니다. 그 때도 법이 없었던 것은 아니지만 그것은 형식이고 허울이고, 다스리는 것은 각기 다른 사람의 마음 그 자체였습니다.

법치는 그 어떤 경우에도 실정법(實定法)은 꼭 지켜야 한다는 것입니다. 그것이 설혹 악법으로 생각된다 해도 현재 시행되고 있는 법이면 그 법이 고쳐질 때까지는 반드시 지키는 것이 법치주의입니다. 여기에 부연해서 (이미 지난 일입니다만) 헌재(憲裁)에서 심의한 탄핵재판이 인용이 되든 기각이 되든 거기에 순종해서 따르는 것이 법치주의입니다. 실제 정치 상황에서 보나 법 이론에서 보나 먼저 탄핵돼야 할 대상은 대통령이 아니라 국회입니다. 국정을 농단한 것은 어느 한 여인보다 공공, 노동, 교육, 금융 등 모든 개혁을 가로막고 무산시킨 국회가 수십 배 수백 배 더 큽니다. 그렇다 해도 헌재가 어떤 식으로든 결정을 내리면 승복하는 것이 법치국가의 정도이고 진면목입니다. 법치주의 반대는 법은 가진 자의 지배수단이라고 보는 수단주의입니다.

2) 제도적 보수

보수는 시대에 따라 장소에 따라 국가 운영의 제도를 달리 한다는 것입니다. 이념적 보수처럼 그렇게 정해지고 그렇게 사고한다 해도 그 시대 상황, 그 장소 논리에 맞게 법과 제도를 만들어 간다는 의미입니다. 지금 우리의 제도적 보수는 첫째로 국가안보입니다. 어떤 상황에서도 대한민국의 자유민주주의를 지킨다는 것입니다. 둘째로 산업화 성장입니다. 산업화는 기존의 그것임은 물론이고 4차산업화도 함께 포함됩니다. 그리고 성장해야 양극화도 완화되고 불평등도 격감된다고 보는 것입니다. 셋째로 시장경제, 기업경쟁의 자유며 자율화입니다. 이것이 보장되려면 넷째로 작은 정부며 규제 완화입니다. 다섯째로 더 든다면 세계화라고 할 수 있습니다. 이 모든 제도는 대한민국을 지키고 자유민주주의를 지키는 것과 직결되어 있습니다.

3) 심리적 보수

심리적 보수는 우리 생활 가운데서 일어나는 보수입니다. '심리적'이라는 말에서처럼 우리는 태어나면서 천부적으로 갖는다는 뜻도 됩니다, 예컨대 ■먼 것보다는 가까운 것(먼 일가보다는 가까운 이웃), ■모르는 것 보다는 아는 것(지식, 사람, 지역 등), ■생소한 것(낯선 것)보다는 친숙한 것(낯익은 것), ■서툰 것 보다는 익숙한 것, ■새것보다는 오래된 것, ■풀려 있는 것(loose) 보다는 묶여 있는 것(fastened), ■넘치는 것(over) 보다는 적절한 것(proper), ■미래 행복 보다는 현재 즐거운 것 등을 들 수 있습니다. 그러나 이런 것은 심리적으로 그렇게 지향되고 끌린다 해도, 그렇게 따라만 가면 발전이 없고 정체되기 십상입니다. 이런 심리적 보수는 적당한 선에서 자제하고 다르게 나아가는 것이 더 바람직한 보수가 될 수 있습니다.

4) 수범적 보수

수범적 보수의 수범(垂範)은 가진 자가 모범적으로 앞서 도덕적 행동을 해야 한다는 것입니다. 보수주의자들은 대개는 가진 자들이고, 또 가진 자들이 대개는 보수주의자가 됩니다. 그것은 물어보지 않아도 왜 그렇게 되는지는 누구나 다 압니다. 그래서 이 가진 자들은 자기가 다른 사람들보다 많이 가진 것만큼 희생적 행동을 해야 합니다. 우리는 이를 흔히 노블레스 오블리주라고 합니다. 글자 그대로는 높은 지위에 있는 자(노블레스)들은 도덕적 의무 도덕적 행동(오블리주)을 다해야 한다는 뜻인데, 이 때 도덕적 의무 도덕적 행동은 실제적으로는 '희생적 행동'입니다.

그 희생적 행동은 첫째로 국가가 위기에 처할 때는 몸과 마음을 다 바치는, 적나라하게는 목숨을 바치는 희생적 행동입니다. 그러므로 이들은 반드시 병역 의무를 필하고 세금도 훨씬 많이 내놓아야 합니다. 둘째로 기득권을 내려놓은 희생적 행동입니다. 사실 이는 희생이라 할 것은 못됩니다만 누구나 기득권을 내려놓는 것이 가장 힘듭니다. 그러나 아무리 힘들어도 기득권을 내려놓고 무슨무슨 마피아라는 말을 들어서는 안 됩니다. 셋째로 평상시 양보와 배려와 헌신의 희생입니다. 최대한 약자를 배려하고 남에게 양보하고 겸손하고 그리고 헌신하는 희생– 그것이 수범적 보수입니다.

보수 본연의 길, 초심의 길은 크게 나누면 이 4가지 측면 – 이념과 제도와 심리 그리고 수범 – 에서 볼 수 있습니다. 이것은 사실 알기 어려운 것도 아니고 시행하기 힘든 것도 아닙니다. 문제는 얼마만큼 거기에 익숙해지느냐이고 그리고 내면화(內面化)하느냐 입니다. 내면화는 내 몸 속에 들어가 뼈가 되고 살이 된 상태를 말하는 것입니다. 몸에 그대로 배는 것입니다. 그래서 진정한 보수주의자는 아무리 무의식적으로 행동해도 교양인, 상식인으로서 범주를 벗어나지 않습니다. 언제나 부드럽고 여유가 있고 잘못된 것을 고쳐나갑니다. 지금 우리 보수층이 두텁고 튼튼한 것만큼 이런 사람들이 많이 존재하고 앞으로도 많이 늘어나리라 자신합니다.

4. 오늘날 우리 보수

1)보수, 생존본능

그럼에도 오늘날 우리 보수는 '궤멸(潰滅)'하고 있다 말합니다. 궤멸은 조직이나 기구세력들이 무너져 완전히 없어지는 상태를 말합니다. 앞서 말한 대로 우리 보수층은 두텁고 튼튼합니다. 두텁고 튼튼한 것만큼 보수층에 속하는 사람은 진보나 좌파에 속하는 사람들보다 훨씬 많습니다. 증거를 대라면 바로 지난 번 대통령 선거입니다. 박근혜정권의 처참한 붕괴에도 불구하고 문재인 더불어 민주당 대통령 후보가 획득한 표는 투표자의 41%에도 미치지 못합니다. 이전의 보통 선거라면 그처럼 보수정권이 완전히 무너진 상황에선 적어도 60%의 득표가 정상이고, 아무리 적게 받아도 투표자의 반인 51%는 되어야 합니다.

그런데 어떻게 투표결과가 그렇게 낮게 나왔습니까. 그것은 문재인 후보를 지지하지 않는 보수층이 어떤 상황에서건 그렇게 많다는 것입니다. 이것은 우리 역사에서 필연입니다. 6·25를 거치고, 산업화하고, 언제나 위태롭기만 한 안보상황에서 보수하는 것은 '생존본능'입니다. 우리보다 경제적으로나 안보 면에서 훨씬 유복하고 안정된 상태에서도 보수는 거의 언제나 진보·좌파보다 많습니다. 그런 나라가 보수층이 두터운 것은 우리와 같은 '생존본능'이라기보다는 그들 류(類)의 문화관습이며 사고방식 때문입니다. 영국과 달리 프랑스처럼 이념 성향이 강한 나라도 선거 때만 되면 좌쪽보다 우쪽으로 더 기웁니다. 물론 독일이라든지 기타 유럽 여러 나라들도 마찬가지입니다. 미국처럼 좌우 대립적인 정당이 아닌 나라는 더 말할 것도 없습니다.

그런데 왜 우리 보수는 '궤멸'하고 있다고 말하느냐. 그 진정한 의미가 무엇이냐는 좀 뒤로 미루어 설명하기로 하고, 왜 대다수 나라, 특히 정치적으로 앞서 경험한 많은 수의 선진국들이 대개 두터운 보수층을 갖고 있느냐 하는 것을 먼저 생각해 볼 필요가 있습니다. 이는 옛날부터 써오는 좌(左)우(右)의 구분에서 쉽게 알 수 있습니다. 서양의 경우 우(右))를 right라 하고 좌(左)를 left라 합니다. right는 오른편이고 left는 왼편입니다. 이는 위아래처럼 모든 대칭의 기본입니다. 사람에게도 오른손 왼손, 새에게도 좌우 날개, 어느 것이 더 중요하고 덜 중요하고, 어느 것이 더 필요하고 덜 필요한 것이 없이 꼭 같습니다.

그럼에도 우리나 서양이 다 같이 차등을 둡니다. 우리는 물론 중국 일본을 포함해 고래로 우존좌비(右尊左卑)라 해서 우는 높고 존귀하고 좌는 낮고 비천하다 했습니다. 결혼식장에서도 신랑이 오른쪽에 서고 신부가 왼쪽에 섭니다. 임금 앞에 서는 정승 판사도 임금의 쪽에서 오른쪽 아래에 서는 정승과 왼쪽 아래에 서는 정승에 차등이 있습니다. 이는 신하 쪽에서 보면 반대가 되어서 좌의정 우의정 순이 됩니다. 물론 좌우 정승의 품계(品階)는 똑 같습니다 그렇다 해도 임금 쪽에서 오른쪽 대열에 선 정승을 순서상으로 앞세웁니다.

영어에서도 right는 옳음, 바름 혹은 옳은 길 정도(正道)라고 하고 left를 서투름, 무성의, 애매, 의심 등과 같은 부정적 의미를 갖습니다. 영어에 '왼손과 결혼했다.(merry with the left-hand)'란 말은 신분이 낮은 사람과 결혼했다는 의미가 됩니다. 동양에서 말하는 우존좌비나 다를 것이 없습니다. 물론 여기에는 오른손이 사용하기 쉽고 편하고 그래서 오른손 쓰는 사람이 왼손 쓰는 사람보다 수적으로 훨씬 많다는 생물학적 이유도 있습니다. 그러나 서양의 경우 왼손 쓰는 사람이 우리나 일본 중국보다 수적으로 비교할 수없이 많습니다. 그럼에도 왼쪽 좌파(左派)에 대한 부정성은 비율에서나 의식의 면에서 더 높고 큽니다. 이처럼 사회문화적으로 심지어는 생물학적으로 어쨌든 보수 우파수가 많고 층 또한 두텁다는 것입니다.

2) 보수 · 역사의 주축(主軸)

역사적으로도 서구는 보수가 국가와 사회를 움직이는 주축(主軸)이 되어 왔습니다. 혹은 중심기둥(中心柱)이 되었습니다. 주축은 글자 그대로 주(主)가 되는 축(굴대)인데, 이 축은 원동기에서 직접 동력을 전달하는 축입니다. 이 축이 없으면 수레며 바퀴는 움직이지 못합니다. 중심기둥, 중심주 역시 많은 기둥 중에서 가운데 중심이 되어 버티는 기둥이고, 식물에서는 물과 양분의 통로가 되는 줄기입니다. 그렇듯 역사의 무대에서 주연(主演)은 우파 보수층이고, 진보며 좌파는 대개는 조연(助演)이었습니다. 경우에 따라서는 연극의 한 막이 끝나고 다음 막이 시작되는 사이에 연출되는 닥간극(幕間劇)의 배우이기도 했습니다.

그렇다 하여 진보 좌파의 의미가 적다거나 그 역할이며 기능 또한 미미(微微)하다는 것은 아닙니다. 역사에서 엄청난 이벤트(event)를 진보좌파가 만드는 경우도 많습니다. 프랑스 대혁명, 볼셰비키혁명이 그 대표적인 예입니다. 1960

년 우리의 4·19혁명도 그 한 예가 될 수 있습니다. 물론 터키의 게말파샤 혁명, 이집트의 나세르 혁명, 우리의 5·16혁명처럼 우파 혁명도 있습니다. 그러나 좌파 혁명이 훨씬 더 격렬하고 급격하고 또 과격합니다. 그래서 사회구조를 확 뒤집어 놓기도 합니다. 심지어는 역사의 물줄기를 바꾸기도 합니다.

하지만 대개의 진보좌파 혁명은 실패합니다. 이유는 너무 급격하고 과격해서 구조반동(構造反動)을 불러오기 때문입니다. 구조(structure)라는 것은 묘한 것이어서, 점진적(漸進的)으로 바꾸거나 개선하지 않으면 반드시 반동(reaction)하는 성질이 있습니다. 반동은 구조변화든 구조개혁이든 지금 밀고 나가고 있는 그 변화, 그 개혁을 거부하는 것입니다. 거부와 동시에 마치 강하게 누른 용수철이 장차 어디로 튈지 모르는 것처럼 사회는 지향성(指向性)과 방향감각을 잃고 질서가 무너지는 것입니다. 옛 질서며 가치관은 이미 무너졌고, 새 질서며 가치관은 만들어지지 않은 상태에서 자동적으로 혼돈상태로 들어가는 것입니다. 그 혼돈 무질서를 틈타 나타나는 것이 이전보다 훨씬 더 억압적이며 폐쇄적이며 독재적인 구조입니다. 그 전형적인 예가 나폴레옹 독재며 스탈린 체제입니다. 진보 좌파 혁명은 대개 그렇게 왜곡되거나 실패합니다.

그 진보 좌파가 와해시킨 사회구조를 재건하고 안정시키는 것이 보수 우파입니다. 보수 우파가 지향하는 것은 점진성(gradualism)입니다. 서서히 그리고 경험적으로 이미 실험된 것, 증명된 것을 확실하게 현실에 옮겨놓는 것입니다. 보수 우파가 가장 염려하는 것, 두려워하는 것이 앞에서 본 그 구조반동입니다. 구조반동이 일어나면 아무도 감당할 수가 없습니다. 사회적으로 국가적으로 엄청난 대가를 치러야 합니다. 그 대가 지불은 마지막 편에서 다시 논의하기로 하고, 어쨌든 이렇게 해서 보수 우파가 역사의 주류가 되고 주축이 됩니다. 이 말은 보수 우파가 무너지면 한마디로 국가도 사회도 대 혼돈상태에 들어간다는 말입니다.

이와는 또 다른 맥락에서 진보 좌파의 보수 우파에 대한, 더 나아가서 국가와 사회에 대한 큰 기여도 있습니다. 그것은 진보 좌파의 보수 우파에 대한 경고와 위협입니다. 보수 우파는 어느 시대 어느 국가에서나 '웰빙 정당'입니다. 긴장도

도 떨어지고 위기의식도 잘 느끼지 않습니다. 사회가 조금만 나아져도 거기서
그만 안주하려 듭니다. 그것이 보수의 병폐입니다. 우파의 경우 다시 말해 보수
중에서도 우쪽으로 많이 기울어져 있는 사람들은 상대적으로 긴장감이 높습니
다. 그러나 그 역시 상대적으로 높다는 정도이지 안주하고 웰빙하는 데는 큰 차
이가 없다는 것입니다.

이런 보수 이런 우파를 위협하는 것이 진보 좌파입니다. 보수 우파는 진보 좌
파의 끊임없는 위협과 치열하고도 과격한 공격 때문에 생존(survival)합니다.
웰빙하는 그들의 잠자리에 불침(不侵)의 경고를 보내는 것이 일반 국민에 앞서
진보 좌파입니다. '너희는 곧 무너진다' '끝내 추락한다' '마침내 궤멸하고 만다'
는, 갈수록 주파수를 높이는 그들의 경고성 때문에 사실은 보수 우파가 살아납
니다. 마르크스의 경고와 위협 때문에 자본주의가 살고, 영국의 노동당, 일본의
사회당 때문에 영국의 보수당, 일본의 자민당이 계속 정권을 잡았습니다. 프랑
스를 비롯해 유럽 여러 나라의 정당들도 대동소이합니다.

3) 한국 보수 '궤멸'의 의미: '신보수' 만들기

한국은 어느 나라보다 보수층이 두텁습니다. 이유는 앞서 말한 대로 6·25의
경험과 부단한 안보위협 때문에 '생존 본능'이 강해진 때문입니다. 거기에다 역사
상 처음 경험한 자유민주주의, 그리고 산업화, 그 기적의 과정을 통해 일구어낸
경제대국, 그래서 지켜야 할 것이 너무 크고 많아서 보수층이 두터워진 것입니다.
그런데 보수가 '궤멸'하고 있다는 것이 무슨 말입니까. 보수의 궤멸은 곧 대한민국
의 '궤멸'이나 다름없습니다. 오늘날 대한민국은 '대한민국'이 되게 한 주체가 바로
'보수'입니다. 그 '대한민국'과 그 '보수'는 동의어(同義語)나 다름없습니다. 그 엄청
난 동의어(同義語)가 어떻게 그렇게 함부로 '궤멸'될 수 있습니까.

"보수가 궤멸되고 있다"는 말은 우리의 보수층이 궤멸되고 있다는 것이 아니
라 한 정당인 '보수당'이 궤멸하고 있다는 말입니다. 이는 엄연히 구분되어야 하
고, 그만큼 이 둘의 존재는 다른 것입니다. '보수'라는 성향을 띤 정당은 보수

층, 보수 세력에 기대고 거기에 기반하고 있다 해도 그 정당은 얼마든지 바뀔 수도 있고 궤멸할 수도 있습니다. 특히 우리처럼 '정치실패'가 쉽 없이 계속되는 나라에서는 정당의 부침, 정당의 소멸 정도는 일상화나 다름없이 누구에게나 익숙합니다. 더구나 우리 정당은 '능력정당(meritocracy party)'이 아닌 '무능력 정당(demeritocray party)'입니다. 어느 정당이든 집권만 하면 무능력이 곧 드러납니다. 그리고 퇴장합니다. 그것을 기화(奇禍)로 대기하고 있던 다른 정당이 들어섭니다. 그 그치지 않는 반복이 우리의 정치사(政治史) 정당사(政黨史)입니다.

그렇다면 한국 보수당의 궤멸은 하나도 놀라운 것이 없는 일상의 반복입니다. 조금만 기다리면, 정말 눈 깜짝할 새라 할 만큼 짧은 시간이 지나면 (우리에게 보통 3~4년은 그런 시간입니다) 지금 권력을 잡았다고 기고만장해 있는 정당이 '무능력 정당'의 대표처럼 되어서 퇴장합니다. 그 정당의 정권 역시 비참한 몰골로 추락해서 또 하나의 적폐가 됩니다. 그것을 기화(奇禍)로, 심지어 '궤멸'이라고까지 불리던 희망 없어보이던 그 때 그 '무능력 정당'이 등장합니다. 그 명명백백한 우리 정치의 행로(行路)가 눈에 훤히 보이지 않습니까. 그만큼 우리 정치사에서 어느 정당의 '궤멸'이란 낙인은 의미가 없습니다.

따라서 지금 우리 보수당은 이 '궤멸'의 순간이 기회(機會)입니다. '궤멸'은 하나의 재앙(災殃)으로서 기화(奇禍)이지만, '궤멸'에서 새로운 시작이 이뤄진다는 점에서 그 궤멸은 분명 도약의 발판입니다. 지금 우리 보수당은 추락할 대로 추락했습니다. 가장 밑바닥에 까지 내려갔습니다. 그 가장 낮은 바닥에서 올라와야 합니다. 흔히들 말하는 환골탈태(換骨奪胎) 그것입니다. 뼈를 바꾸고 태어난 어머니 태(胎)에서 뛰쳐나오는 것입니다. 그래서 새 뼈, 새 얼굴의 '새로운' 보수, '신보수'가 되는 것입니다. 어떤 정당이든 궤멸의 상태까지 내려가지 않으면 지금까지 덮어쓰고 있던 껍질을 벗으려 하지 않습니다. 정말 표변(豹變)이란 힘든 것입니다. 이제 한국의 보수당은 더 '잃을 것'이 없습니다. 오직 새 출발만 있습니다,

그 출발이며, 그 출발의 기치는 지금 정권을 장악하고 있는 정당과 완전히 달라야 합니다. 지금 세계는 세계화(globalization)가 급속히 진행되고 있습니다.

글로벌화(化)의 속도가 갈수록 높아집니다. 신자유주의가 세계를 덮친 지 30년도 더 지났습니다, 이 글로벌화 신자유주의는 돌이킬 수 없는 것입니다. 돌이킬 수 없는 것은 부정해도 저항해도 소용이 없습니다. 최대한 그 궤적, 그 속도에 맞춰야 합니다. 무엇이 그 궤적, 그 속도에 맞는가를 늘 연구해 찾아내야 합니다, 그것이 '보수의 길'입니다. 여기서는 간략히 이 신보수의 길을 2가지만 압축해 제시해 보도록 하겠습니다. 하나는 '순법체계(順法體系)로의 규제혁신'이고 다른 하나는 '가치공유의 국제관계 지향'입니다. 둘 다 의미를 금방 알아차리기는 힘든 말입니다.

첫째로 순법체계는 영어로는 네거티브 시스템이라고 합니다. 순법체계의 반대말은 역법체계(逆法體系), 포지티브 시스템입니다. 순법체계-네거티브 시스템은 법에 금지된 것 외에는 모두 허용하는 법체계입니다. 반대로 역법체계-포지티브 시스템은 법에 나열된 것만 허용하는 법체계입니다. 앞의 것은 국가 권력을 최대한 제한하고 일상생활에서 경험에 의한 지식 축적 행위양태를 중시하는 영·미 전통의 것이고, 뒤의 것은 가능한 국가권한 정부 개입을 확대하는 큰 정부 관원치국(官員治國)의 대륙 전통의 것입니다. 재미있는 것은 네거티브 시스템을 왜 순법(順法)체계라 하고 포지티브 시스템을 역법(逆法)체계라 하느냐인데, 그 이유는 이 법체계들의 합리성 유효성을 규명하는데서 알 수 있습니다.

인간의 행동양태는 사람 수만큼 많고, 그 사람의 생각만큼 많습니다. 그 많은 행동양태를 포지티브 시스템처럼 몇 가지 법으로 묶어 놓는다고 하면 누구든 할 수 없이 그 법의 울타리를 넘어서 행동할 수밖에 없습니다. 부정과 공무원 부패가 생기는 것은 말할 것도 없고, 아무리 착한 사람도 법에 저촉돼 사면 받지 않으면 범법자가 됩니다. 그래서 이런 법체계를 인간의 마음과 행동에 반대되는 것이라 해서 반역적이라는 의미의 역법(逆法)으로 명명한 것입니다.

반대로 순법체계는 금지되는 법조항 몇 개만 정해놓고 행동하라하면 최고의 자유, 최고의 아이디어 창출 그리고 최고의 기술 개발과 최고의 경쟁력을 가질 수 있습니다. 지금 우리처럼 역법체계를 그대로 시행하면 어떤 신기술도 바로 낡은 기술로 바뀌고, 반대로 순법 체계로 바뀌면 신기술은 곧 바로 첨단 기술이 됩니다.

둘째로 '가치 공유의 국제관계 지향'은 한마디로 중국 경계입니다. 중국은 우리와 가치가 '완전히' 다른 나라입니다. 가치가 다르다는 것은 '믿음 체계'가 다르다는 것입니다. 나는 A라고 믿는데 그가 B라고 믿을 때 우리는 서로 믿을 수 없는 사이가 됩니다. 중국이 그러한 나라입니다. 역사 이래로 중국은 그러한 나라였고, 현대에 와서도 국교수교 후 지난 25년간 내내 그러했습니다. 그런 중국을 미국보다 더 믿겠다고 나오는 작금 신사대주의자들이 이 정부에 판을 칩니다. 신보수를 지향하는 사람들은 이를 가장 경계해야 합니다. 왜냐하면 중국은 옛날부터 지금까지 가치지향의 나라가 아니고 오로지 이익지향만 해 온 나라입니다. 2200년 전의 『맹자(孟子)』 첫 장이 바로 인의(仁義)를 멀리하고 이익을 찾는 왕의 패도(悖道)를 드러내는 장입니다.

이익을 찾는 것만큼 중국은 패권주의(覇權主義) 국가입니다. 패권주의는 오로지 힘만으로 남을 그리고 남의 나라를 지배하겠다는 생각과 정책을 취하는 주의입니다. 바로 제국주의입니다. 흔히들 중국은 유교국가라고 생각합니다. 정말 중국이 유교적 가치를 지향하는 유교 국가였는가, 공자와 맹자가 말하는 유교 국가에 근접이나 했는가, 지금은 더 말할 여지도 없지만 전통사회의 중국 역시 인의(仁義) 왕도(王道)의 이상은 있었지만 현실은 그와는 너무 멀었습니다. 유교의 이상을 교육하는 경전의 가르침은 있었지만 유교적 실천은 전혀 없었습니다, 유교적 이상을 형식화하는 유교적 의례(儀禮)는 엄격하고 다양했지만 실제에는 모두 허례허식이었습니다.

그런 나라가 중국입니다. 그 중국을 모르고 아직도 사대주의에 빠져드는 사람들을 보면 지적 무지를 깊이 느낍니다. 그에 비하면 우리와 같은 가치지향을 하는 미국이나 서구국가, 심지어는 일본을 보아도 정말 가치를 공유한다는 것이 그렇게 중요하고 그렇게 절실하다는 것을, 그리고 신보수가 반드시 지향해야 한다는 것을 다짐하고 싶습니다. 그런 면에서 앞으로 자손 대대로 중국은 경계하고 경계해야 하는 나라, 지정학적으로 어쩔 수 없지만 불가근(不可近) 불가원(不可遠)의 경계국가이며 위험국가라는 것을 일깨워야 합니다.